LOBESWORTE

Im Alter von 91 Jahren hat Halina Kleiner endlich mit der Unterstützung ihres Mitautors Edwin Stepp ihre wahre Lebensgeschichte niedergeschrieben, in der sie den Holocaust überlebte. In ihrem Buch *Mein Marsch durch die Hölle* schildert Kleiner ihre sechsjährige Reise von einer jungen, ahnungslosen Teenagerin bis hin zu einer erfahrenen, klugen Überlebenden der deutschen Grausamkeit und Zeugin des Massenmordes. Dieses Buch ist besonders wertvoll, da es von Halinas Erlebnissen auf einem der berüchtigten deutschen Todesmärsche berichtet. Gegen Ende des Krieges wurden Juden, die die Hungersnot und Brutalität der deutschen Konzentrations- und Arbeitslager überlebt hatten, auf Zwangsmärsche außerhalb der Lager geschickt. Damit sollte vermieden werden, dass die Alliierten die ausgezehrten Zeugen der Massenmorde fanden, welche die Nazis begangen hatten.

Dieses Buch ist herausragend und ungewöhnlich in seinen vielen emotional aufrüttelnden Details über den brutalen Todesmarsch, den Halina erlebte und bei dem so viele der zum „Marsch" gezwungenen Häftlinge ums Leben kamen. Halina schreibt ihr Überleben bei jedem Schritt ihrer Inhaftierung durch die Nazis dem Glück zu. Jedoch sind Glück und Zufall nur nebensächlich in diesem inspirierenden Buch. Halina ist viel zu bescheiden und versäumt es, ihren erstaunlichen Mut, ihre Heldentaten sowie ihre Intelligenz und Klugheit anzuerkennen, die größtenteils die wahren Gründe dafür sind, dass sie den Terror und das Trauma überlebte. Sie traf Entscheidungen darüber, wann sie fliehen sollte und wann nicht, wem sie vertrauen konnte und wem nicht. Vielleicht war es eine Art sechster Sinn, vielleicht auch nicht, aber Halina nutzte ihr Urteilsvermögen, ihre List und ihre Intelligenz, um zeitweise während des Krieges und unmittelbar danach vor der Gefangennahme durch die Nazis und ihre Kollaborateure zu fliehen. Es stimmt durchaus, wie Halina anmerkt, dass zahlreiche Opfer des Naziterrors jahrelang den Schrecken und die Folter der Nazis überlebten, bis das „Glück sie verließ".

Aber es ist unmöglich, Halinas Geschichte zu lesen, ohne ungeheure Bewunderung für dieses 13-18-jährige Mädchen zu empfinden, das für ihr Alter sehr weise war und die Nazis überlistete sowie deren Pläne, sie zu ermorden, vereitelte. Eine gleichermaßen wichtige Rolle in diesem Buch spielen die Beziehungen zwischen den Gefangenen, die ausschlaggebend für ihr Überleben waren. Wer allein lebte, starb auch allein. Halina baute eine enge Beziehung zu zwei anderen jungen Mädchen auf. Sie halfen sich gegenseitig auf unzählige Arten im Lager und stützen buchstäblich diejenige, die auf dem Todesmarsch nicht mehr gehen konnte. Sie ermutigten sich gegenseitig, die Hoffnung nicht aufzugeben.

Dieses Buch ist dazu bestimmt, ein Klassiker und eine Pflichtlektüre in der Sekundarstufe 1 und darüber hinaus zu werden. Es lehrt die Geschichte der Schreckenstaten, die die Nazis an ihren jüdischen Opfern verübten, ohne die Leser der Mittel- oder Oberstufe zu erschrecken oder zu überwältigen. Es ermutigt junge Leser und Leserinnen, die mit Halina mitfühlen können, darüber nachzudenken, was sie selbst in verzweifelten Situationen tun würden. Es inspiriert die Leserschaft zudem dazu, ihr eigenes Leben wertzuschätzen, zu akzeptieren oder zu verbessern und den Mut in schwierigen Lebenslagen nicht zu verlieren. In vielerlei

Hinsicht ist dieses Buch viel besser für die Mittel- und Oberstufe geeignet als *Das Tagebuch der Anne Frank*. Lies es und du wirst es verstehen.

- **Kenneth P. Price, PhD,** Autor von *Separated Together. The Incredible True WWII Story of Soulmates Stranded an Ocean Apart* (2021, Amsterdam Publishers)

* * *

Halina Kleiner und ich haben den Todesmarsch nach Volary gemeinsam überstanden. Sie war fünf Jahre jünger als ich, weshalb ich erstaunt war von ihrer Stärke und Belastbarkeit in diesen schrecklichen Monaten. Ich bin so froh, dass sie endlich ihre Geschichte erzählt. Es ist ein fesselnder Bericht über ihre vielen knappen Fluchtversuche und ein Symbol für Ausdauer und Mut im Angesicht des unaussprechlich Bösen.

- **Gerda Weissman Klein (1942-2022),** polnisch-amerikanische preisgekrönte Schriftstellerin und Menschenrechtsaktivistin. Autorin von *Nichts als das nackte Leben* (1957), ihren Memoiren über ihre Erlebnisse während des Holocausts. Im Jahr 2011 erhielt sie von Barack Obama die *Presidential Medal of Freedom*.

MEIN MARSCH DURCH DIE HÖLLE

DIE ERSCHRECKENDE ÜBERLEBENSGESCHICHTE EINES JUNGEN MÄDCHENS

HALINA KLEINER

EDWIN STEPP

INHALT

Einleitung	xi
Kurz vor dem Krieg – der letzte Urlaub	1
Der Krieg beginnt – vom Regen in die Traufe	5
Früh im Krieg – Flucht zurück nach Hause	11
Ohne Armbinde erwischt	14
Ins Ghetto	18
Aktion! Der Tod kommt nach Częstochowa	24
Geplündert!	30
Am Rande des Ghettos	33
Frau Sporna	38
"Du kannst nicht bleiben"	41
Allein auf der Flucht	45
Auf dem Dachboden versteckt	48
Alleine sterben oder unter meinen Leuten?	55
Meinen Vater ein letztes Mal sehen	59
Ein gefährlicher Fluchtplan	63
Nach Bedzin geschmuggelt	70
Wiedervereint mit meinen Grosseltern	77
Ins Arbeitslager – Bolkenhain	83
Weiter nach Landeshut	88
Wieder verlegt – Arbeitslager Grünberg	92
Die SS übernimmt	96
Der Marsch beginnt	100
In die Kälte – von Grünberg nach Bautzen	107
Die Hinrichtung in Bautzen	111
Auf einer Brücke in Dresden	116
Die Hölle von Helmbrechts	121
Zurück auf dem Marsch – Neuhausen	128
Auf in die Tschechoslowakei ohne Essen	132
Eine trotzige Begrüssung der Tschechen	138
Auf Wiedersehen, liebe Halinka	143
Endlich die Flucht!	148
Der Deutsche Bauer	153
Der Krieg ist Vorbei	158

Im Krankenhaus in Prachatice	162
Wieder Gesund gepflegt	166
Zurück zur Menschlichkeit	170
Weiter nach Österreich	174
Heimatvertrieben mit Lonek – Salzburg	178
Abreise aus Salzburg	182
Wiedervereint	186
Nach Amerika	191
Buffalo und Gerda	195
Amerika überstehen	201
Rückblick	206
Nachwort	211
Danksagung	215
Bilder	217
Über die Autoren	225
Amsterdam Publishers Holocaust Bibliothek	229
Anmerkungen	249

ISBN 9789493322738 (eBuch)

ISBN 9789493322721 (Taschenbuch)

Herausgeber: Amsterdam Publishers, Niederlande

info@amsterdampublishers.com

Übersetzung: Madita Rathmann

Mein Marsch durch die Hölle ist Teil der Reihe Holocaust Überlebende erzählen

Halinas Ehemann Leon Kleiner veröffentlichte seine Memoiren *Rette meine Kinder* in derselben Reihe

Copyright © Halina Kleiner, 2022

Cover: Foto des Todesmarschs nach Volary in Oberhaid, Länder Tschechiens, 4. Mai 1945

Alle Rechte vorbehalten. Ohne vorherige schriftliche Genehmigung des Herausgebers darf kein Teil dieser Veröffentlichung reproduziert, verbreitet oder auf irgendeine Weise elektronisch oder mechanisch weiterverwendet werden, einschließlich Fotokopien, Aufzeichnungen oder andere Informationsspeicher- und Abrufsysteme.

EINLEITUNG

Warum schreibe ich dieses Buch? Braucht die Geschichte eine weitere Erzählung über den Holocaust? Kann angesichts der Hunderttausenden von Geschichten, die bereits geschrieben und aufgezeichnet wurden, eine weitere dazu beitragen, die Wahrheit über dieses schreckliche Ereignis herauszufinden? Wird ein weiterer grausamer und entsetzlicher Bericht dabei helfen, dass sich so etwas nicht wiederholt?

Es macht mich fassungslos, dass es immer noch Menschen gibt, die den Holocaust verleugnen. Meine Geschichte zu dem Berg der bereits gesammelten Beweise hinzuzufügen, wird diese Menschen nicht umstimmen. Es ist jedoch eins, den Holocaust zu verleugnen und etwas ganz anderes, die Lüge zu verbreiten, er habe nicht stattgefunden. Diejenigen, die Letzteres tun, müssen ständig und lautstark mit jeder bereits erzählten und noch zu erzählenden Geschichte konfrontiert werden. Da wir uns stetig weiter vom Zweiten Weltkrieg wegbewegen, müssen den kommenden Generationen alle diese Zeitzeugnisse zur Überprüfung und Bezeugung verfügbar sein.

Meine Generation und diejenigen, die den Holocaust überlebt haben, wiederholen immer wieder: „Niemals vergessen!" Das

Grauen aus dieser Zeit ist noch frisch in unserer Erinnerung. Diejenigen, die diese Zeit nicht durchlebt haben und die nach uns kommen werden, können aber nur nicht vergessen, indem unsere Erinnerungen ihre werden. Deshalb muss jede einzelne Geschichte festgehalten werden.

Aus diesem Grund hatte ich schließlich das Gefühl, dieses Buch schreiben zu müssen.

Ich denke auch oft über diejenigen nach, die nie die Möglichkeit bekamen, ihre Geschichten zu erzählen. Es wird geschätzt, dass zwei von drei Juden, die vor dem Krieg in Europa lebten, ihr Leben verloren. Die Geschichten einiger, die ermordet wurden, konnten nach dem Krieg von anderen erzählt werden. Doch in den meisten Fällen werden wir nie erfahren, was passierte.

Deshalb schreibe ich dieses Buch auch für jene. Es war reines Glück, dass ich überlebte und die anderen nicht. Ich überlebte nicht, weil ich schlauer, stärker oder listiger war als sie. Ich fand mich lediglich zur richtigen Zeit am richtigen Ort, um dem Tod zu entgehen. Meine Geschichte ist eine lange Serie des knappen Entkommens; auf günstige Umstände folgten günstige Umstände und auf glücklichen Zufall weitere glückliche Zufälle. Sechs Millionen verließ das Glück schließlich. Sie können ihre Geschichten nicht mehr erzählen. Ich kann meine noch erzählen und fühle mich daher verpflichtet, meine Erlebnisse so detailliert wie nur möglich aufzuschreiben.

Ich erzählte meine Geschichte im Jahr 1987, als man mich in der Kean University in Union im US-Bundesstaat New Jersey interviewte. Das vierstündige Video ist online verfügbar, aber es ist nicht die ganze Geschichte. Aus Zeitgründen konnten wir einige Teile meines Berichts nicht aufnehmen. Ich habe viele Jahre gebraucht, um schließlich die vollständige Version zu erzählen. Mit meinen 91 Jahren weiß ich, dass mir wahrscheinlich nicht mehr viel Zeit bleibt, dies zu tun. Dies bestärkte meinen Entschluss.

Ich habe es nicht deshalb hinausgezögert, weil ich es wie so viele andere Holocaust Überlebenden nicht ertragen konnte, die schrecklichen Ereignisse nochmal zu durchleben. Ganz im Gegenteil, ich sprach oft mit befreundeten Überlebenden über meine Erlebnisse. Ich erzählte meine Geschichte auch oft meiner Familie, meinen Kindern und besonders meinem Mann Leon. Seine Überlebensgeschichte ist ebenfalls bemerkenswert und einzigartig und er veröffentlichte sie unter dem Titel *Rette meine Kinder – Vom Überleben und einem unwahrscheinlichen Helden* (Amsterdam Publishers, 2020). Sein Erfolg, diese schwierige Aufgabe zu bewältigen, inspiriert mich dazu, seinem Beispiel zu folgen.

Hätte ich früher in meinem Leben den Stift ergriffen, wäre es mir leichter gefallen, meine Geschichte vollständig aufzuschreiben. Aber das Leben war zu geschäftig und ich fand neben meinen wahrscheinlich wichtigeren Familienverpflichtungen nicht die Zeit dazu. Natürlich war die schwerste Zeit in meinem Leben während des Krieges. Dennoch war das Leben in Amerika, das darauffolgte, kein Zuckerschlecken. Wir arbeiteten hart, um ein erfolgreiches Unternehmen aufzubauen und um drei wunderbare Kinder großzuziehen, von denen wir eines aufgrund einer Krebserkrankung verloren. Mein Sohn David starb viel zu jung an Hirnkrebs und diese Tragödie verfolgte uns unser ganzes Leben lang. Ich schreibe dieses Buch auch in Gedanken an ihn. Auch er war nicht in der Lage, seine Geschichte zu schreiben oder zu erzählen, obwohl ich weiß, wenn er überlebt hätte, dann wäre es eine gute Geschichte gewesen.

KURZ VOR DEM KRIEG – DER LETZTE URLAUB

AUGUST 1939

Der heiße Sommertag neigte sich dem Ende zu. Traurigkeit überkam mich, weil ich wusste, dass dies der letzte Tag unseres Urlaubs war. Ich saß vor unserem Hotelzimmer und dachte über die atemberaubenden Berge um mich herum nach und darüber, was für eine schöne Zeit ich in den letzten paar Wochen mit meiner Mutter und meiner Großmutter gehabt hatte. Obwohl ich mir wünschte, dass wir länger bleiben könnten, vermisste ich auch meinen Vater und der Gedanke, ihn bald wiederzusehen, munterte mich etwas auf.

Die Erholungsorte im Kaukasusgebirge waren bei Europäern von überall her sehr beliebt. Die wunderschöne Landschaft, die kaskadenartigen Flüsse, die glitzernden Seen und Wanderwege boten eine wunderbare Flucht vor den Anforderungen und Verpflichtungen der geschäftigen Städte in Polen, Österreich, der Ukraine und der Tschechoslowakei. Vielleicht waren es die vielen Heißwasserquellen, die Millionen von Osteuropäern dazu inspirierten, die Gegend zu ihrem jährlichen Urlaubsziel zu machen. Die Region war bekannt für seine vielen luxuriösen und weniger luxuriösen Kurbäder, die dieses Heilwasser nutzten.

Meine Familie gehörte zu diesen jährlichen Touristen. Wir übernachteten an einem schönen Ort, aber es waren die weniger luxuriösen Erholungsorte, die wir uns leisten konnten. Als junges vorpubertäres Mädchen kannte ich den Unterschied nicht. Wir hätten auch in Zelten schlafen können und ich hätte das Erlebnis genauso sehr geliebt. Die Vorfreude, die in mir aufstieg, als der August sich näherte, war nicht zu bändigen. Als die Zeit gekommen war und wir für die lange Reise in den Süden in den Zug einstiegen, war es, als würde man den Deckel eines Dampfkochtopfes abnehmen. Endlich waren wir auf dem Weg ins Paradies.

Wir verbrachten normalerweise mehrere Wochen im Erholungsort. Es gab allerlei aufregende und entspannende Aktivitäten, an denen wir teilnehmen konnten: die steilen Hänge hochwandern, in den Seen und Flüssen schwimmen und manchmal einfach nur herumsitzen und nichts tun. Ich liebte es zu lesen, also war Letzteres alles andere als langweilig für mich.

Ich liebte das Lesen so sehr, dass oft meine einzigen Geburtstags- und Chanukka Geschenke Bücher waren. Man konnte mir nichts anderes schenken, das mich glücklicher machte.

An diesem späten Augusttag im Jahr 1939 waren wir damit beschäftigt, unsere letzten Sachen für die Zugreise nach Hause zu packen. Als wir die letzten Taschen zugemacht hatten, hörte ich meine Mutter und meine Großmutter nervös und ängstlich miteinander sprechen. In ihren Stimmen lag eine ungewöhnliche Dringlichkeit. Wir sollten uns so schnell wie nur möglich zum Bahnhof beeilen. Sie hatten schlechte Nachrichten über die politischen Spannungen auf dem Kontinent gehört.

Hitler und Stalin hatten soeben ihren berüchtigten Nichtangriffspakt unterzeichnet. In nur wenigen Tagen würde der Nazi-Diktator in Polen einmarschieren und den Zweiten Weltkrieg auslösen. Als 10-Jährige wusste ich nicht viel über internationale Politik, aber mir war die Gefahr eines Krieges bewusst. Die bedrohliche deutsche Nation hatte schon lange mit den Säbeln gerasselt. Selbst in meinen jungen Jahren verstand ich genug von den Gefahren, die sich anbahnten, dass ich die Angst meiner Mutter und Großmutter teilen konnte.

Als wir uns dem kleinen Bahnhof näherten, sahen wir ein reges Treiben. Normalerweise war der Bahnhof nicht überfüllt und ruhig. Aber nun waren mehr Menschen dort als normalerweise und man spürte die Unruhe in ihren Bewegungen. Unser Pferdegespann kam gleichzeitig mit ein paar anderen am Bahnhof an. Die Menschen eilten zu Fuß zum Eingang des Bahnhofs und zogen ihre Koffer hinter sich her. Kleine Kinder rannten hektisch hinter ihren Eltern her und versuchten mit ihnen Schritt zu halten.

Unser Pferdegespann hielt an und wir öffneten die Türen auf und sprangen hinaus. Ein Gespräch zwischen zwei Männern in der Nähe teilte uns die Neuigkeiten mit: Die Spannungen zwischen Deutschland und Polen nahmen rapide zu und die Gefahr eines Krieges wurde immer größer. Den Touristen wurde klar, dass es unmöglich sein könnte, nach Hause zurückzukehren, wenn sie nicht bald abreisen würden.

Wir eilten in den Bahnhof und fanden eine noch größere Unruhe. Die Menschen drängten und schubsten sich gegenseitig in den unbändigen Warteschlangen zu den Fahrkartenschaltern. Glücklicherweise hatten wir bereits unsere Fahrkarten für die Heimreise. Unser Zug sollte bald abfahren.

Wir verschwendeten keine Zeit und machten uns sofort auf den Weg zu unserem Gleis. Wir waren erleichtert, als wir sahen, dass unser Zug bereits eingefahren war und sich dampfend und rumpelnd auf die Abfahrt vorbereitete. Fahrgäste rannten das Gleis entlang und warfen ihr Gepäck in die Türen. Die Schaffner winkten mit den Armen, damit die Fahrgäste schnell einsteigen. Wir fanden unseren Wagen und bewegten uns so schnell wie möglich zu unseren Sitzplätzen. Ich ließ mich auf meinen Sitzplatz am Fenster fallen und entspannte mich. Ich freute mich darauf, meinen Vater wiederzusehen und war bereit, mich vom beruhigenden Rhythmus des Zuges in den Schlaf wiegen zu lassen.

Der Wagen schlingerte vorwärts und das Metall der Räder und Kupplungen quietschte. Er bewegte sich aber nur für eine Sekunde, bevor er wieder anhielt. Es gab wieder einen Ruck, aber diesmal setzte sich die Bewegung fort. Ganz langsam bewegte sich der Zug aus dem Bahnhof. Mit der Beschleunigung des Zuges verlangsamte sich mein Herzschlag. Wir waren auf dem Weg nach Hause. Meine Mutter und Großmutter atmeten erleichtert auf. Die Anspannung verließ meinen Körper. Ich lehnte mich in meinen Sitz zurück und schloss meine Augen, um zu schlafen.

Später erfuhren wir, dass unser Zug der letzte war, der an diesem Tag den Bahnhof verließ: eine glückliche Fügung. Ich ahnte in diesem Moment noch nicht, wie viele weitere glückliche Fügungen ich in den nächsten sechs Jahren brauchen und erleben würde.

DER KRIEG BEGINNT – VOM REGEN IN DIE TRAUFE

SEPTEMBER 1939

Als wir in unserer Heimatstadt Częstochowa ankamen, war die Stimmung düster. Alle erwarteten das Schlimmste, nicht nur die Juden, sondern auch die Polen. Am 31. August, dem Tag unserer Rückkehr in die Heimat, griffen als polnische Soldaten getarnte SS-Agenten mehrere deutsche Gebäude und Einrichtungen an der deutsch-polnischen Grenze unter falscher Flagge an. Diese dienten im Nachhinein als Rechtfertigung für den Einmarsch nach Polen. Am nächsten Tag, dem 1. September 1939, erreichten uns die gefürchteten Nachrichten. Die deutsche Armee rückte rasch über die Grenze vor und die deutsche Luftwaffe hatte begonnen, Warschau zu bombardieren.

Częstochowa lag direkt an der deutschen Grenze. Deshalb rechneten viele in der Stadt damit, dass sie sich inmitten schwerer Kämpfe befinden würden. Mein Vater wollte mich und meine Mutter nicht der Bombengefahr und dem Gewehrfeuer aussetzen. Er beschloss, dass es das Beste sei, uns zu unseren Verwandten zu schicken, die viel weiter weg von der Grenze in der Stadt Skierniewice am Rande Warschaus lebten.

Mein Vater verschwendete keine Zeit. Er ließ uns unsere Kleidung und andere notwendige Habseligkeiten zusammenpacken. Dann rief er ein Taxi. Er konnte uns kein Zugticket kaufen und die andere damalige Transportmöglichkeit, das Pferdegespann, wäre langsamer und riskanter gewesen. Mein Vater beschloss, den hohen Preis für ein Taxi zu zahlen, das uns in die 150 km entfernte Stadt Skierniewice bringen sollte.

Wir wussten nicht, wie lange wir weg sein würden, also nahmen wir mehr Dinge mit als wir letzten Endes benötigten. Wir packten Säcke nicht nur mit Kleidung, sondern auch mit Bettdecken und Kissen. Als das Taxi kam, wurde klar, dass es nicht genug Platz geben würde für all unsere Habseligkeiten und für mich und meine Mutter. Also half mein Vater dem Fahrer, den Rücksitz auszubauen. Wir stapelten unsere Säcke dorthin, wo die Rücksitze gewesen waren, und ich kletterte oben drauf. Meine Mutter saß vorne neben dem Fahrer. Wir müssen für jeden, der uns vorbeifahren sah, ein Spektakel gewesen sein.

Die Verwandten, bei denen wir unterkommen sollten, gehörten zur Familie meiner Mutter. Ich erinnere mich nicht mehr an den genauen Verwandtschaftsgrad zu uns. Sie kamen nicht ursprünglich aus der Stadt in der Nähe von Warschau. Die Familie meiner Mutter kam aus Schlesien, der südpolnischen Region entlang der tschechischen und deutschen Grenze. Tatsächlich erstreckt sich Schlesien über alle drei dieser Länder, doch der größte Teil lag in Polen. Meine Mutter kam aus der Stadt Będzin, einer der drei nahe beieinanderliegenden Städte–Sosnowiec, Będzin und Dąbrowa. Und wie in Częstochowa gab es in diesen Städten vor dem Krieg sehr große jüdische Gemeinden.

Unsere Verwandten begrüßten uns herzlich und nahmen uns freudig auf, als wir ankamen. Ich war begeistert, dass meine Großmutter und mein Großvater dort waren. Die Familie hatte auch meine Tante sowie drei Cousinen und zwei Cousins von mir aufgenommen. Meine drei Cousinen waren ohne ihre Eltern angereist; ihre Mutter war im Jahr davor verstorben und ihr Vater war zurückgeblieben, um genau wie mein Vater ihr Haus zu verteidigen. Die beiden Jungen, Jurek und Nusiek waren mit meiner Tante Saba da. Meine drei Cousinen waren Mila, Fela und Gucia, sie waren alle viel jünger als ich und ich kümmerte mich mit um sie.

Die Erfahrung ließ mich nachdenklich werden, wie es gewesen wäre, ein jüngeres Geschwisterkind zu haben. Ich war Einzelkind, aber ich hätte fast eine Schwester oder einen Bruder gehabt. Meine Mutter wurde früher im selben Jahr schwanger und erlitt irgendwann im Frühjahr eine Fehlgeburt. Ich trauerte für meine Mutter aber auch für mich selbst, denn ich wollte sehr gerne ein Geschwisterkind. Aber rückblickend gesehen war es wahrscheinlich das Beste, das wir uns während der Hölle, die uns bevorstand, um kein Baby kümmern mussten.

Es dauerte nicht lange, bis uns klar wurde, dass die Entscheidung Częstochowa zu verlassen, ein Fehler gewesen war. Die Sicherheit, die wir vor dem deutschen Angriff gesucht hatten, würden wir nicht in Skierniewice finden. Am Tag nach unserer Ankunft begann Angst und Schrecken. Die Stadt war ein wichtiger Eisenbahnknotenpunkt für Züge, die von und nach Warschau fuhren und daher ein Hauptziel für Bombenangriffe.

Als die Luftangriffe anfingen, konnten wir die Flugzeuge über uns dröhnen hören und in der Entfernung sahen wir die Explosionen. Anfangs waren diese weit entfernt, aber wir sorgten uns, dass dies nicht so bleiben würde. Das Haus meiner Verwandten lag in der Nähe des Bahnhofs. Sie lebten im zweiten Stock, während eine polnische Familie das erste Stockwerk bewohnte. Mit zunehmenden Bombenangriffen befürchteten wir, dass es riskanter sei, im höheren Stockwerk zu sein. Wir fragten die Nachbarn, ob wir mit ihnen zusammen den Bombenangriff ausharren könnten. Sie stimmten zu, also nahmen wir ein paar Habseligkeiten mit und eilten nach unten.

Wir kauerten uns alle in ein Zimmer der Wohnung im ersten Stock, während die Bomben weiterhin um uns herum fielen. Eifrig und inbrünstig sprachen wir unsere Gebete. Unsere christlichen

Nachbarn taten im Nebenzimmer dasselbe. Wir sagten das Schma Jisrael und sie bekreuzigten sich.

Plötzlich schlug eine Bombe ganz in der Nähe des Hauses ein. Sie erschütterte das Gebäude heftig und die Fensterscheiben zersprangen. Unsere Nerven lagen blank. Gips von den Wänden fiel ringsherum auf uns herab. Staubwolken erfüllten die Luft. Zuerst dachten wir, dass der Schütt in der Luft Giftgas sei. Unsere Verwandten erinnerten sich, dass bei den Bombenangriffen im Ersten Weltkrieg Gas verwendet worden war. Sie riefen, dass wir unsere Münder und Nasen bedecken sollten. Wir gruben unsere Gesichter tief in was auch immer wir in der Nähe finden konnten, um die Luft nicht einzuatmen–Taschentücher, Decken, Kissen. Ich schnappte durch die Decke, die meinen Mund bedeckte, nach Luft. War es die Angst oder der Sauerstoffmangel, woran ich erstickte? Ich beschloss, mich dem Schrecken des Augenblicks nicht hinzugeben und mein Bestes zu tun, um ruhig zu bleiben.

Ich hatte schreckliche Angst und weiß nicht, woher ich die innere Stärke nahm. Doch ich musste mein Bestes geben, um die anderen im Haus und vor allem meine jüngeren Cousins und Cousinen, die zu weinen begannen, zu trösten. Ich erklärte ihnen ruhig, dass alles gut werden würde und dass wir überleben würden. Sogar die anderen Erwachsenen waren erstaunt über meine Fähigkeit, positiv und klar zu denken. Ich war aber nur eine gute Schauspielerin, denn in Wirklichkeit fürchtete ich mich sehr.

Schließlich stellten wir fest, dass der Staub in der Luft kein Gas war und begannen wieder normal zu atmen. Der Bombenangriff dauerte noch eine Weile und ließ dann etwas nach. Zu diesem Zeitpunkt hatten wir als Familie entschieden, dass es besser wäre, wieder nach Częstochowa zurückzukehren. Wir wussten nun, dass Warschau das Zentrum der Kämpfe sein würde. Selbst wenn es in Częstochowa größere Kämpfe geben würde, hielten wir es für besser, als Familie zusammen zu sein. Wir wussten, dass es sehr riskant war, nun unterwegs zu sein, aber waren der Meinung, dass es nicht schlimmer sein könnte, als mitten in den schweren Kämpfen zu bleiben.

Meine Mutter und ich packten unsere Sachen, während mein Großvater losging, um eine Transportmöglichkeit zu finden. Bald kehrte er zurück und informierte uns, dass er einen Pferdewagen gemietet hatte, der groß genug war, um uns alle zu transportieren. Nach einer Weile kam der Wagen und wir stiegen ein. Langsam machten wir uns auf den Weg zur Hauptstraße, die westwärts nach Częstochowa führte. Als der Wagen auf die Straße bog, wurde klar, dass es nicht leicht sein würde, die Stadt zu verlassen. Die Straße war von fliehenden Menschen blockiert. Wir bewegten uns im Schneckentempo vorwärts, aber immerhin kamen wir zeitweise überhaupt voran.

Als wir um eine Ecke bogen, kamen polnische Soldaten dem Stau entgegen, die in die entgegengesetzte Richtung marschierten. Wir wurden von der Straße gedrängt, um Platz für sie zu machen. Deutsche Flugzeuge sausten laut über unseren Köpfen, während sich die Bombardements fortsetzten. Uns wurde klar, dass uns der Wagen nichts nützen würde. Im Wagen waren wir leichte Beute für die Luftangriffe. Plötzlich erschien direkt vor uns am Himmel ein Kampfflugzeug. Es flog direkt auf die polnischen Truppen zu und ging dann in einen Sturzflug über. Das Knallen der Maschinengewehrkugeln ließ die Soldaten in die Gräben springen. Wir versteckten uns unter dem Wagen und warteten, bis der Beschuss vorbei war. Jetzt waren wir uns sicher, dass wir die Reise zu Fuß fortsetzen mussten.

Wir machten uns auf den Weg zu einem nahegelegenen Wald und setzten unsere Reise in Richtung Westen fort. Am Ende des Tages kamen wir in einem Schtetl namens Biala an. Wir entschieden uns, hier zu übernachten und die Reise am nächsten Morgen fortzusetzen. Am nächsten Tag kamen deutsche Truppen in dem kleinen Dorf an. Wir hatten Angst, hielten es aber für besser, der deutschen Armee hier zu begegnen als allein auf der Straße.

Zumindest waren wir hier unter anderen Juden und würden vielleicht nicht herausgegriffen werden.

Die Truppen kamen in Biala an, ohne dass sich die Polen wehrten. Der einzige wirkliche polnische Widerstand zu dieser Zeit fand in Warschau statt. Schnell übernahmen die Deutschen die Kontrolle über Biala. Sie befahlen allen Juden, sich auf dem Marktplatz einzufinden. Ich erinnere mich, dass ich dorthin ging und alle Menschen dort versammelt sah. In diesem Schtetl lebten ausschließlich Juden. Hunderte von uns warteten auf Anweisungen.

Glücklicherweise versuchten sie nicht wie in anderen polnischen Städten, uns gefangen zu nehmen oder zu ermorden. In anderen jüdischen Schtetln wurden die Juden auf die Marktplätze ihrer Städte getrieben und auf der Stelle erschossen. Nur einige Tage nach dem Einmarsch in meine Heimatstadt Czestochowa ermordete die Wehrmacht mehr als 150 Juden sowie hunderte Polen. Dieser Tag ging als „Blutiger Montag" in die Geschichte der Stadt ein.

Natürlich wussten wir nichts von diesem Vorfall, da wir die Stadt verlassen hatten, bevor die Deutschen dort eingetroffen waren. Als wir auf dem Marktplatz von Biala standen, wussten wir nicht, was uns erwarten würde. Mein Gedächtnis ist nicht gut genug, um mich daran zu erinnern, was man uns sagte. Ich bin mir sehr sicher, dass man uns befahl, dortzubleiben und das Schtetl nicht zu verlassen. Wir wurden zu diesem Zeitpunkt jedoch nicht gefangen gehalten oder gar in ein Ghetto gezwungen. Doch die Deutschen kontrollierten das Dorf streng, sodass meine Familie Biala wochenlang nicht verlassen konnte.

FRÜH IM KRIEG – FLUCHT ZURÜCK NACH HAUSE

OKTOBER 1939

Während wir in Biala waren, verschlechterte sich die Lage immer mehr. Obwohl die Juden hier weiterhin nicht getötet wurden, war es schwer, Lebensmittel und andere notwendige Dinge zu finden. Ich machte mir Sorgen um meinen Vater. War er wohlauf? War er gefangen genommen und in ein Arbeitslager gebracht worden? War er überhaupt noch am Leben? Ich wollte es so verzweifelt wissen und ihn wiedersehen.

Sechs Wochen vergingen und wir waren weiterhin unter dem Befehl, das Dorf nicht zu verlassen. Wir wurden immer unruhiger und bekamen Angst davor, was mit uns passieren würde, wenn wir länger hierblieben. Ich wollte unbedingt nach Częstochowa zurück und meine Ungeduld wuchs mit jedem Tag. Ich begann, meine Mutter zu drängen, abzureisen. Sie wollte auch nach Hause, aber hatte immer noch Angst vor der Gefahr. Trotzdem bedrängte ich sie immer wieder und flehte sie an, nach Hause zu gehen und meinen Vater zu sehen.

Schließlich stimmte meine Mutter zu, dass wir die Chance ergreifen sollten, nach Hause zurückzukehren. Während sich das Leben der Juden in ganz Polen verschlechterte, kehrte das der polnischen Bevölkerung langsam wieder zur Normalität zurück.

Zugreisen waren wieder möglich und Güterzüge fuhren sogar noch regelmäßiger. Es war Juden nicht möglich, Fahrkarten für einen Personenzug zu erhalten. Wir hatten aber gehört, dass es möglich war, auf einen Güterzug zu springen. Obwohl es riskant war, waren die Deutschen zu sehr mit anderen Dingen beschäftigt, um dies vollständig zu kontrollieren. Wir entschlossen uns, das Risiko einzugehen und einen Zug in unsere Heimatstadt zu finden.

Wir verabschiedeten uns von meinen Großeltern, Tanten, Cousins und Cousinen. Sie schmiedeten ihre eigenen Pläne, um in ihre Heimat in Schlesien zurückzukehren. Es war ein emotionaler Abschied, weil wir wussten, dass wir uns vielleicht nie wieder sehen würden. Wir hatten Angst um sie und um uns selbst. Unter Tränen machten wir uns auf den Weg zum nächsten Bahnhof.

Da Biala keinen Bahnhof hatte, mussten wir zur nächsten Stadt laufen. Glücklicherweise waren an diesem Tag keine Polizisten oder Soldaten in Sicht. Trotzdem waren wir darauf bedacht, so unauffällig wie möglich zu bleiben. Ich wollte zum Bahnhof rennen, weil ich unbedingt wieder nach Hause wollte, aber wir versuchten, ohne jegliche Anzeichen von Nervosität oder Panik zu gehen.

Nach einiger Zeit kamen wir am Bahnhof an, der nicht groß, aber geschäftig war. Wir waren nicht die einzigen, die versuchten, abzureisen. Vorsichtig erkundeten wir die Gegend und bemühten uns weiterhin, nicht aufzufallen. Die meisten Personenzüge hielten hier nicht, weil der Bahnhof zu klein war. Sie wurden nur langsamer, wenn sie am Bahnsteig vorbeifuhren, an dem wir standen und beschleunigten wieder, als sie vorbeigefahren waren. Auch Güterzüge hielten hier nicht planmäßig, aber gelegentlich kamen sie auf dem Bahnhofsgelände zum Stehen, weil andere Züge vor ihnen die Gleise blockierten.

Ich weiß nicht, wie meine Mutter herausfand, welcher Zug in die richtige Richtung fuhr. Aber sie fand einen Zug mit einem Postwaggon, der in Richtung Częstochowa fuhr. Wir hasteten die Leiter hinauf und kletterten in den Zug hinein. Auf dem Boden des

Waggons saßen einige andere Flüchtlinge. Vielleicht hatte einer von ihnen meiner Mutter mitgeteilt, wohin der Zug fuhr.

Die Fahrt mit dem Zug war nicht weit, aber der Zug hielt häufig an. Vor Ende des Tages waren wir wieder in Częstochowa. Als wir endlich ankamen, machte mein Herz einen Satz. Ich war voller Vorfreude, meinen Vater bald wiederzusehen. Ich hatte aber auch Angst, weil wir nicht wussten, ob er noch da sein würde. Seit fast zwei Monaten hatten wir nichts mehr von ihm gehört. Was würden wir vorfinden?

Sobald wir aus dem Zug ausgestiegen waren, machten wir uns schnell auf den Weg zurück in unsere Nachbarschaft und zu unserer Wohnung. Als wir um die letzte Ecke bogen und unsere Straße hinabliefen, wurde meine Aufregung fast unerträglich. Ich beschleunigte meinen Schritt und hängte meine Mutter um mehrere Meter ab. Bald stand ich vor unserer Haustür. Ich schlug ein paar Mal dagegen, bevor ich die Tür aufriss. Ich sprang ins Haus und rief nach meinem Vater. Im Nu stand er vor mir und wir umarmten uns fest. Tränen liefen mir übers Gesicht. Meine Mutter holte mich ein und umarmte uns ebenfalls. Ich löste mich von ihnen und ließ die beiden die Umarmung alleine genießen.

Ich erinnerte mich an unsere Freude und die festen Umarmungen, wenn wir aus unseren langen Sommerurlauben wiederkamen. Dies waren schöne und unvergessliche Momente. Mich nun an diesen Moment zu erinnern ist bittersüß. Es würde das letzte Mal sein, dass wir drei ein so emotionales Wiedersehen genießen würden.

OHNE ARMBINDE ERWISCHT
OKTOBER 1939

Was eine Erleichterung, wieder zu Hause und vereint mit meinem Vater zu sein. Wir waren dem Schrecken der Bombenangriffe auf Warschau und dem bangen sechswöchigen Warten auf den richtigen Zeitpunkt, um Biala zu verlassen, entkommen. Die Dinge hatten sich in der Zwischenzeit jedoch dramatisch verändert. Das Geschäft meines Vaters war ihm weggenommen worden. Deutsche Soldaten beschlagnahmten Räume in unserem Haus, um darin zu leben und zu arbeiten. Sie blieben unter sich und wir waren froh, ihnen dies nachzutun. Die Lage war sehr angespannt, aber wenigstens drohte uns zu dieser Zeit nicht der Tod.

Mein Vater war ein anderer Mensch geworden. Sein Geschäft war gestohlen worden, sein Lebensunterhalt und die Quelle seines Selbstvertrauens waren verschwunden. Er war am Boden zerstört. Ich sah nicht mehr den starken und entschlossenen Mann, der er gewesen war, als ich klein war. Er war ängstlich und von Unruhe geplagt. Er machte sich laut Gedanken darüber, wie unser Schicksal aussehen könnte. Oft hatte er sogar zu viel Angst, um das Haus zu verlassen. Meine Mutter und ich kümmerten uns um die wesentlichen Dinge, die es erforderten, in die Stadt zu gehen.

Alles Notwendige war uns knapp, so auch Lebensmittel und Kleidung. Diese Dinge zu finden erforderte großen Mut, Einfallsreichtum und Anstrengung. Ich musste erfinderisch werden. Ich tat mein Bestes, meinen Vater so oft wie nur möglich zu ermutigen. Ich weiß nicht, woher dieser Entschluss kam, aber ich hatte den Eindruck, dass ich positiv und optimistisch bleiben musste, um ihm seine Angst zu nehmen. Rückblickend hat mich dies wahrscheinlich auf das vorbereitet, was mich in den nächsten Jahren noch erwarten würde.

Unmittelbar nach Kriegsbeginn war es jüdischen Kindern verboten, zur Schule zu gehen. Ich liebte die Schule und machte mir Sorgen, ihr zu lange fernbleiben zu müssen. Trotz des Verbotes organisierte einer meiner Lehrer einige Unterrichtsstunden für die jüdischen Kinder in der Gegend. Dieser Unterricht fand im Geheimen statt und war mit großen Risiken verbunden. Wären wir erwischt worden, hätte das bedeuten können, dass wir in ein Konzentrationslager oder sofort in den Tod geschickt worden wären. Irgendwie haben wir es geschafft, nie entdeckt zu werden.

Sehr schnell nach der Ankunft der Deutschen wurden wir gezwungen, Armbinden zu tragen, die uns als Juden auswiesen. Die Armbinden mit dem aufgenähten Davidstern sind vielleicht das bekannteste Bild aus dem Holocaust und bedürfen deshalb keiner Beschreibung. Anfangs mussten Kinder unter zehn Jahren keine Armbinden tragen. Obwohl ich bei Ausbruch des Krieges zehn Jahre alt war, trug ich für eine Weile keine. Ich kann mich nicht mehr erinnern, ob wir einfach das genaue Alter nicht kannten oder ob meine Eltern dachten, dass ich jung genug aussah, um nicht erwischt zu werden. Was auch immer der Grund war, es brachte mich in große Gefahr.

An einem Samstag verließ ich das Haus, um mit einer Freundin von mir zu spielen. Ich freute mich, meine Freundin wiederzusehen und verdrängte vorerst die Sorgen über den Krieg. Ich war gut angezogen und hüpfte freudig auf dem Weg zu ihrem Haus. Als ich um die Ecke bog, bemerkte mich ein Mitglied der berüchtigten „Schupo" oder Schutzpolizei. Diese Abteilung der Staatspolizei war aus Deutschland gekommen, um in ganz Polen zu patrouillieren. Wer für sie arbeitete, musste Mitglied der Nazipartei und der SS sein. Man kann sich also vorstellen, was für eine Angst ich hatte, als ich ihm begegnete.

Er packte mich am Ärmel und wollte wissen, warum ich keine Armbinde trug. Ich sagte ihm, dass ich zu jung sei, um eine zu tragen. Er glaubte mir nicht und verlangte, dass ich ihn zu meinem Haus zurückbringe. Es war nicht sehr weit, aber diese wenigen Minuten war ich wie versteinert.

Als wir an meinem Haus ankamen, öffnete meine Mutter die Tür und fiel fast in Ohnmacht. Die Farbe wich ihr aus dem Gesicht und sie bekam große Angst. Der Polizist fragte sie, warum ich keine Armbinde trug. Ich war so verängstigt, dass ich mich nicht daran erinnern kann, was sie ihm entgegnete. Glücklicherweise verwarnte er uns nur und ließ mich gehen. Andere, die ohne Armbinde erwischt wurden, mussten mit schweren Strafen rechnen und wurden manchmal sofort in Konzentrationslager geschickt.

Ich war einer Situation entkommen, die meine Eltern oder mich das Leben hätte kosten können. Von diesem Zeitpunkt an verließ ich das Haus nie mehr ohne Armbinde.

Der Stern als Mittel zur Identifizierung von Juden war in Europa nicht neu. Er war im Laufe der europäischen Geschichte schon zu anderen Zeiten verwendet worden. Aber die Nazis perfektionierten das System und nutzten es als ersten Schritt, um uns zu degradieren. Wenn wir auf der Straße an Nicht-Juden vorbeigingen, mieden sie uns oft und ließen uns viel Platz, wenn sie vorbeigingen. Ich selbst erlebte es nie, aber viele Juden wurden einfach aus dem Weg geschoben oder sogar zu Boden gestoßen, wenn sie an Polen oder Deutschen vorbeigingen.

Die nächsten anderthalb Jahre lang blieb unser Leben relativ stabil und unsere Lage veränderte sich nicht viel. Das Leben wurde zwar immer schwieriger und wir lebten in ständiger Angst, aber wir konnten uns das Unheil, das noch kommen sollte, nicht vorstellen. Es war schwierig, Informationen über das Kriegsgeschehen zu erhalten. So versuchten wir zu glauben, dass es nicht schlimmer werden würde. Wir hofften, dass der Krieg irgendwie bald zu einem Ende kommen würde. Soweit ich mich erinnere, war das Leben für uns unter den gegebenen Umständen noch erträglich. Doch im Frühjahr 1941 sollte sich das schnell ändern.

INS GHETTO
APRIL 1941

In den ersten beiden Kriegsjahren durften wir in unserem Hause bleiben. Obwohl wir es in dieser Zeit mit deutschen Offizieren und anderen Beamten teilten, gab es uns ein Gefühl von Normalität, an einem vertrauten Ort zu sein. Es war der einzige Ort, an dem ich je gelebt hatte. Es war ein schönes Zuhause. Als Teil eines Wohnblocks im Zentrum der Stadt war es für europäische Verhältnisse Mitte des 20. Jahrhunderts relativ groß. Es war gemütlich mit einem großen Ofen, der das Haus beheizte.

Die Deutschen hatten schon seit Langem Pläne, alle Juden loszuwerden. Wir wussten bereits, dass es sehr schlecht um die Juden in Polen stand. Wir hatten zwar noch nichts von der „Endlösung" gehört, aber kannten genug Schreckensgeschichten über Ermordungen. Wir wussten auch über das berüchtigte Warschauer Ghetto Bescheid und darüber, dass auch Juden in anderen polnischen Städten in Ghettos gezwungen wurden.

Im April 1941 waren wir an der Reihe. Als das Ghetto in Częstochowa eingerichtet wurde, wurden wir schnell entwurzelt. Der Stadtteil, den die Deutschen für die Errichtung des Ghettos ausgewählt hatten, war der ärmste und unbeliebteste. Uns wurde eine kleine Wohnung zugewiesen. Ich fragte mich oft, wer dort vorher gewohnt hatte. Was war mit ihnen geschehen und wohin waren sie gegangen? War ihr Schicksal schlimmer gewesen als unseres, oder hatte man ihnen erlaubt, an einem besseren Ort zu leben, um Platz für uns zu schaffen? Da sie die ärmsten polnischen Einwohner der Stadt waren, bezweifle ich, dass Letzteres der Fall war. Vielleicht wurden sie weggebracht, um in einer nahegelegenen Fabrik zu arbeiten. Oder diese Wohnung war von Juden bewohnt worden, die bereits das Schicksal ereilt hatte, das noch so viele andere ereilen würden.

Das neue Haus konnte kaum ein Zuhause genannt werden, es war baufällig und dreckig. Uns war auch nicht erlaubt worden, viel aus unserem Zuhause mitzunehmen. Wir lebten nun ein noch kärglicheres Leben, aber hatten zumindest noch keine Angst um unser Leben. Die Bedrohung war zwar omnipräsent, aber solange wir die strengen Regeln befolgten und sie nicht hinterfragten, hatten wir die Hoffnung, dass wir dem Tod entgehen konnten.

Währenddessen verschlechterte sich die Lage in unserem Ghetto und in den anderen Ghettos in Polen schnell. Die Menschen wurden gezwungen, in sehr eingeengten Bedingungen zusammenzuleben. Oft bewohnte mehr als eine Familie dasselbe Haus oder dieselbe Wohnung. In einem polnischen Ghetto lebten durchschnittlich sieben Personen in einem Zimmer. Daher war es schwierig, alles sauber und hygienisch zu halten.

Die Personendichte und die mangelnde Hygiene führten zur Entstehung und Ausbreitung von Krankheiten. Millionen polnischer Juden starben durch diese Eingrenzung an Typhus, Tuberkulose und anderen übertragbaren Krankheiten. Ghettos wurden jedoch nicht von den Nazis erfunden. Die Verwendung des Wortes „Ghetto" für diese Art von Eingrenzungen hatte ihren Ursprung im Jahr 1516 in Venedig. Dort zwangen die Herrscher der Stadt die dort lebenden Juden in einen ummauerten Bereich. In diesem Bereich befand sich früher eine Metallgießerei. Das italienische Wort für Gießerei ist „Ghetto". Das venezianische Ghetto wurde nicht errichtet, um die Juden auszurotten, sondern vielmehr, um sie von den Christen in der Stadt zu isolieren. Die Juden in Venedig durften tagsüber das Ghetto verlassen, um ihren Geschäften nachzugehen, mussten aber nachts zurückkehren, bevor die Tore zu den Brücken, die in den Stadtteil führten, verschlossen wurden. Wie bei so vielen anderen Dingen auch, trieben die Deutschen diese Idee in einer neuartigen und erschreckenden Art und Weise auf die Spitze.

Zunächst war das Ghetto in Częstochowa nicht geschlossen; es hatte keine Mauern oder Stacheldraht, um es von der polnischen Seite abzugrenzen. Polen konnten kommen und gehen, wie sie wollten, aber die Juden durften das Ghetto nicht verlassen. Schließlich würde sich dies ändern. Es wurden Zäune errichtet und den Polen wurde der Zutritt verboten, was für uns zusätzliche Schwierigkeiten mit sich brachte. Als den Polen der Zutritt noch gestattet war, konnten wir auf dem Schwarzmarkt, der entstand, die wichtigsten Dinge eintauschen. Als sie keinen Zugang zum Ghetto mehr hatten, wurde es viel schwieriger, an Lebensmittel und andere notwendige Dinge zu gelangen. Nichts konnte mehr hinein- oder hinausgelangen.

Die Deutschen versorgten uns nur sehr wenig mit Lebensmitteln und anderen notwendigen Dingen. Sie zogen ihren Griff langsam an und erdrosselten uns im übertragenen Sinne. Währenddessen beschleunigten sie den Prozess unserer Auslöschung aus Europa. Ihr genauer Plan, uns auszulöschen, ist gut dokumentiert. Sie würden es auf die effizienteste Weise tun, langsam und methodisch. Sie nahmen uns nach und nach immer mehr weg und zwangen uns in immer schwierigere Verhältnisse. Wie ein Sadist, der die Schrauben an einem Foltergerät anzieht, genossen sie es, uns in einem langwierigen Prozess der Entmenschlichung zu sehen. Es war eine emotionale und mentale Taktik, um uns zu brechen. Hätten wir gewusst, was auf uns zukommt, hätten wir die seelischen Qualen vielleicht nicht ertragen können. Einige Menschen spürten, dass noch Schlimmeres bevorstand. Viele begingen Selbstmord, anstatt darauf zu warten. Manchmal vergifteten sich ganze Familien. War das ein besseres Schicksal, als den Nazis zu erlauben, ihre sadistischen Gelüste zu befriedigen?

Wir taten unser Bestes, um dieser psychischen Folter standzuhalten. Trotzdem hatten wir Angst, dass noch Schlimmeres auf uns zukommen würde. Uns erreichten Gerüchte über die schrecklichen Dinge, die anderorts passierten; wir wussten nun von den Konzentrationslagern. Überall in Polen fanden Razzien statt, um Juden zur Arbeit in diesen Lagern zusammenzutreiben. Und schließlich erfuhren wir, dass einige dieser Lager der Vernichtung dienten und dass die Menschen in ihnen zu Tode gearbeitet oder vergast wurden.

Nun sollte der Plan auch in Częstochowa umgesetzt werden. Im Sommer 1942 begannen die großen Razzien und Transporte von Menschen. Junge Männer fielen dieser systematischen Vorgehensweise als erstes zum Opfer. Manchmal nahmen sie sie zufällig von der Straße mit. Andere Male hatten sie Listen mit Namen und kamen zu ihren Häusern und verhafteten sie. Oder die jüdischen Beamten des Judenrats wurden zu unserer Schande dazu gezwungen, sie festzunehmen. Damals sagte man ihnen, sie sollten in diesen Lagern arbeiten gehen. Aber wir kannten die Wahrheit.

Zuerst nahmen sie uns unsere Unternehmen, Arbeitsplätze und Schulen weg. Dann entfernten sie uns aus unseren Häusern und schickten uns ins Ghetto. Dann entledigten sie uns unserer materiellen Besitztümer. Und jetzt kamen sie, um uns abzuholen.

Das Ghetto war im April 1941 errichtet worden. Etwas mehr als ein Jahr später kamen sie, um uns zu ermorden. Im September 1942 begann die größte Aktion in meiner Heimatstadt. Es war der Tag nach Versöhnungstag. Die Nazis planten ihre Aktionen gegen die Juden oft an oder um unsere heiligen Tage. Sie genossen es, Wege zu finden, noch grausamer zu sein. Das böse Kalkül und die Anwendung dieser Taktik sind für mich immer noch unbegreiflich.

Diese Aktion sollte der Beginn der totalen Liquidierung der Stadt sein. Wie in fast jeder anderen polnischen Stadt waren die Juden in

Częstochowa in ein Ghetto gezwungen worden. Nach der Einrichtung wurden über 40.000 Juden in einem kleinen Gebiet im ärmsten Teil der Stadt eingegrenzt. Auf dem Höhepunkt würde das Ghetto mit über 48.000 kranken und verhungernden Juden, die in winzigen und dreckigen Wohnungen eingepfercht waren, überquellen.

Früh am Morgen dieses Septembertages hörten wir auf der Straße einen Aufruhr. Deutsche Offiziere und polnische Polizisten hämmerten an die Türen und forderten alle auf, hinauskommen und zum Bahnhof zu gehen. Natürlich waren wir entsetzt, denn wir wussten, wohin die Züge mit den Juden fuhren: in die Vernichtungslager.

Meine Eltern diskutierten nervös, was wir tun sollten. Schnell arbeiteten sie einen Plan aus. Mein Vater und ich hatten Papiere, die belegten, dass wir für die deutschen Kriegsanstrengungen arbeiteten. Er hatte in einer örtlichen Fabrik und ich auf einem Bauernhof gearbeitet, aber meine Mutter hatte keine solchen Papiere. Mein Vater hoffte, dass wir vielleicht am Bahnhof unsere Papiere vorzeigen konnten und so anstatt in den Zug gesetzt zu werden, wieder nach Hause gehen konnten. Meine Mutter würde sich auf dem Dachboden der Wohnung verstecken und wir beide würden wie uns befohlen worden war, zum Bahnhof gehen.

Ich verabschiedete mich von meiner Mutter, nicht ahnend, dass dies das letzte Mal sein würde, dass ich sie sah. Ich denke oft darüber nach, was ich zu ihr gesagt hätte, wenn ich es gewusst hätte. Wenn ich an diesen Moment zurückdenke, treibt der Schmerz mir immer noch Tränen in die Augen. Er bestärkt mich in der Weisheit, jeden Moment mit geliebten Menschen zu genießen. In diesem Moment ging alles so schnell, dass ich mich nicht mehr an meine Gefühle oder daran, was ich zu ihr sagte, erinnern kann.

Mein Vater und ich verließen die Wohnung und liefen in Richtung Bahnhof. Als wir um die Ecke auf die Hauptstraße bogen, sahen wir Menschenmassen, die in dieselbe Richtung liefen. Soldaten und Polizisten schrien und drängten sie mit ihren Waffen vorwärts.

Die Situation war chaotisch. Alte Männer und Frauen, die kaum laufen konnten, die Kranken und Lahmen, junge Kinder und Babys in den Armen ihrer Mütter wurden erbarmungslos weitergeschoben.

Als wir uns dem Bahnhof näherten, konnten wir die Waggons und die Menschen sehen, die in sie hineingedrängt wurden. Es gab keinen Hinweis darauf, dass irgendjemand in sein Haus im Ghetto zurückkehren würde. Meinem Vater wurde klar, dass die Papiere, die wir bei uns trugen, uns nichts nützen würden. In diesem Moment griff er mich beim Arm und zog mich schnell und leise in eine Gasse. Als wir außer Sichtweite waren, rannten wir los und bogen in eine andere Straße ein. Am Ende der Straße befand sich ein Holzlager. Wir huschten hinein und fanden einen Stapel Holz, hinter dem wir uns versteckten.

Draußen brach Panik aus. Rufe, Schreie und Bitten um Gnade hallten von den Gebäuden der Stadt wider. Dann prasselten Schüsse durch die Straßen. Das Bellen der abgerichteten Hunde mischte sich mit den Schreien der Kinder. Mein Vater sagte mir, ich solle mich hinlegen und so ruhig wie möglich bleiben. Es war noch früh, aber der Tag wurde bereits warm. Der Geruch des Holzes erfüllte meine Nase und das Klopfen meines Herzens verdrängte einige der schrecklichen Geräusche draußen. Was würde als Nächstes auf uns zukommen?

AKTION! DER TOD KOMMT NACH CZĘSTOCHOWA
SEPTEMBER 1942

Ein Strom von klebrig goldbraunem Harz hing tropfenförmig von dem Holzstapel direkt über meiner Nase. Ich starrte ihn an und stellte mir vor, es sei Honig, aber das verstärkte nur meinen schmerzhaften Durst und Hunger. Stundenlang bewegte der Tropfen sich nicht merklich, obwohl die Schwerkraft ihn eindeutig nach unten zog. Meine Nasenlöcher füllten sich mit dem stechenden und vertrauten Geruch von frisch geschnittenen Brettern. Ich wusste auch, wie Harz schmeckte und hatte feststellen müssen, dass es nicht sehr angenehm war, obwohl es süß aussah. Als ich zu dem Harz hinaufblickte, kam mir die Erinnerung an goldenen Honig, der von einer frisch gebackenen Brotscheibe tropfte, in den Sinn und mir wurde schwindelig.

Mein Vater und ich hatten uns den ganzen Tag im Holzlager versteckt gehalten. Wir waren hineingehuscht, um dem Ansturm der Nazis zu entgehen. Im Lager krochen wir unter einen Haufen Holz, um uns zu verstecken. Während wir regungslos stundenlang dort lagen, hallten Schüsse aus dem nahegelegenen jüdischen Ghetto von Częstochowa. Die Nazis waren gekommen, um alle Juden in einer sogenannten „Liquidation" zu töten. Dieser schreckliche Tag im September 1942 sollte mich auf eine lange und verzweifelte Reise und einen Überlebenskampf schicken.

Meine Heimatstadt Częstochowa war größer als ein Schtetl oder eine Kleinstadt. Tatsächlich handelte es sich sogar um eine richtige Stadt, die als heilige Stadt für Katholiken recht bekannt war. Im dortigen Jasna-Góra-Kloster befindet sich das weltberühmte Gemälde der Schwarzen Madonna. Der Überlieferung nach wurde es 1384 vom Herzog von Opole aus Südpolen nach Częstochowa gebracht. Millionen von Katholiken pilgern jedes Jahr dorthin, um das Gemälde zu sehen. Papst Johannes Paul II. enthüllte, dass er das Risiko auf sich nahm und heimlich während des Zweiten Weltkriegs anreiste, als die Nazis die Region kontrollierten, um das Gemälde zu sehen.

Trotz der Bedeutung der Stadt für den katholischen Glauben gab es in Częstochowa vor dem Krieg eine große jüdische Gemeinschaft. Dies sollte sich bald drastisch ändern. Operation Reinhard hatte begonnen. Die Nazis planten, alle Juden in Polen zu vernichten.

Der Geruch des Holzes und des austretenden Harzes war mir sehr vertraut. Mein Vater hatte ein Holzlager in Częstochowa besessen. Als die Deutschen Polen 1939 überfielen, dauerte es nicht lange, bis sie sein Geschäft übernahmen und ihn zwangen, deutsche Soldaten und Beamte unterzubringen, die die Region kontrollierten. Nun versteckten wir beide uns ironischerweise unter einem Stapel Holz, um den Mördern zu entkommen. Es war zwar nicht sein Holzlager, sondern eines in einem anderen Stadtteil. Trotzdem war es mir vertraut.

Nach dem Ende der Liquidation waren die meisten Menschen in Vernichtungslager gebracht worden, hauptsächlich nach Treblinka. Hier an diesem dunklen Tag lag ich unter dem Holzstapel und fragte mich, wie mein Schicksal aussehen würde.

Mein Vater und ich hatten genug Glück, nicht gefunden zu werden. Auf den Straßen herrschte Chaos. Bei jedem Schuss zuckte und pulsierte mein Körper. Die Schussgeräusche waren beängstigend und die Schreie und das Weinen unserer jüdischen Mitbürger waren entsetzlich. Aber es gab ein anderes Geräusch, das mich in diesem Moment noch mehr versteinerte. Nah und fern hörte ich dutzende Hunde hektisch bellen. Sie schnüffelten nach Menschen, die versuchten, sich vor den Nazis zu verstecken und zu fliehen. Welche Chance hatten wir, wenn sie sich uns näherten?

Die Stunden vergingen, und der Lärm des Terrors peitschte um die Häuser, wie der Wind in einem heftigen Sturm.

Mein Vater hatte hart gearbeitete und hatte sein Unternehmen unter großer Selbstaufopferung von Grund auf selbst aufgebaut. Für meine Mutter und mich hatte er ein wundervolles und komfortables Leben geschaffen in einer Welt, die immer noch von der Weltwirtschaftskrise gezeichnet war. Wir waren beileibe nicht reich gewesen, aber wir hatten alles gehabt, was wir brauchten, und noch vieles mehr. Unser Haus war zwar nicht groß, aber gemütlich und groß genug für uns drei. Es war eine bescheidene, aber schöne Wohnung in einem Wohnhaus in der Nähe des Stadtzentrums. Jeden Sommer hatten wir in verschiedenen Kurorten im Kaukasusgebirge im Südosten Polens einen langen Urlaub gemacht. Oft waren nur meine Mutter und meine Tanten in den Urlaub gefahren, weil mein Vater zurückbleiben und sich um das Geschäft kümmern musste.

Vielleicht wäre mein Vater enttäuscht, aber diese Sommerurlaube waren die Zeit im Jahr, auf die ich mich am meisten freute. Womöglich hätte er es bevorzugt, wenn ich die jüdischen Feiertage als meine Lieblingszeit genannt hätte. Obwohl mein Vater nicht orthodox war, war er ein religiöser Mann, der sich sehr genau an die Traditionen unseres Glaubens hielt. Sein Geschäft war jeden Schabbat und an den Feiertagen geschlossen. Unsere Schabbat-Abende waren immer eine schöne Zeit, in der Kerzen angezündet und ein Gebet gesprochen wurde. Unser Zuhause war koscher.

Er trug keinen Bart oder lange Locken. Aber meine Großväter waren beide chassidisch und behielten diese Tradition sehr wohl bei. Die Regeln in ihren Häusern waren viel traditioneller und wir respektierten dies, wenn wir sie besuchten. Mein Vater entschied sich für einen moderneren Lebensstil, weil er sich etwas mehr in die polnische Gesellschaft einfügen wollte.

Als ich unter dem Holz lag, versuchte ich mich an die glücklichen Zeiten zu erinnern, die wir mit meinen Großeltern verbracht hatten, um nicht in Panik zu verfallen. Ich strengte mich an, normal zu atmen und so ruhig wie möglich zu liegen. Es wurde zunehmend schwieriger, da die Unruhe auf den Straßen anhielt.

Schließlich ging die Nachmittagssonne in die Dämmerung über und allmählich legte sich das Pandämonium. Die Schüsse hörten auf, abgesehen von gelegentlichen Schüssen aus der Ferne. Die Hunde waren abtransportiert und zum Schweigen gebracht worden, was mich sehr erleichterte.

Wir warteten geduldig, bis die Nacht hereinbrach. Unter den Brettern konnte ich fast nichts sehen. Eine Straßenlaterne leuchtet gerade hell genug, um uns den Weg aus dem Holzlager zu weisen. Mein Vater winkte mir, ihm zu folgen und wir beide kamen leise und vorsichtig aus unserem Versteck hervor. Wir bewegten uns langsam zum Eingang des Lagers und dann auf die dunkle Straße hinaus.

Mein Vater erklärte mir, wir würden versuchen, zu unserem Haus zurückzukehren und dort hoffentlich meine Mutter finden. Es war zwar nicht weit, aber es war nach der Ausgangssperre. Wenn ein Jude zu dieser Zeit erwisch wurde, erschoss man ihn auf der Stelle. Obwohl es ruhig war und das Morden aufgehört hatte, patrouillierten immer noch Polizisten und Soldaten in der Gegend. Dieser Teil der Stadt war nun jedoch verlassen, vielleicht, weil er judenrein gemacht worden war.

Mein Vater kannte sich sehr gut aus und anstatt direkt den Straßen zu folgen, schlug er einen Weg ein, der sich durch Gebäude und entlang von ihnen schlängelte. Wir bewegten uns vorsichtig von Gebäude zu Gebäude, bis wir unserem Haus sehr nahe waren. Nur noch ein paar Meter und wir würden zu Hause sein.

Als wir über eines der Grundstücke bewegten, sah mein Vater einen Wasserhahn auf der Rückseite eines Gebäudes. Wir waren beide sehr durstig und stark dehydriert. Er hatte heute Morgen, als wir das Haus verlassen hatten, eine mit Tee gefüllte Flasche mitgenommen. Diese war nun leer. Er lief zum Wasserhahn hinüber und begann die Flasche zu füllen.

Plötzlich starrte ein polnischer Polizist meinen Vater an. Wo war er so schnell hergekommen? Es könnte das Geräusch des fließenden Wassers gewesen sein, dass ihm einen Hinweis auf uns gab. Ich zuckte erschrocken zusammen und mein ganzer Körper spannte sich an. Ich geriet in Panik, konnte mich aber vorerst noch beruhigen. Der Polizist wollte wissen, was wir dort machten und warum wir nach der Ausgangssperre draußen waren. Seine Waffe war direkt auf meinen Vater gerichtet, als er ihn befragte.

Als wir am Morgen unser Haus verlassen hatten, hatte mein Vater mir aus seiner Hosentasche Geld gegeben und mir gesagt, ich solle es in meinem Schuh verstecken. Jetzt flehte er den Polizisten an, uns nicht mitzunehmen und sagte ihm, er würde ihm Geld geben. Er drehte sich zu mir und sagte mir, ich solle das Geld herausholen und es dem Mann geben. Ich beugte mich zu meinem Schuh hinunter und mein Vater nahm seine Uhr vom Handgelenk. „Hier nehmen Sie auch meine Uhr", sagte er zu dem Beamten.

Der Beamte ließ sich nicht bestechen, zumindest nicht so leicht. „Warten Sie hier", befahl er uns und ging wieder auf die Straße hinaus. Warum genau er uns alleine ließ, ist mir unklar. Wollte er Hilfe holen oder nur sicherstellen, dass kein anderer Polizist sah, wie er eine Bestechung annahm?

In jedem Fall überkam mich, sobald er außer Sichtweite war, ein überwältigender Drang davonzulaufen. Ich drehte mich um, rannte über den Hof und blieb erst stehen, als ich den nicht weit entfernten Hof unserer Wohnung erreichte. Ich wagte es nicht in das Haus zu gehen, weil ich nicht wusste, wer dort auf mich warten würde. Also versteckte ich mich unter einigen Büschen im Hof und wartete.

In meiner Panik davon zu kommen, hatte ich kein Wort zu meinem Vater gesagt. Ich hatte ihn nicht gefragt, ob ich davonlaufen sollte. Sogar jetzt, wenn ich mich an den Vorfall erinnere, kann ich immer noch nicht verstehen, warum ich die Flucht ergriff. Was dachte ich mir als 12-jähriges Mädchen dabei, meinen Vater in einer so gefährlichen Situation im Stich zu lassen? Es war einfach ein Instinkt, vielleicht aus Verzweiflung, Panik und Angst. Ich weiß, dass ich all diese Emotionen spürte. Wenn ich jetzt zurückblicke, wird mir klar, dass meine Flucht eine natürliche Reaktion war. Damals begann ich mich um die Sicherheit meines Vaters zu fürchten. Ich wartete in der Dunkelheit und hoffte, dass er bald zu mir kommen würde.

Als die langen nervösen Minuten verstrichen und der Lärm weiterer Polizisten zunahm, die nach uns suchten, wurde mir klar, dass ich ihn nicht bald wiedersehen würde. Ich tat alles, was ich konnte, um mein Schluchzen und meine Tränen zurückzuhalten, während ich regungslos in der kühlen Herbstluft dieser Septembernacht lag.

GEPLÜNDERT!
SEPTEMBER 1942

Ich lag regungslos unter dem Busch und versuchte durch die Zweige und die Dunkelheit nach Lebenszeichen in unserem Haus zu schauen. Es lag nur ein paar Meter entfernt, aber nach dem, was ich an diesem Tag in der Stadt erlebt hatte, war ich ängstlich, das Haus ohne genauere Untersuchungen zu betreten. Ich fragte mich, ob es meinem Vater gelungen war, dem Polizisten zu entkommen. Ich fühlte mich schuldig, ihn im Stich gelassen zu haben.

Die Nacht kühlte schnell ab und ich begann zu zittern. Vielleicht lag es mehr an der Angst als an der Kälte, denn für Ende September war das Wetter noch relativ warm. Der Lärm der suchenden Polizisten legte sich und verstummte schließlich ganz. Um sicherzugehen, wartete ich noch länger ab.

Ich dachte an meine frühe Kindheit zurück. Ich erinnerte mich an den Spaß, den ich in der Schule hatte und an meine Freude, neue Dinge zu lernen. Ich liebte es, Geschichtsbücher zu lesen. Ich besuchte eine traditionelle jüdische Schule und natürlich lernten wir auch etwas über die Vorfahren unseres Glaubens. Die Geschichten waren so dramatisch und kraftvoll, dass sie die Zeiten überstanden. Wir lasen von Abraham, der bereit war, seinen Sohn Isaak zu opfern, und der von dieser Gehorsamkeitsprobe im letzten

Moment von Gott verschont wurde. Wir lasen davon, wie Moses seine mächtige Stellung im ägyptischen Königreich aufgegeben hatte, um einen seiner jüdischen Brüder vor dem Tod zu bewahren. Er war gezwungen, aus Ägypten zu fliehen und in der Wüste zu leben und kehrte schließlich zurück, um sein Volk aus der Sklaverei ins Gelobte Land zu führen. Wir lernten, wie die Babylonier Jerusalem eroberten und die Juden zurück in ihre Hauptstadt brachten und erneut versklavten. Und alles über das Wunder der Öllampe, als der Seleukiden-König Antiochus Epiphanes im 2. Jahrhundert vor Christus versuchte, den jüdischen Glauben auszurotten.

Warum wurden die Juden im Laufe der Geschichte so sehr gehasst und verfolgt? Wie konnte das wieder geschehen?

Wir lernten in der Schule auch über die westliche Geschichte. Ich wusste, dass es in den letzten 2.000 Jahren viele Versuche von Despoten gegeben hatte, ganz Europa zu erobern und zu beherrschen. Vom römischen Cäsar bis hin zu Karl dem Großen, von Napoleon bis zu Kaiser Wilhelm, der Kontinent wurde von Kriegen heimgesucht, wenn diese Diktatoren versuchten, Grenzen zu beseitigen und eine einheitliche europäische Kultur zu schaffen. Was jetzt passierte, war völlig anders. Dieser neue Tyrann Adolf Hitler war wirklich ein Verrückter. Wie die Deutschen es zulassen konnten, dass er an die Macht kam, ist uns ein Rätsel. Wieder einmal war der Zorn eines bösen Mannes auf die Juden gerichtet.

Meine Gedanken schweiften vom Schulunterricht ab und konzentrierten sich auf die schöne Zeit, die ich mit meinen Freunden aus der Nachbarschaft verbracht hatte. Wir hatten keine Fernseher oder Computerspiele. Wir verbrachten unsere Zeit draußen in den Parks und auf den Feldern. Wir spielten Fangen, Himmel und Hölle und Seilspringen. In den Feldern spielten wir Fußball und jagten uns gegenseitig. All das war jetzt vorbei. Wer sich im letzten Jahr überhaupt draußen aufhielt, riskierte es, gefangen genommen oder ermordet zu werden. Als ich nun darüber nachdachte, dass ich mich gerade nach der

Ausgangssperre draußen befand und das auch noch in einem Gebiet, das gerade judenrein gemacht worden war, begann mein Herz vor Angst zu rasen.

Wie lang hatte ich so unter dem Busch gelegen? Es war schon eine lange Zeit still gewesen, so schien es mir zumindest. Ich wusste, dass ich nicht die ganze Nacht dort liegen konnte und vor allem nicht, bis die Sonne wieder aufging. Ich hatte das Zeitgefühl verloren. Vielleicht würde es schon bald wieder hell werden? Ich spürte plötzlich den Drang, mich zu bewegen.

Das Haus lag die ganze Zeit, die ich mich im Hof versteckte, komplett still und dunkel da. Ich beschloss, mich ihm langsam und vorsichtig zu nähern. Ich kam unter dem Busch hervor und näherte mich der Haustür, während ich die ganze Zeit nach Bewegungen lauschte und Ausschau hielt. Plötzlich rührte der Wind sacht in den Bäumen, und ich erschrak und blieb stehen. Ich schaute mich um und sah niemanden. Die Straße war leer. Ich eilte auf die Haustür zu und trat hinein. Als ich ins Wohnzimmer kam, gewöhnten meine Augen sich an die Dunkelheit.

Dort stellte ich entsetzt fest, dass das Haus geplündert worden war. Möbel waren umgekippt, Lampen und Haushaltsgegenstände lagen verstreut. In der Küche lagen Töpfe, Pfannen und zerbrochene Teller auf dem Boden verteilt und die Küchenschränke standen offen. Ich lief noch ein paar Schritte auf das Schlafzimmer zu. Dann blieb ich wie gelähmt stehen. Ein schrecklicher Gedanke hatte mich ergriffen und hinderte mich daran, auch nur einen Meter weiterzugehen. Ich malte mir aus, dass ich als Nächstes meine tote Mutter auf dem Boden finden würde.

Trotz meiner Panik richtete ich mich auf und trat einen Schritt zurück. Dann drehte ich mich um und rannte auf die Straße hinaus, entschlossen, so weit wie möglich vom Haus wegzukommen.

AM RANDE DES GHETTOS
SEPTEMBER 1942

Als ich das durchwühlte Haus verließ und mich auf den Weg zurück auf die dunklen und nun stillen Straßen machte, hatte ich keine Ahnung, was ich als Nächstes tun sollte. Es war schon lange nach der Ausgangssperre und ich wusste, dass es keine Gnade für mich geben würde, wenn ich gesehen werden würde.

Ich tat mein Bestes, mich in den Schatten und fern von jeglichem Licht zu bewegen. Ich nahm mir noch einmal fest vor, ruhig zu bleiben und klar zu denken. Woher stammte diese Entschlossenheit? Ich war ein verwöhntes Einzelkind. Ein kleines Mädchen, das in jeder Hinsicht geschützt vor der Härte des Lebens aufwuchs. Sicherlich trug das, was ich in den letzten zwei Jahren seit Beginn des Naziterrors erlebt hatte, zu meiner Abhärtung bei. Ich frage mich immer noch, wie ein Mädchen im Alter von 12 Jahren den Willen zum Weitermachen aufbringen konnte.

Meine Gedanken rasten aus Angst, aber ich musste schnell einen sicheren Ort finden. Wo könnte ich mich verstecken und auf das Tageslicht warten, das die Ausgangssperre aufhebt, um anschließend meinen Vater wiederzufinden? War der Schrecken des vergangenen Tages vorbei? Ich war nicht optimistisch. Ich beschloss, dass es das Beste sei, in die Büsche des Gartens zurückzukehren und den Morgen abzuwarten.

Ich kroch zurück unter die stacheligen Zweige der Sträucher und legte mich hin. Mein Herz pochte so laut, dass es mir schwerfiel, zu denken. Unser Haus lag ganz am Rande des jüdischen Ghettos. Auf der einen Seite befand sich ein Bahngleis, das das Ghetto von der polnischen Nachbarschaft trennte. Unser Grundstück war mit einem Zaun von den Gleisen abgegrenzt. An einer Stelle gab es ein Tor, das zur Bahnlinie hin geöffnet war. Wenn es mir gelänge, auf die polnische Seite der Stadt zu gelangen, könnte ich mich vielleicht dort einfügen oder verstecken, bis ich meinen Vater gefunden hätte.

Plötzlich erinnerte ich mich, dass nicht allzu weit entfernt von unserem Haus auf der polnischen Seite ein Lebensmittelgeschäft mit einer sehr netten polnischen Inhaberin war. Meine Mutter hatte früher bei ihr eingekauft. Die Inhaberin war immer freundlich und behandelte uns zuvorkommend. Nun hatte ich einen Plan. Aber dieser würde bis zum Morgen warten müssen, denn jeder Fluchtversuch während der Ausgangssperre könnte meinen Tod bedeuten. Ich entspannte mich ein wenig und holte tief Luft. Ich lag unter den Blättern des Busches, betete und versuchte zu schlafen. Obwohl ich mich etwas entspannt hatte und erschöpft war, schlief ich nicht ein.

Die Stunden vergingen langsam und schließlich erfüllte das Licht der Morgendämmerung den Himmel. Ich wartete geduldig, bis ich hörte, wie die Stadt zum Leben erwachte und sich die Menschen zu bewegen begannen. Jetzt war es vollkommen hell geworden und ich kam vorsichtig unter dem Gebüsch hervor und machte mich auf den Weg zum Tor.

Als ich die ersten Schritte lief, knickte mir fast mein rechtes Bein weg. Ich schaute nach unten und bemerkte, dass ich nur einen Schuh trug. Es war unglaublich, aber ich hatte ich die ganze Nacht hindurch vergessen, dass ich meinen rechten Schuh ausgezogen hatte, um das Geld herauszuholen, das mein Vater dem Polizisten geben wollte. Genau dann war ich davongelaufen und zu unserem Haus geflohen. Meinen Schuh hatte ich bei meinem Vater zurückgelassen. Es war zu schwer, nur mit einem Schuh zu gehen, also zog ich den linken auch aus und lief barfuß zum Zaun weiter.

Am Zaun angekommen blickte ich vorsichtig hindurch, um zu sehen, was auf der anderen Seite lag. Direkt hinter den Gleisen war eine Böschung, die in die polnische Nachbarschaft hineinragte. Oben auf der Böschung, am Rande des Ghettos waren Polizisten postiert, die nach Juden Ausschau hielten, die versuchen könnten, das Ghetto zu verlassen. Ich wartete und beobachtete genau, ob einer dieser Polizisten sich in der Nähe befand. Nach wenigen Augenblicken erschien einer, der langsam die Böschung entlanglief und in Richtung des Ghettos und der Bahnlinie schaute. Er blieb stehen und drehte sie zum Tor, an dem ich hockte. Hatte er mich gesehen? Ich duckte mich noch tiefer und weiter weg von der Öffnung, aus der ich hinausspähte. Ich wartete einige Minuten und versuchte, keinen Laut von mir zu geben.

Als ich mich endlich traute, wieder aufzusehen, war er verschwunden. Erleichtert stand ich auf und überprüfte das Tor. Es war verschlossen und ich konnte es auch nicht gewaltsam öffnen. Ich würde darüber klettern müssen, um auf die andere Seite zu gelangen. Würde ich genug Zeit haben, bevor der Polizist zurückkehrte? Ich wusste es nicht, aber ich konnte nicht weiterhin im Garten sitzen bleiben. Ohne weiter darüber nachzudenken, kletterte ich über das Tor und auf der anderen Seite wieder hinunter. Wie hatte ich das nur geschafft? Ich war ein kleines Mädchen und das Tor schien so hoch zu sein. Doch irgendwie befand ich mich auf der anderen Seite. Es gab keine Zeit zu verlieren, also huschte ich über die Böschung und machte mich auf den Weg zum Geschäft unserer polnischen Freundin.

Würde sie da sein? Könnte ich es schaffen, zu ihr zu gelangen, ohne erwischt zu werden? Würde sie mir helfen oder wäre sie zu verängstigt dazu? So viele Fragen und es gab nur einen Weg, sie zu beantworten–unbemerkt weiterzugehen.

Die Straßen erwachten zum Leben und einige Menschen waren unterwegs. Ich war jetzt ganz in der Nähe des Ladens. Wieder einmal nahm ich meinen ganzen Mut zusammen und versuchte, ruhig zu bleiben. Mein Herze pochte so laut, dass ich dachte, es würde mir aus der Brust springen. Ich wollte so schnell wie ich konnte losrennen, aber bewahrte einen kühlen Kopf und lief in einem normalen Tempo weiter. Ich bog um die Ecke und lief die Straße entlang, die zum Laden führte. Nur noch ein paar Schritte und ich würde herausfinden, ob meine Hoffnung auf Hilfe von dieser Frau, die immer so freundlich und hilfsbereit zu uns gewesen war, berechtigt war.

Erinnerungen daran, wie ich mit meiner Mutter zu dem Laden gegangen war, schossen mir durch den Kopf, als ich versuchte, den Mut aufzubringen, mit ihr zu sprechen. In den schweren Zeiten im Ghetto hatte sie uns viele Male geholfen. Als wir nicht für die Lebensmittel bezahlen konnten, gab sie sie uns trotzdem. Meine Mutter tat ihr Bestes, um zu bezahlen, was sie konnte, aber manchmal hatte sie nichts. Sogar wenn sie für das Essen zahlte, gab Frau Sporna ihr oft noch etwas Zucker, Brot oder Kartoffeln mit. Wir waren so dankbar für ihre Güte, vor allem, weil sie sich damit selbst in Gefahr brachte.

Nachdem die Deutschen begannen, die Wertgegenstände der Juden zu konfiszieren, wurde es noch schwieriger, für das Nötigste zu bezahlen. Sie forderten, dass Schmuckstücke, Gold und Silber abgegeben würden, um ihre Kriegsanstrengungen zu unterstützen. Als der Befehl erging, dass alle Juden ihre Pelzmäntel abgeben mussten, beschloss meine Mutter, ihren Pelzmantel direkt an diese Freundin zu geben. Sie wollte lieber, dass sie ihn behielt, als dass die Deutschen ihn bekamen. Mein Vater besaß auch einen pelzgefütterten Mantel, den meine Mutter auch der Ladenbesitzerin gab. Es waren beides sehr wertvolle Mäntel.

Als ich über die Mäntel nachdachte, fragte ich mich, ob sie sie immer noch hatte. Nachdem ich eine ganze Nacht draußen in der Kälte verbracht hatte, stellte ich mir vor, wie es wäre, einen Mantel zu haben, der mich warmhielt. Ich fragte mich, ob sie genug Mitleid mit mir haben würde, um mir einen der Mäntel wieder zurückzugeben. Im Moment brauchte ich nur ein Versteck und vielleicht einen kleinen Bissen zu essen. Ich erwartete nicht mehr von ihr. Zumindest hoffte ich, dass sie mich nicht an die Polizei verraten würde. So nett sie auch zu uns gewesen war, ich war mir nicht ganz sicher, wie sie reagieren würde. Anstatt Hilfe zu bekommen, könnte dies das Ende für mich bedeuten.

FRAU SPORNA
SEPTEMBER 1942

Ich kannte den Weg zum polnischen Lebensmittelladen sehr gut. Es war noch früh und es waren noch nicht viele Menschen auf den Straßen. Ich bekam große Angst, dass man mich bemerken würde. Ich trug keine Schuhe. Meine Klamotten waren zerrissen. Irgendjemand würde sicherlich wissen, dass ich nicht auf die polnische Seite gehörte. Und natürlich sah ich auch noch jüdisch aus. Meine Haare und meine Augen waren dunkel. Auch meine Gesichtszüge waren offensichtlich semitisch. Wir hatten lange Zeit unter den Polen gelebt und sie konnten an all diesen Dingen erkennen, wenn eine Person jüdisch war.

Ich wusste, dass ich etwas tun musste, um von jeglichem Verdacht und von meiner wachsenden Nervosität abzulenken. Fast ohne darüber nachzudenken, begann ich zu hüpfen, als ob ich auf dem Weg in den Park war, um dort mit meinen Freunden zu spielen. Ich versuchte zu pfeifen, weil ich dachte, dass ich so wie ein glückliches, normales polnisches Mädchen erscheinen würde, das einfach den neuen Tag genoss. Aber ich brachte keinen Ton heraus. Mein Mund war trocken und meine Lippen waren rissig von der Nacht, die ich draußen verbracht hatte. Mein Herz pochte, als ich daran dachte, was für ein Anblick ich sein musste. Ich war mir sicher, dass ich bei meinem Ablenkungsmanöver scheitern würde.

Mit einem Mal bestätigte sich meine Angst: ich hörte Schritte hinter mir. Ein polnischer Mann verfolgte mich. Ich drehte den Kopf zur Seite und versuchte ihn mit einem Seitenblick zu erkennen. Dabei war ich vorsichtig, mich nicht vollständig umzudrehen. Ich wurde panisch, schaffte es jedoch irgendwie, dies zu verbergen. Ich wagte es nicht, mich lange umzudrehen und richtete meinen Blick schnell wieder nach vorn und hüpfte weiter in Richtung des Hauses der polnischen Frau.

Es hatte keinen Zweck. Der Mann hatte mich erkannt. Leise sagte er: „Żydóweczko!" Das ist polnisch und bedeutet „Kleines jüdisches Mädchen". Als ich das Wort hörte, war es, als würde ein elektrischer Schlag durch meinen ganzen Körper pulsieren. Ich rechnete damit, jeden Moment an den Haaren gepackt und zur Polizei gebracht zu werden. Ich hatte gesehen, wie sie dies mit anderen jüdischen Frauen und Mädchen gemacht hatten. Jetzt war ich an der Reihe.

Er sagte es erneut, „Kleines jüdisches Mädchen!", diesmal noch viel leiser. Fast im Flüsterton fuhr er fort: „Renn besser davon, denn sie werde dich erwischen!" Ich drehte mich zu ihm um und schaute ihm direkt ins Gesicht. Er hob seine Hand, als ob er mich wegscheuchen wollte.

Er wusste genau, wer ich war, oder besser gesagt, was ich war. Ein großes Gefühl der Erleichterung überkam mich. Dieser Mann würde mich nicht melden oder den Behörden übergeben. Er warnte mich aufrichtig und drängte mich, schnell ein Versteck zu finden. Ich hörte auf zu hüpfen und begann zu rennen. Ich war nur noch wenige Meter vom Laden entfernt. Ich eilte zur Tür und klopfte mehrmals an. Hätte ich so fest angeklopft, wie mein Herz hämmerte, wäre die Tür eingestürzt.

Wenige Minuten später stand unsere Familienfreundin in der offenen Tür. Sie wurde bleich und schlug die Hände vor die Brust.

Ihr blieb der Mund offenstehen. Sie konnte nicht glauben, dass ich es war. Sie erholte sich schnell, nahm mich beim Arm und zog mich ins Haus. Genauso schnell schlug sie die Tür hinter uns zu und verriegelte sie sicher.

„Meine liebe Halina! Wo kommst du denn her?", keuchte sie. „Wo sind deine Schuhe? Du bist so schmutzig und siehst erschöpft aus!"

„Frau Sporna, ich bin so müde und so durstig. Können Sie mir etwas Wasser geben?", bat ich sie.

Sie nahm mich mit in die Küche, setzte mich auf einen Stuhl und schenkte mir Wasser ein. Nachdem ich das Glas in einem Zug geleert hatte, setzte sie Wasser für ein warmes Getränk auf. Ich erzählte ihr die Geschichte und bat sie, mir zu helfen. Sie begann, etwas zu essen zuzubereiten. Ich konnte die Angst in ihren Augen sehen, als ihr klar wurde, was die Folgen für ihre Güte sein könnten. Aber sie sagte nichts. Sie stellte das Essen vor mich und ich inhalierte es. Nach ein paar Minuten sagte sie zu mir: „Lass uns dich waschen und dann kannst du dich etwas ausruhen. Ich werde darüber nachdenken, was wir danach tun sollen."

Ich dankte ihr ausgiebig und ging ins Badezimmer, um mich zu waschen.

"DU KANNST NICHT BLEIBEN"
SEPTEMBER 1942

Jemand rief meinen Namen. Träumte ich noch? Ich öffnete langsam meine Augen und sah, dass ich auf einem Bett in Frau Spornas Haus lag. Ich versuchte, die Schläfrigkeit aus meinem Kopf zu vertreiben und mich daran zu erinnern, warum ich hier war. Die Angst und der Schrecken der letzten Tage fielen mir wieder ein. Ich betete, dass es vielleicht alles nur ein Traum war und ich bald wieder ein normales Leben mit meiner Mutter und meinem Vater zu Hause führen würde.

„Halina", flüsterte Frau Sporna, „wach auf Liebes. Ich muss mit dir reden."

Ich konnte sehen, dass das Tageslicht nachgelassen hatte und es dunkel zu werden begann. Die letzten Sonnenstrahlen fielen durch die Vorhänge am Fenster. Jetzt war ich vollständig wach und mein Herz wurde schwer, als ich bemerkte, dass es kein Traum gewesen war. Ich war wirklich um mein Leben gerannt und hatte den Weg zum Haus unserer lieben Freundin gefunden. Sie war so freundlich gewesen, mich bei ihr aufzunehmen, mir etwas zu essen zu geben und mich bei ihr waschen und ausruhen zu lassen. Ich hatte eine Weile geschlafen, aber es war kein erholsamer Schlaf gewesen. Ich wusste, dass ich mich im Schlaf umhergewälzt und vielleicht nur gedöst hatte. Ich konnte mich an die Geräusche der Straße und des Ladens nebenan erinnern, wo ihre Kunden kamen und gingen.

„Halina", fuhr sie fort, „ich habe Angst, dich hierzubehalten. Und nicht nur Angst um mich. Ich habe auch um dich Angst. Ich bin sehr sicher, dass sie dich hier schließlich finden werden und das wird für uns beide den Tod bedeuten."

Ich hörte ihr schweigend zu. Ihre Worte waren schmerzhaft logisch und ich wusste, dass sie Recht hatte. Angst begann in mir aufzusteigen. Ich setzte mich auf und sah sie an. „Ich weiß, dass du Recht hast", gab ich zu. „Aber wo kann ich hingehen? Ich werde mich verstecken müssen. Sie suchen wahrscheinlich schon nach mir, weil ich vor dem Polizisten und meinem Vater weggelaufen bin."

„Vielleicht kannst du deinen Vater finden?", fragte sie. „Vielleicht ist er schon zu eurem Haus zurückgekehrt."

„Vielleicht", sagte ich, „aber ich denke es nicht. Ich habe die ganze Nacht vor unserem Haus gesessen und niemand ist zurückgekommen. Nicht mein Vater und auch nicht meine Mutter. Ich habe so Angst, dass sie weggebracht wurden oder schlimmer noch, dass sie ... Und ich habe zu viel Angst, zu unserer Wohnung zurückzugehen, weil ich befürchte, dass die Polizei dort auf mich wartet. Und wenn nicht, werden sie sicher wiederkommen und nachsehen."

„Ich verstehe", sagte Frau Sporna, „aber du musst gehen, denn hier werden sie dich sicher bald finden."

Sie drehte sich um und lief in den Laden, um etwas zu essen und andere Dinge für mich zusammenzusammeln. Sie steckte sie in eine Tasche und reichte sie mir. In der Tasche war ein Laib Brot und einige hart gekochte Eier. Sie fand eine Flasche, füllte sie mit Tee und verschloss sie. Dann ging sie für ein paar Minuten zurück in den Laden und kam mit einem Paar Holzschuhe zurück, die ungefähr meine Größe waren. Sie bat mich, sie anzuprobieren. Sie passten mir nicht genau, aber ich konnte ohne Probleme in ihnen laufen. Das war besser, als barfuß zu gehen.

Ich nahm die Tasche mit den Lebensmitteln und dankte ihr nochmals für ihre Hilfe und für alles, was sie für mich getan hatte. Wir unterhielten uns noch eine Weile, während wir darauf warteten, dass es vollständig dunkel wurde. Dann trat ich in die Nacht hinaus. Die Dunkelheit umhüllte mich und ich empfand die vorübergehende Blindheit, die mit ihr einherging, als seltsam beruhigend. Ich wusste, dass sie auch dafür sorgen würde, dass man mich nicht sah. Und wozu sehen, wenn man ohnehin nicht weiß, wohin man sich wenden soll? Warum nach vorn blicken, wenn man sowieso nicht weiß, welcher Weg vorwärtsführt?

In meiner Ungewissheit lief ich ziellos umher. Dann überkam mich wieder ein Gefühl der Panik. Sollte ich wegrennen? Sollte ich mich wieder in dasselbe Gebüsch hocken und warten? Warum war ich an diesem Abend von meinem Vater weggelaufen? Es wäre besser für mich gewesen, wäre ich mit ihm erwischt worden und nun bei ihm, egal wohin man ihn gebracht hatte oder was sein Schicksal sein würde. Wenigstens wäre ich dann nicht allein. Ich malte mir mehrere andere schreckliche Szenarien aus, die mein Schicksal sein könnten. Die Panik wuchs.

Dann blieb ich plötzlich stehen. Ich sammelte meine Gedanken und sagte mir, dass ich meine Angst aus meinem Kopf vertreiben und klar denken musste. Ich war noch nicht weit vom Laden entfernt. Mit neuer Konzentration lauschte ich aufmerksam, ob jemand in der Nähe war. Dann lief ich weiter, diesmal langsamer als zuvor, denn ich wollte vermeiden, dass meine Holzschuhe zu viel Lärm machten.

Plötzlich erinnerte ich mich an den berühmtesten Ort in Częstochowa – das Jasna Góra Kloster. Dies war der Ort, an dem die berühmte Schwarze Madonna hing. Im Kloster befand sich ein Kreuzgang, den ich vor allem nachts für ein gutes Versteck hielt. Es war nicht allzu weit von hier. Ich machte mich auf den Weg dorthin und strengte mich an, wegen meiner lauten Holzschuhe nicht zu rennen. Ich bin mir sicher, dass ich zu schnell lief, denn ich wollte unbedingt dort ankommen, bevor ich auf der Straße jemandem begegnete.

Es dauerte nur ein paar Minuten, bis ich am Kloster ankam. Es kam mir viel länger vor, da ich erwartete, gesehen und gefangen genommen zu werden. Vor der Kirche blieb ich stehen und sah mich vorsichtig um. Es war vollkommen ruhig und nichts bewegte sich. Ich ging hinein und fand ein Versteck.

Ich begann mich zu entspannen, weil ich wusste, dass ich hier allein war. Ich fand einen guten Platz und versuchte zu schlafen. Dann erinnerte ich mich an etwas, das mich nervös werden ließ. Es war Samstag. Am Morgen würden die Leute zur Messe kommen. Ich versuchte, mich zu beruhigen und zu schlafen, aber die Ungewissheit, wohin ich als Nächstes gehen würde, ließ mich hellwach werden. Wohin sollte ich gehen? Ich hatte keinen Plan und es war auch nicht möglich, einen Plan zu schmieden. Ich wusste nur mit letzter Sicherheit, dass ich von hier wegmusste, bevor der Gottesdienst begann. Ich nickte an diesem Abend vielleicht ein paar Mal ein, aber richtig schlafen konnte ich nicht.

ALLEIN AUF DER FLUCHT
SEPTEMBER 1942

Die Kirche blieb die ganze Nacht still und leer, bis auf das übliche Knarzen eines so alten Gebäudes. Jedes kleinste Geräusch erschrak mich und machte mich nervös. Es war noch immer dunkel, als ich aus meinem letzten Halbschlaf erwachte. Wie viel Uhr war es? Ich wusste es nicht, aber ich wusste, dass ich schon viele Stunden dort gewesen war und es kurz vor der Morgendämmerung sein musste. Ich beschloss, dass es Zeit war, von hier zu verschwinden, bevor jemand an diesem Sonntagmorgen in die Kirche kam.

Ich verließ langsam den Kirchhof und lief die Straße entlang, die aus der Stadt hinausführte. Ich hatte beschlossen, dass es das Beste sei, aus Częstochowa wegzukommen, da dort die Wahrscheinlichkeit größer war, erwischt zu werden. Vielleicht könnte ich ein nahegelegenes Dorf finden, wo ich mich verstecken konnte. Das war mein Plan, einfach weiterzulaufen und Ausschau nach möglichen Verstecken zu halten. Nun war ich meinem Schicksal und meinem Glück völlig ausgeliefert. Ich versuchte, nicht mehr nachzudenken und mich nur noch vorwärts zu bewegen.

Nach ein paar Kilometern erreichte ich ein Dorf. Das Tageslicht begann den Himmel zu füllen. Es war ein Sonntagmorgen und das

Dorf war noch ruhig, da die Bewohner ihren Ruhetag nutzten. Ich näherte mich sehr vorsichtig und hielt weiterhin nach jeglichen Lebenszeichen Ausschau. Als ich an den Ortsrand kam, stellte ich mit Erleichterung fest, dass noch keine Menschenseele wach war. Ermutigt betrat ich das Dorf und sah mich um.

Zu dieser Zeit sahen polnischen Dörfer wie aus einem Märchenbuch über die althergegangene Zeit aus. Über Hunderte von Jahren hinweg hatte sich nicht viel in diesen Dörfern verändert und auch die technologischen Fortschritte des 20. Jahrhunderts hatten sich noch nicht zu diesem bestimmten Dorf durchgerungen. Auf der kleinen Straße lagen vielleicht 15 bis 20 kleine Häuser, jedes mit einem Strohdach und einem winzigen Garten. Plötzlich fiel mir eines der Häuser ins Auge. Es war ausgebrannt und offensichtlich verlassen. Vielleicht könnte dies ein gutes Versteck sein. Ich rannte hinüber und warf einen Blick hinein.

Die Wände des Hauses waren durch das Feuer zerstört worden, aber der Dachstuhl hielt das Dach noch. Die Decke war auch noch intakt und an einem Ende des Hauses stand ein Ziegelschornstein noch so solide wie bei seiner ersten Erbauung. Ich sah, dass es über der Decke noch einen Dachboden gab, das perfekte Versteck. Niemand konnte von draußen hineinsehen und hoffentlich würde auch niemand in das verlassene Haus kommen. Aber wie sollte ich dort hinaufkommen ohne eine Treppe oder eine Leiter? Der einzige Weg nach oben war über den Schornstein. Ich war ein kleines Mädchen und nicht sehr gut im Klettern. Beim Klettern auch meine dringend benötigte Lebensmitteltasche zu tragen, würde die Aufgabe sicherlich unmöglich machen.

Ich ließ mich nicht beirren und ging zum Schornstein, um zu sehen, ob ich ihn hinaufklettern könnte. Etwa auf halber Höhe des Schornsteins sah ich ein Hufeisen, das in den Ziegelstein eingelassen war. Ich bemerkte, dass die Rundung des Hufeisens gerade so weit herausragte, sodass man etwas daran befestigen konnte. Plötzlich schoss mir eine Idee in den Kopf. Ich hatte einen Gürtel an meinem Kleid. Ich nahm ihn schnell ab und band die

Essenstasche daran fest. Dann nahm ich das andere Ende des Gürtels und band es an das Hufeisen. Daraufhin kletterte ich mit einer ungeahnten Kraft und Geschicklichkeit den Schornstein hinauf auf den Dachboden. Dort angekommen, griff ich nach dem Gürtel und zog die Tasche mit dem Essen nach oben. Ich war überrascht von meinem Glück und meiner Fähigkeit, es auszunutzen. Und ich war so froh, hier und außer Sichtweite zu sein.

Ich schaute mich auf dem Dachboden um und sah, dass es dort nichts gab außer etwas Stroh. Ein weiterer Glücksfall, denn ich konnte das Stroh verwenden, um einen bequemen Schlafplatz zu schaffen. Außerdem würde es in der Nacht etwas Wärme spenden. Ich atmete erleichtert auf und begann mich zu entspannen. Aufgrund meiner Angst und Beklemmung hatte ich lange Zeit nichts gegessen. Ich hatte nicht einmal ans Essen gedacht und meinen Hunger nicht gespürt. Jetzt, wo ich mich sicher fühlte, wurde mir vor Hunger schwindelig. Ich öffnete die Tasche und nahm das Brot und ein gekochtes Ei heraus. Ich wollte am liebsten alles auf einmal essen, aber ich wusste, ich musste diszipliniert sein und das Essen so lange wie nur möglich strecken. Ich riss ein kleines Stück Brot ab und nahm einen winzigen Bissen. Ich pellte das Ei und aß es ganz. Dann nahm ich nur ein paar Schlucke von meinem Tee. Auch mein Durst war sehr groß, aber ich widerstand der Versuchung, mehr zu trinken. Ich verschloss die Flasche wieder und legte die Tasche zur Seite. Ich legte mich hin und schloss die Augen. Vielleicht würde der Schlaf mir helfen, meinen Hunger zu vergessen. Bald darauf schlief ich ein. So sicher hatte ich mich nicht mehr gefühlt, seit ich meinen Vater verlassen hatte. Ich schlief tief und träumte nichts.

AUF DEM DACHBODEN VERSTECKT
SEPTEMBER 1942

Ich erwachte durch das Krähen eines Hahnes auf der anderen Straßenseite. Zuerst rüttelte es mich auf und Angst schoss durch meinen Körper. Wo war ich? War ich in Sicherheit? War ich aus Erschöpfung irgendwo im Freien eingeschlafen? Meine Benebelung lichtete sich schnell und ich erinnerte mich an mein Glück, am Morgen dieses ausgebrannte Haus mit einem intakten Dachboden gefunden zu haben. Ich atmete erleichtert auf und bemerkte meinen starken Hunger. Mein Magen knurrte und drehte sich. Meine Lippen und Zunge waren klebrig vor Trockenheit. Ich sah mich nach der Flasche mit Tee um, die Frau Sporna mir gegeben hatte. Als ich die Flasche an meine Lippen führte, hätte ich sie fast umgedreht, um sie zu leeren. Doch ich fand die Willenskraft, diesem Drang zu widerstehen und hob sie nur genug an, um meine Lippen zu befeuchten. Ich steckte meine Zunge in die Flasche und leckte dann meine Lippen. Ich wusste nicht, wie lange ich hierbleiben konnte und ich musste sparsam mit meinem Essen und meinem Tee umgehen. Ich hob die Flasche erneut an und nahm einen winzigen Schluck. Anstatt ihn sofort herunterzuschlucken, spülte ich den Tee durch meinen Mund, um mein Zahnfleisch und meinen Hals zu befeuchten. Dann ließ ich den Tee meine Kehle hinunter rinnen.

Als ich nach meinem Essen griff, merkte ich, dass die Bretter des Dachbodens nicht sehr eng verbaut worden waren. Das Morgenlicht schien durch die dünnen Schlitze und malte geometrische Muster auf den Boden. Staubkörner tanzten in den Sonnenstrahlen. Ich wollte noch ein paar Bissen essen, aber ich konnte Geräusche aus dem Haus auf der anderen Straßenseite hören. Meine Neugierde war zu groß und ich schob mich an die Wand, um durch die Schlitze auf den Hof zu spähen, aus dem die Geräusche kamen. Ich konnte sehen, wie eine Familie die Arbeit im Garten und ums Haus herum begann. Mehrere Kinder verrichteten pflichtbewusst ihre Aufgaben in einer methodischen und effizienten Stille. Die Kinder fütterten die Hühner und gaben den Kühen und Ziegen Wasser. Ich beobachtete sie interessiert dabei, wie sie eifrig ums Haus liefen.

Es hatte etwas Befriedigendes, Menschen zu sehen, die ein normales Leben führten und nicht um ihr Leben fürchteten. Die Szene amüsierte mich und erleichterte mich ein wenig von dem Schrecken, den ich in den letzten Tagen erlebt hatte. Bald darauf kam ihre Mutter aus dem Haus und rief sie herein. Ich richtete meinen Blick die Straße hinunter auf das Dorf. Ich konnte Menschen sehen, die sich bewegten, aber aus meinem Blickwinkel konnte ich nicht erkennen, was sie taten. Es war Sonntag, also war alles gemächlich und friedlich.

Ich kehrte zu meiner Essenstasche zurück, nahm etwas Brot heraus und aß ein kleines Stückchen. Dann entspannte ich mich und ließ mich in einer bequemen Position nieder, um den Tag auszuharren. Ich bemühte mich, still und leise zu sein, um keinen Verdacht bei den Bewohnern zu wecken. Meine Neugierde ließ mich die Menschen im Dorf durch die Bretter hinweg beobachten. Für den Rest des Tages dachte ich an vielerlei Dinge–an mein Zuhause in Częstochowa, an meine Schulfreunde und an die schönen Ferien mit meiner Mutter.

Die Erinnerung an meine Mutter ließ Sorgen und Angst in mir aufsteigen. Was war mit ihr passiert? Hatte sie das Haus verlassen, bevor es geplündert wurde? Ich betete, dass sie noch am Leben war und es ihr gut ging. Was war mit meinem Vater passiert? War der Polizist barmherzig mit ihm gewesen und hatte ihn verschont? So viele unbeantwortete Fragen füllten meinen Kopf mit Zweifeln und Ungewissheit. Ich nahm mir vor, mir die positiven Dinge vorzustellen und nicht an das Negative zu denken. Sie könnten beide noch am Leben sein und wir könnten bald schon wieder vereint sein. Es war möglich, also würde ich von nun an daran glauben. Der Tag schritt nur sehr langsam voran, aber meine abschweifenden Gedanken vertrieben mir die Zeit. Als die Sonne schließlich unterging, folgte schnell die Nacht. Ich ordnete das Stroh neu an und versuchte mir ein möglichst gemütliches Bett zu schaffen. Als ich zufrieden war, legte ich mich hin und schlief sofort ein.

Am nächsten Morgen rüttelten mich wieder Geräusche von der anderen Straßenseite wach. Diesmal war es jedoch viel beängstigender. Viele Leute unterhielten sich und ich konnte ein metallisches Klirren hören. Was war das für eine Aufregung? Waren die Deutschen hier auf der Suche nach Juden? Ich presste mich so leise wie ich konnte gegen die Wand und schaute durch einen Spalt hinaus. Erleichtert stellte ich fest, dass es sich nur um polnische Bauern aus der Stadt handelte. Sie waren gekommen, um auf dem Feld neben dem Haus Kartoffeln zu ernten. Ihre Schaufeln, Harken und Hacken klirrten aneinander, als sie sie zur Arbeit trugen.

Ich hatte in dieser Nacht überraschend gut geschlafen. Ich konnte mich nicht daran erinnern, aufgewacht zu sein. War es, weil das Stroh so bequem war oder weil mich die Erschöpfung der letzten Tage schließlich einholte? Ein bisschen von beidem, denke ich. Ich fühlte mich so ausgeruht wie seit Tagen nicht mehr. Ein paar Stunden lang sah ich zu, wie die Arbeiter ihre Kartoffeln ausgruben und in Körbe füllten. Die Kinder arbeiteten Seite an Seite mit den Erwachsenen und schienen genauso effizient zu sein.

Als die Sonne am Nachmittagshimmel stand, legten die Arbeiter eine Pause ein, um etwas zu essen. Ein paar der Männer gingen auf das Haus zu, in dem ich mich versteckt hatte. Sie suchten etwas Schatten vor der hellen, warmen Sonne. Als sie in dem Haus ankamen, blieben sie stehen und unterhielten sich in einem so leisen Ton, dass ich sie nicht verstehen konnte. Plötzlich hörte ich einen von ihnen sagen: „Ich frage mich, ob auf dem Dachboden oben etwas ist." Der andere schien ebenso neugierig zu sein und antwortete: „Lass uns hinaufgehen und nachsehen."

Mein Herz setzte einen Schlag aus. Schnell entfernte ich mich von der Öffnung in der Nähe des Schornsteins und versteckte mich in einer dunklen Ecke. Ich rollte mich zusammen, um mich so klein wie möglich zu machen, und hoffte, das schwache Licht könnte mich ihren Blicken entziehen. Sie konnten den Schornstein viel besser erklimmen als ich, und im Bruchteil einer Sekunde standen sie beide auf der anderen Seite des Dachbodens. Zuerst standen sie still und schweigend und machten keine Anstalten, sich mir zu nähern. Ich betete, sie würden erkennen, dass es hier nichts Wertvolles gab und wieder hinuntergehen. Sie warteten nur darauf, dass sich ihre Augen an die Dunkelheit gewöhnten. Es dauerte nur einen Moment, bis sie mich entdeckten.

„Wer bist du?", fragte einer von ihnen. „Was machst du hier?", fuhr er fort.

Ich begann vor Angst zu zittern und überlegte schnell, was ich antworten sollte. Ich hatte schon lange nicht mehr laut gesprochen und es fiel mir schwer, mit meiner ausgetrockneten Kehle ein Wort herauszubringen. Irgendwie funktionierte meine Stimme doch. Ich beschloss, mein Bestes zu geben, um sie davon zu überzeugen, dass ich Polin war: „Ich bin ein polnisches Mädchen aus Częstochowa. Meinen Eltern ist etwas passiert. Ich weiß nicht, wo sie sind. Ich habe überall nach ihnen gesucht, aber als es letzte Nacht dunkel wurde, habe ich beschlossen, hier zu schlafen." Ich weiß nicht mehr, was ich als Nächstes brabbelte, wahrscheinlich ein paar andere, schlecht erfundene Details, die keinen Sinn ergaben.

Sie sahen mich skeptisch an. Offenbar glaubten sie mir nicht. „Du lügst!", rief einer von ihnen. „Du bist ein jüdisches Mädchen und du bist weggelaufen, um dich zu verstecken."

Seine Worte sandten Schockwellen durch meinen Körper, aber der Klang seiner Stimme war noch beängstigender. Er war nicht freundlich. Er sah mich ein paar Sekunden lang an.

Ich blieb stumm und antwortete nicht. Ich wusste, dass es zwecklos war, ihm zu widersprechen. Ich begann zu zittern, als mir klar wurde, wie schwach meine Ausrede gewesen war.

Dann geschah etwas Unvorhergesehenes. Der zweite Mann trat nach vorne und kniete sich neben mich. „Keine Sorge, liebes Mädchen. Es ist alles in Ordnung. Wir werden dir nichts tun", sagte er in einem beruhigenden Tonfall. „Ich nehme an, du bist vor der Aktion in Częstochowa geflohen?", fragte er dann.

Ich nickte verlegen mit dem Kopf.

„Wir waren dabei, als es passiert ist", fuhr er fort. „Es war schrecklich. Viele Menschen wurden getötet und viele weitere wurden zusammengetrieben und mit dem Zug weggeschickt. Aber einige andere wurden gefangen genommen und werden im örtlichen Kino festgehalten. Man hat uns gesagt, dass es ein paar Hundert sind. Sie halten sie fest, um sie als Zwangsarbeiter einzusetzen." Er nannte mir den Ort, und er war mir bekannt. Wenn ich mich an diesen Austausch zurückerinnere, fällt mir auf, dass er mir dies nicht sagen musste. Doch in ein paar Tagen würde sich die Information als nützlich erweisen.

„Wie auch immer, du kannst hierbleiben und dich für eine Weile verstecken. Wir werden niemandem sagen, dass du hier bist", beendete der Mann.

Dann sagte der andere: „Wir werden dir auch etwas zu essen bringen. Wir werden tun, was wir können, um dir zu helfen."

Träumte ich noch? Konnte dieses Glück wirklich wahr sein? Ich dachte darüber nach, mich zu kneifen, um zu sehen, ob ich aufwachen würde. Ich wusste aber, dass ich nicht schlief. Die Achterbahn der Gefühle, die ich in diesen wenigen Minuten durchlebt hatte, überrollte mich. Ich konnte nicht antworten, denn meine Erleichterung hatte meinen Mund und meine Zunge gelähmt. Schließlich gelang es mir irgendwie, ein schwaches Dankeschön auszusprechen. Mein ganzer Körper entspannte sich plötzlich, als die Angst und die Unruhe aus meinem Kopf wichen. Ich atmete tief ein und schnell wieder aus. Dann begann mein Körper vor Erleichterung zu zittern. Eine solche Welle widersprüchlicher Gefühle in nur wenigen Minuten hatte mich erschöpft. Mir wurde schwindlig und ich lehnte mich mit dem Rücken an die Wand, um mich zu beruhigen.

Die Männer kletterten wieder den Schornstein hinab und ich beobachtete sie durch die Bretter, als sie sich auf den Weg zurück zum gegenüberliegenden Haus machten. Ich konnte es immer noch nicht fassen. Und plötzlich kehrten die Zweifel und Ängste zurück. Waren sie ehrlich zu mir? Vielleicht sagten sie das nur um mich hierzubehalten, während sie die Behörden alarmierten, die mich abholen würden. Dieses Szenario war nicht ungewöhnlich. Oft hatten die Polen vor Ort versprochen, Juden zu helfen, um sie dann gegen eine Belohnung auszuliefern. Oder aber sie verrieten sie, nachdem die Angst vor einer Verhaftung zu groß geworden war. Ich war nicht bereit, mein Glück so schnell zu akzeptieren. Dieser furchtbare Kampf um mein Leben gegen diese bösen Mörder lehrte mich vor allem Misstrauen. Sollte ich fliehen, während sie weg waren? Ich wusste, dass auch das aussichtslos war, also wartete ich erst einmal ab, um zu sehen, was für Männer es waren.

Es dauerte nicht lange, bis ich es herausfand. Nach kurzer Zeit kam einer der Männer zurück und brachte mir einige gekochte Kartoffeln. Ich bedankte mich ausgiebig. Er nickte freundlich und sagte, dass er am Ende des Tages wiederkommen würde, um nach mir zu sehen. Die Kartoffeln dampften noch von dem kochenden Wasser. Ich aß sie so schnell, dass ich mir die Zunge und den Gaumen verbrannte. Meine Kehle schmerzte, weil ich die

Kartoffeln fast unzerkaut hinunterschluckte. Aber ich kann mich nicht an eine köstlichere Mahlzeit erinnern.

Die Männer hielten ihr Wort und mehr noch. An diesem Abend, nachdem die Kinder ins Bett gebracht worden waren und schliefen, kam der Mann aus dem Haus gegenüber zurück. Er brachte eine Leiter mit, stellte sie auf und kletterte zu mir hinauf. Er sagte mir, mit ihm herunterzukommen. Er nahm mich mit in sein Haus und stellte mich seiner Frau vor. Meine zerfledderte und schmutzige Kleidung muss sie aufgewühlt haben. Sie sah mich mit großem Mitleid an, dann nahm sie meine Hand und führte mich ins Badezimmer. „Wasch dich so gut du kannst, meine Liebe. Lass dir Zeit, aber versuch leise zu sein, damit du die Kinder nicht weckst. Wir wollen nicht, dass sie wissen, dass du hier bist, denn sie könnten etwas zu jemandem sagen, der sich nicht darüber freut, dass du hier bist." Sie schloss die Tür und ich wusch mich.

Nachdem ich mich gewaschen hatte, gaben sie mir noch mehr zu essen und etwas Warmes zu trinken. Es war so erfrischend, wieder sauber und nicht so hungrig zu sein. Nachdem ich gegessen hatte, beeilten sie sich, mich nach draußen zu bringen, denn sie befürchteten, zu viel Zeit in ihrem Haus würde die Gefahr erhöhen, gesehen zu werden. Der Mann kam mit mir und brachte die Leiter mit, damit ich für die Nacht wieder auf den Dachboden gelangen konnte. Wir überquerten vorsichtig und leise die Straße. Ich stieg die Leiter hinauf und dankte ihm im Stillen. Der Schlaf in dieser Nacht war noch friedlicher und erfüllender als in der Nacht zuvor.

ALLEINE STERBEN ODER UNTER MEINEN LEUTEN?
SEPTEMBER 1942

Die ganze nächste Nacht hindurch wachte ich immer wieder auf und es fiel mir schwer, meine Träume von der Realität zu unterscheiden. Dann konnte ich die ersten Anzeichen des Tageslichtes erkennen und ich erinnerte mich wieder, wo ich war. Der Dachboden dieses ausgebrannten Hauses war primitiv, aber er bot mir etwas Erholung vor der Angst, die ich in der letzten Woche durchlebt hatte. An jenem Morgen war ich genau eine Woche dort. Die Bauern waren so freundlich zu mir und brachten mir jeden Tag drei Mahlzeiten. Es waren zwar dürftige Portionen, aber es war besser als alles, was ich seit langem gegessen hatte.

Jetzt hörte ich sie wieder kommen, aber dieses Mal klangen sie anders. Ihre Stimmen waren eindringlicher und es schien eine ungewöhnliche Unruhe zu herrschen. Mein Beschützer erschien an der Öffnung des Dachbodens und er sah erschrocken aus.

„Die Deutschen kommen und sie sind überall auf der Suche nach Juden, die geflohen sind", sagte er mit zittriger Stimme. „Ich habe solche Angst, dass sie dich hier finden werden. Und wenn sie dich finden, dann werden sie dich töten, da bin mir sicher. Ich habe auch Angst um meine Familie. Ich sage es dir nur sehr ungern, aber du musst gehen."

Ich wusste nicht, was ich darauf antworten sollte, aber ich wusste, dass er Recht hatte. Diese Leute waren so hilfsbereit gewesen, ich konnte sie nicht bitten, ihr Leben für mich zu riskieren. Wo würde ich nun hingehen? Mir blieb nichts anderes übrig, als zu verschwinden. Ich hatte weder die Kraft noch den Mut, weiterhin auf der Flucht zu sein.

Ich erinnerte mich an das, was er mir über einige Juden in Częstochowa erzählt hatte, die dort als Arbeitskräfte festgehalten wurden und nicht in die Vernichtungslager geschickt worden waren. Vielleicht könnte ich mich ihnen anschließen. Wieder einmal war ich an den Punkt gelangt, dass ich lieber unter meinen Leuten sterben wollte, als das Trauma der ständigen Flucht zu ertragen. Genau das würde ich auch tun. Aber konnte ich in die Stadt zurückkehren, ohne erwischt zu werden? Sie suchten bestimmt bereits nach mir, dachte ich. Wenn man mich sähe, wäre das mein Ende. Andererseits, wenn ich unentdeckt zurückkehren könnte, würde ich mich vielleicht in das Kino schleichen können, in dem die Juden festgehalten wurden und mich dort so einfügen, als ob ich die ganze Zeit dort gewesen wäre.

Für mich war es keine schwere Entscheidung. Ich konnte den unerträglichen Stress, mich verstecken zu müssen, nicht mehr ertragen. Wenn sie mich erwischten, dann war es so. Besser ein schneller Tod, als in dieser Ungewissheit auf den Tod zu warten. Ich schnappte mir meine wenigen Habseligkeiten und bedankte mich bei dem Mann für seine Freundlichkeit. Ich konnte sehen, wie erleichtert er über meine Entscheidung war. Er sagte etwas davon, dass er nicht sehen wollte, wie ich getötet werde. Seine Worte deuteten darauf hin, dass er sich um mich sorgte, aber er war so aufgewühlt, weil seine Sorge vor allem seiner Familie und ihm selbst galt. Er hatte schreckliche Angst, dass er getötet werden könnte, weil er mir geholfen hatte, und ich hatte Verständnis dafür.

Die Morgensonne wurde immer heller, als ich die Straße in Richtung Stadt hinunterlief. Mehr Menschen begannen ihren Tag und mit jeder Person, die ich sah, wuchs meine Angst. Aber bis jetzt hatte ich noch keine deutschen Soldaten gesehen. Ich lief so schnell, wie ich konnte, ohne dabei Aufsehen zu erregen. Ich kannte den Weg zu dem Filmtheater sehr gut. Ich entschied mich für eine Route, auf der ich möglichst wenig Menschen treffen würde.

Schließlich erreichte ich das Kino. Draußen stand ein Wasserwagen und die Juden waren herausgekommen, um davon zu trinken. Ich reihte mich in den Strom der Fußgänger auf der Straße ein und bewegte mich auf das Theater zu. Als wir am Wasserwagen vorbeikamen, duckte ich mich und nahm einen Platz zwischen den Arbeitern ein.

Ich hatte es geschafft, völlig unbemerkt zu bleiben und stand nun neben den anderen Juden. Ich sah mich um. Ich erkannte einige Gesichter, aber bis jetzt hatte noch niemand mich erkannt. Eine große Erleichterung überkam mich, wieder eine Jüdin unter vielen zu sein. Auf einmal sahen einige der Juden, dass ich nicht die für Juden vorgeschriebene gelbe Armbinde trug. Irgendwie besorgte einer von ihnen schnell eine für mich und wickelte sie mir um den Arm. Jetzt war ich voll integriert, ohne dass man mich verdächtigen könnte.

Inzwischen hatten mich viele von ihnen erkannt und freuten sich, dass ich noch am Leben war. Einer von ihnen zog mich in seine Arbeitsgruppe. Ein paar Minuten später brachten sie uns ein kleines Stück Brot und dann wurden wir in Richtung Stadtzentrum geführt. Schließlich kamen wir in einem Park an und wurden angewiesen, ihn zu reinigen. Einige harkten Laub, andere sammelten Müll auf, wieder andere hoben Gräben aus.

Ich war so froh, „sicher" zu sein, dass mein Energielevel in die Höhe schoss. Man gab mir eine Harke und ich arbeitete, wie ich noch nie zuvor in meinem Leben gearbeitet hatte. Woher diese Energie kam, kann ich mir nicht erklären. Es fühlte sich an, als ob ich Drogen genommen hätte. Ich arbeitete so schnell und rabiat, dass einige andere Arbeiter zu mir kamen, um mich zu beruhigen. Sie sagten mir, ich solle es ruhig angehen und mich nicht verausgaben. Alles, woran ich denken konnte, war die emotionale Erleichterung, nicht mehr fliehen und mich nicht mehr verstecken zu müssen. Ich konnte mich nicht bremsen und arbeitete im schnellen Tempo weiter.

Ich musste nicht mehr darüber nachdenken, wohin ich als Nächstes gehen sollte oder was noch vor mir lag. Ich musste mir keine Gedanken mehr darüber machen, ob mir jemand helfen würde und wenn mir jemand half, ob er oder sie entdeckt werden würde oder mich vielleicht doch verriet. Keine Gedanken mehr darüber, woher die nächste Mahlzeit kommen sollte. Ich musste nicht mehr im Freien schlafen. Ich war wieder unter Menschen. Nicht, dass das Alleinsein das Schlimmste gewesen wäre. Ich hätte die Einsamkeit ertragen können, wenn ich gewusst hätte, dass ich überleben kann. Aber die Chancen waren geschrumpft, als ich versucht hatte, es allein zu schaffen. Mittlerweile dachte ich, es wäre besser, mit ihnen in den Zügen zu den Gaskammern zu fahren, als auf eine ungewisse und ebenso schmerzhafte Art und Weise auf den Tod zu warten.

Der Arbeitstag nahm endlich ein Ende und wir kehrten ins Kino zurück. Ich lief ein wenig umher und sah zahlreiche Menschen, die sich reihenweise auf den Boden legten, um zu schlafen. Der Boden war meist kahl und nur an einigen Stellen lag Stroh. Ich konnte nur einen Platz ohne Stroh finden. Einige Minuten später kam ein Mann auf mich zu und sagte: „Du bist erst heute hierhergekommen, nicht wahr?" Ich bejahte seine Frage. „Woher kommst du?", fragte er weiter. Ich sagte es ihm und dann fragte er mich nach meinem Namen. Meine Antwort verblüffte ihn. Aufgeregt sagte er, „Warte hier!", und lief dann zur anderen Seite des Theaters.

Ich war verwirrt, wartete aber gespannt auf seine Rückkehr. Nach ein paar Minuten kam er zurück. Er hockte sich neben mich und flüsterte mir mit einem breiten Lächeln im Gesicht zu: „Dein Vater ist hier!"

MEINEN VATER EIN LETZTES MAL SEHEN
OKTOBER 1942

„Mein Vater! Er ist hier!"

„Pssst", sagte der Mann und legte seinen Finger auf seine Lippen.

„Wo ist er? Bitte, bring mich zu ihm", sagte ich nun mit sanfterer Stimme, da es mir gelang, meine Aufregung zu unterdrücken.

„Nein, du darfst noch nicht sofort zu ihm gehen", warnte er mich. „Er war auch so froh zu hören, dass du hier bist und dass es dir gut geht. Aber er hat Angst, dass es einen Aufruhr gibt, wenn du mit ihm gesehen wirst. Er fürchtet, dass jemand dich bei einem Wachmann denunziert, wenn man euch gemeinsam sieht."

Ich war niedergeschlagen, weil ich ihn so gerne sofort sehen wollte. Der Mut meines Vaters war durch die Ereignisse der letzten zwei Jahre erschüttert und seine Paranoia hatte sich verstärkt. Man hatte ihm alles genommen. All die harte Arbeit, um aus dem Nichts ein erfolgreiches Unternehmen aufzubauen. Ich erinnerte mich daran, wie er sich damals im Ghetto aus Angst kaum aus dem Haus getraut hatte. Und die wenigen Male, die er hinausging, kehrte er immer zitternd und ängstlich darüber zurück, dass er verfolgt wurde und dass jemand bereit war, ihn zu verhaften und mitzunehmen. Als der Krieg begann, wurde meine Mutter zur

Stütze der Familie. Sie fand Wege, uns Essen, Kleidung und andere Dinge zu besorgen, die wir brauchten. Mein Vater schaffte es nicht, seine Ängste zu überwinden. Diese Angst hinderte uns nun daran, einander zu sehen.

Der Mann sah meine Enttäuschung, als mir klar wurde, dass ich nicht zu meinem Vater gehen konnte. „Wenn du jetzt gehst, werden alle es sehen und bemerken. Er hat recht. Es ist besser, auf den Morgen zu warten, nachdem wir zur Arbeit gegangen sind. Dann bist du draußen und die Leute gehen an die Arbeit. Dann kannst du heimlich zu ihm gehen und weniger Leute werden euch sehen", sagte er und versuchte mich zu besänftigen.

Seine Worte waren nicht sehr tröstlich, aber ich war einsichtig. Die restliche Nacht verlief unruhig für mich. Die Freude darüber, dass er am Leben war und dass ich ihn wiedersehen würde, stieg in mir auf. Gleichzeitig zerrte der Schmerz des Wartens in dieser Nacht an mir. Ich schlief nicht viel und wälzte mich auf dem kalten, harten Boden hin und her. Ich malte mir aus, was ich ihm sagen würde, wenn wir uns endlich begegneten, und auch, was er zu mir sagen würde. Ich hoffte, dass er sagen würde, meine Mutter sei auch dort oder zumindest an einem anderen sicheren Ort. Es gab so viele Dinge, die ich ihm sagen musste, und so viele Dinge, die ich wissen wollte.

Im vergangenen Jahr hatte ich viele Nächte erlebt, die viel zu langsam vergingen. Diese Nacht war eine der langsamsten. Endlich kam der Morgen. Ich war hellwach, bevor die ersten Lichtstrahlen in das Theater fielen. Ein paar Leute waren auch schon wach und fingen an, sich auf die Arbeit vorzubereiten. Die Sonne stieg über den Horizont und endlich war es an der Zeit, nach draußen zu gehen und die Arbeit anzutreten. Auf der Straße angekommen, hielt ich verzweifelt Ausschau nach ihm. Ich entdeckte einen Mann auf der anderen Seite des Weges, der ebenfalls die Menge zu durchsuchen schien. Unsere Blicke trafen sich und ich gab mein Bestes, nicht zu ihm zu laufen. Er blieb stehen und wartete auf mich, während ich beim Versuch, meine Schrittgeschwindigkeit zu verlangsamen, schwankte. Dann stand ich vor ihm und hatte Mühe, meine Tränen zurückzuhalten. Wir umarmten uns kurz, beendeten die Umarmung aber fast sofort, um nicht zu viel Aufmerksamkeit zu erregen.

Wir sprachen leise miteinander und erzählten uns, was in den letzten Tagen seit unserer Trennung passiert war. Die Worte, die ich mir von ihm über meine Mutter erhofft hatte, blieben aus. Stattdessen erzählte er mir, dass sie an dem Tag, an dem ich davonlief, verhaftet worden war. Hätte ich an jenem Abend weiter unser geplündertes Haus durchsucht, hätte ich dort nicht meine Mutter tot auf dem Boden gefunden. Sie war schon früher am Tag zum Bahnhof gebracht und in einen Zug gesteckt worden, der in ein Lager fuhr. Wir wussten nicht, in welches Lager sie gebracht worden war. Die meisten, die von Częstochowa aus in ein Vernichtungslager gebracht wurden, kamen nach Treblinka, weniger bekannt als Auschwitz, aber genauso tödlich und böse. Jetzt war es egal. Wir würden sie nie wieder sehen.

Gespannt warteten wir auf unsere Arbeitsaufträge für den Tag. Aus irgendeinem Grund dauerte es heute viel länger, bis wir sie erhielten. Was war los? Bald erfuhren wir, dass die Deutschen noch mehr von uns in die Vernichtungslager bringen wollten und dass sie jeden Moment kommen würden, um die Auswahl zu treffen. Mein Vater keuchte vor Angst, als er diese Nachricht hörte. Seine Angst galt nicht ihm selbst, sondern mir, denn ich war noch jung. Kinder galten als zu schwach, um angemessene Arbeit zu leisten und wurden oft als erstes in die Vernichtungslager geschickt.

Schnell warf mein Vater einen Blick in die Menge, um eine Frau zu finden, die vielleicht etwas Schminke bei sich hatte. Er dachte, mit etwas Rouge und Eyeliner würde ich älter aussehen. Erstaunlicherweise fand er tatsächlich jemanden, der uns helfen konnte, und ich schminkte mich schnell. Er sagte mir, ich solle mich so groß wie möglich machen, um älter und gesünder auszusehen. Ich stellte mich auf meine Zehenspitzen.

Bald darauf trafen die deutschen Soldaten ein und begannen, die Männer von den Frauen zu trennen. Mein Vater und ich wurden auseinandergerissen. Ich stellte mich in die Mitte der Frauengruppe und versuchte, mich zwischen ihnen zu verstecken. Ich blieb auf meinen Zehenspitzen stehen, um so groß wie möglich auszusehen. Dann begannen die Soldaten, Männer aus der anderen Gruppe herauszuziehen. Ich beobachtete, wie sie einen nach dem anderen aufforderten, zur Seite zu treten. Dann, zu meinem Entsetzen, zeigten sie auf meinen Vater. Er verließ die Gruppe und stellte sich zu denen, die ausgewählt worden waren.

Ich versuchte, nicht zu weinen oder zu schreien, während ich meinen Körper weiterhin hoch in die Luft drückte. Mein Vater drehte sich um und warf mir einen letzten Blick zu. Schnell wandte er seinen Blick jedoch ab, um keine Aufmerksamkeit auf mich zu lenken. Dann drehte er mir den Rücken zu und lief mit der Gruppe in Richtung Bahnhof. Ich konnte sein Gesicht nicht sehen, als er davonlief. Ich sah nur, wie der mir bekannte Hut, den er trug, um die Straßenecke verschwand. Das würde das letzte Mal sein, dass ich ihn sah.

EIN GEFÄHRLICHER FLUCHTPLAN
OKTOBER 1942

Der Anblick meines Vaters von hinten, wie er in Richtung Bahnhof davonläuft, ist unauslöschlich in meine Erinnerung gebrannt. Damals hatte ich noch die Hoffnung, dass ich ihn vielleicht bald wiedersehen würde. Ich wusste nicht, wohin sie ihn brachten. Ich wusste nur, dass er wahrscheinlich in ein Vernichtungslager wie Treblinka gebracht wurde, fand es aber nie mit letzter Sicherheit heraus. Ich nehme an, dass es keine Rolle spielt, aber ich komme nicht umhin, darüber nachzudenken und mich zu fragen. Wenn man eine geliebte Person verliert, sprechen Psychologen davon, dass man einen „Abschluss" braucht. Je mehr Details man über das Schicksal dieses geliebten Menschen erfährt, desto leichter wird es, mit dem Verlust umzugehen. Bei mir ist das anders, ich will es nicht wissen, vor allem nicht, wenn es ein schrecklicher Tod in einer dieser Tötungsfabriken war.

Wieder einmal war ich allein. An diesem Morgen brachten sie ein paar hundert Menschen mit meinem Vater zusammen weg. Sie verstärkten die Bemühungen, Częstochowa judenrein zu machen. Ein paar Tage später holen sie uns aus dem Theater und brachten uns in ein neues Ghetto. Es war viel kleiner als das Alte, denn es waren nur noch ein paar Tausend von uns übrig. Sie gaben uns die

Aufgabe, die Häuser des vorherigen Ghettos ausräumen. Sie zwangen uns, alle Habseligkeiten einzusammeln, die von geflüchteten und abtransportierten Juden zurückgelassen worden waren. Wir sammelten Töpfe und Pfannen, Bettzeug und Kissen, Lampen, Tische, Stühle, alles, was nicht kaputt oder zerstört war. Wir brachten all diese Dinge mit uns zurück, damit die Deutschen und Polen sie benutzen konnten.

Manchmal versuchten Juden, ein paar Gegenstände für ihren eigenen Gebrauch oder zum Tausch einzubehalten. Das war eine gefährliche Angelegenheit. Jeden Abend durchsuchten sie uns, um zu überprüfen, was wir bei uns trugen. Ich erinnere mich, dass ein Mann auf der Stelle erschossen wurde, weil er versucht hatte, ein Laken zu behalten. Ich beschloss, dieses Risiko nicht einzugehen, aber schon bald konnte ich trotz der Gefahr nicht widerstehen, etwas mitzunehmen. Diese Durchsuchungen waren oft sehr gründliche, fast vollständige Leibesvisitationen. Aber in der Regel fanden sie nur stichprobenartig statt und nicht jeder musste sie über sich ergehen lassen.

Durch einen glücklichen Zufall gehörte ich zu einer Gruppe, die das Haus, in dem ich vor der Aktion gewohnt hatte, ausräumen sollte. Ich konnte es nicht glauben, als wir dort ankamen. Fast alles, was ich in der Nacht gesehen hatte, lag noch genauso im Haus verstreut. Ich sagte niemandem, dass dies mein Haus gewesen war. Als ich die Zimmer durchsuchte, war ich froh, einige unserer Fotos zu finden. Ich versteckte ein paar davon in meinem Schuh, andere in meiner Bluse und wieder andere in meiner Hose. Als wir am Abend ins Ghetto zurückkehrten, wurden die üblichen Durchsuchungen eingeleitet. Ich hielt den Atem an und hoffte und betete, dass ich nicht durchsucht werden würde. Mein Herz klopfte wie wild, als sie einen nach dem anderen aufriefen. Zu meiner großen Erleichterung wurde ich nicht ausgewählt und entging der Bestrafung für die mitgenommenen Fotos. Ich war so froh, diese Fotos bei mir zu haben. Damals waren sie für mich wertvoller als Gold. Sie enthielten meine Identität, meine Erinnerungen an die, die ich am meisten liebte, und waren meine einzige Verbindung zu dem wunderbaren Leben, das ich vor dem Krieg geführt hatte.

Ein paar Tage vergingen und ich erhielt einen neuen Arbeitsauftrag. Sie schickten mich in eine nahegelegene Munitionsfabrik. Die ersten paar Tage arbeitete ich in der Küche und schälte Kartoffeln. Es dauerte nicht lange, bis sie mich in die Fabrik versetzten. Ich erinnere mich nicht mehr an viele Details dieser Arbeit, außer dass ich eine Art Presse bediente, mit der die Patronenhülsen mit einer Kennzeichnung versehen wurden. In den darauffolgenden Tagen und Wochen verschlechterten sich die Bedingungen immer mehr. Ich konnte mich nicht mehr sauber halten, war mit Läusen übersät und befürchtete, dass ich bald an Typhus erkranken würde. Die Fabrikbetreiber taten alles, um uns zu demütigen und zu entmenschlichen. Die Arbeit war zwar nicht anstrengend, aber dennoch stressig und schmerzhaft.

Ich begann zu denken, dass ich unter diesen Bedingungen sehr schnell den Verstand verlieren würde und besser davonlaufen sollte. Ich erinnerte mich aber gut daran, wie schwierig es auf der Flucht gewesen war, Verstecke zu finden und wie anstrengend, sich immer zu sorgen, ob die Menschen, denen ich unterwegs begegnete, mir helfen, mich verraten oder mich auf der Stelle töten würden. Ich konnte mir nicht vorstellen, das noch einmal zu durchleben. Bald kam mir eine andere Idee.

Ich hatte Geschichten von Juden gehört, die erfolgreich hinausgeschmuggelt worden waren, sofern sie einen gefälschten Ausweis bekommen konnten. Mit diesem Ausweis und der Hilfe einiger Polen war es möglich, sich in die polnische Gesellschaft einzugliedern oder zumindest in ein sichereres Gebiet zu gelangen. Doch diese Hilfe kam zu einem meist sehr hohen Preis. Woher sollte ich das Geld oder die Wertsachen nehmen, um eine solche Transaktion durchzuführen? Dann erinnerte ich mich an Frau Sporna, die den Lebensmittelladen betrieb, und daran, wie sie mir kurz nach der Aktion zur Flucht verholfen hatte. Meine Mutter hatte ihr unsere Pelze zur Aufbewahrung gegeben, als die

Deutschen die Wertsachen der jüdischen Bevölkerung beschlagnahmten. Die Frau hatte sich bereit erklärt, die Pelze für meine Mutter aufzubewahren und sie irgendwann in sichereren Zeiten wieder zurückzugeben. Mit den Pelzen konnte ich meine Flucht bezahlen. Es gab noch so viele Hindernisse zu überwinden, um diesen Plan zu verwirklichen.

Ich wusste, dass meine Chancen, mich für längere Zeit erfolgreich als Polin auszugeben, sehr gering waren und dass es ein gefährliches Unterfangen war. Doch wenn ich es schaffen würde, in die Stadt zu gelangen, in der die Verwandten meiner Mutter lebten, hätte ich vielleicht bessere Chancen, diesen Wahnsinn zu überleben. Będzin war die Heimatstadt meiner Mutter und lag nicht allzu weit von Częstochowa entfernt. Die Stadt war zu Beginn des Krieges von den Deutschen annektiert worden und lag deshalb nicht mehr in Polen. Es würde also eine Grenze zu überqueren sein, was für mich eine große Gefahr darstellen würde. Aber ich war entschlossen, es zu schaffen, oder bei dem Versuch zu sterben. Ich hielt es einfach nicht mehr aus, allein zu sein, schon gar nicht unter diesen Bedingungen.

Wenn ich an diesen Plan zurückdenke, bin ich erstaunt über meinen Einfallsreichtum. Ich war erst 12 Jahre alt. Wie konnte ich die komplizierten Schritte, die zur Umsetzung dieses Plans nötig waren, bewerkstelligen? Zuerst musste ich die Pelze von unserer polnischen Freundin besorgen, aber ich würde nicht selbst dorthin gehen können, sondern musste mir von jemandem Hilfe holen. Selbst unter den strengen Bedingungen, die im neuen Ghetto herrschten, gab es einige Juden, die etwas mehr Bewegungsfreiheit hatten. Das lag an der Arbeit, die ihnen zugewiesen worden war, oder an ihren Verpflichtungen gegenüber dem Judenrat. Wie konnte ich eine solche Person finden, ohne zu riskieren, dass sie meinen Plan an die falsche Person verriet?

Eines Tages kam dann das Glück dazu. Zur Essenszeit bekamen wir ein paar Brotlaibe. Einer der Männer in meiner Nähe reichte mir einen Laib und ein Messer und forderte mich auf, das Brot zu schneiden, damit es geteilt werden konnte. Ich starrte das Brot an und dann wieder ihn. Er erkannte, dass ich nicht wusste, wie man das Brot schneidet. Er nahm den Laib und das Messer zurück und sagte, „Schau zu, so", und begann, es in gleichmäßige Stücke zu schneiden. Er lächelte mich an und fing ein Gespräch an. Ich erinnere mich, dass sein Nachname Jungermann war. Schnell hatte er mir genug über sich erzählt, dass ich erkannte, dass er zu den Leuten mit Beziehungen gehörte und mir helfen könnte, die Pelze zu beschaffen. Ich erzählte ihm von den Mänteln und er erklärte sich bereit zu helfen. Er würde dafür sorgen, dass er an die Pelze gelangte und sie dann gegen gefälschte Papiere eintauschen. Er würde auch organisieren, dass man mich über die Grenze bringen würde.

Wenn ich zurückblicke, erscheint es mir so unmöglich–ein 12-jähriges Mädchen, das einen solchen Komplott schmiedete? Aber die Aufgabe wurde durch die Verlockung des Geldes erleichtert. Es gab Leute, die verzweifelt genug waren, ein großes Risiko einzugehen, um an Geld zu gelangen. In der Tat blühte der Schwarzmarkt in diesen turbulenten Zeiten auf. Vielleicht war es also gar nicht so ungewöhnlich, so schnell Hilfe zu finden.

Obwohl die Beschaffung der gefälschten Papiere und die Begleitung zur Grenze die größten Aufgaben waren, gab es noch weitere Hindernisse, die überwunden werden mussten. Wie konnte ich mich unbemerkt von meiner Arbeitseinheit entfernen? Wie würde ich mich zum richtigen Zeitpunkt mit den Schmugglern treffen? Bei meinem kühnen Plan konnte so vieles schief gehen. Trotz der vielen Unwägbarkeiten blieb ich entschlossen und suchte immer wieder vorsichtig die Hilfe derer, die sie mir geben konnten.

In der Zwischenzeit traf ich zufällig auf meine Cousine, die die Deportation in das Vernichtungslager überlebt hatte und in einem nahegelegenen Lager arbeitete. Es war eine große Überraschung und Freude, sie wiederzusehen, aber vor allem war es ein weiterer Glücksfall für mich. Sie erzählte mir von einem Bunker im Ghetto, in dem sich einige andere meiner Familienmitglieder versteckt hielten. Sie sagte mir, dass sie mich für ein paar Tage aufnehmen würden, während ich auf die Schmuggler wartete. Dieser Bunker würde als Übergang für mich dienen, bis der richtige Zeitpunkt für das Treffen mit den Schmugglern gekommen wäre.

Etwa zur gleichen Zeit erzählte mir der Mann, der den Kontakt zu den Schmugglern hergestellt hatte, von seinem Plan, mich zu ihnen zu bringen. Er und einige andere Juden arbeiteten in einem Haus etwas außerhalb des Ghettos als Schneider, Kürschner und Schuhmacher. Dieses Haus lag außerhalb des Ghettos, deshalb konnten die polnischen Schmuggler mich von dort aus mitnehmen. Es war der perfekte Treffpunkt. Aber auch der Zeitpunkt musste perfekt sein. Um sie zur richtigen Zeit zu treffen, musste ich jederzeit bereit sein, zu gehen. Wie könnte ich das tun, während ich in der Fabrik arbeitete?

Schließlich war alles arrangiert, bis auf den Tag und die Uhrzeit. Ich war sehr nervös, weil ich befürchtete, dass sie nach mir schicken lassen würden, während ich in der Fabrik war oder zu einem anderen Zeitpunkt, an dem ich nicht aus dem Ghetto herauskommen würde. Ich beschloss, dass es an der Zeit war, zu dem Bunker zu gehen, von dem mir meine Cousine erzählt hatte. Also schlich ich mich eines Morgens sehr früh, bevor ich zur Arbeit gehen sollte, zu dem Haus mit dem Bunker. Ich war erleichtert, als ich den Bunker fand und die Leute, die sich dort versteckten, mich hineinließen. Meine Tante, die Mutter meiner Cousine, war da, und wir freuten uns sehr, einander zu sehen. Ich erzählte ihr von meinem Plan und dass ich höchstens ein paar Tage dortbleiben würde.

Ich hielt mein Wort, denn es dauerte nur ein paar Tage, bis ich erfuhr, dass es an der Zeit war, mich mit den Schmugglern zu treffen. Ich stand an diesem Morgen früh auf und nahm das Einzige mit, das mir etwas bedeutete–die Fotos, die ich aus meinem Haus mitgenommen hatte. Ich besaß ohnehin nicht viel, aber kam zu dem Schluss, dass es sicherer sei, mit leichtem Gepäck zu reisen. Ich verließ den Bunker und traf mich mit den jüdischen Männern, die in dem Haus arbeiteten, in dem ich mich mit meinen polnischen Begleitern treffen sollte. Ich fügte mich in ihre Gruppe ein und wir machten uns auf den Weg zu dem Haus.

Als ich ankam, erfuhr ich, dass noch zwei weitere Personen zur gleichen Zeit herausgeschmuggelt werden sollten. Einer von ihnen war ein kleiner Junge, der ebenfalls seine Verwandten in Będzin wiedersehen wollte. Es war beruhigend zu wissen, dass ich einen Gefährten haben würde, aber ich machte mir auch Sorgen, dass wir beide zusammen mehr Verdacht erregen könnten. Ich hatte jedoch keine andere Wahl. Ich wartete nervös zwischen den Schneidern und anderen Handwerkern auf die Schmuggler. Schließlich kamen sie und brachten uns drei in ihr nahegelegenes Haus. Wir kauerten dort eine lange, unruhige Nacht hindurch und warteten auf unsere gefährliche Flucht am nächsten Morgen.

Ich machte in dieser Nacht kein Auge zu.

NACH BEDZIN GESCHMUGGELT
MÄRZ 1943

Schließlich kam der Morgen, an dem wir aus Częstochowa geschmuggelt werden sollten. Die Schmuggler kamen in unser Zimmer und sagten uns leise, dass es an der Zeit sei zu gehen. Draußen war es noch dunkel und gespenstisch still. Am Abend zuvor hatten sie uns gefälschte Ausweispapiere mit polnischen Namen gegeben. Sie hielten uns dazu an, diesen Namen immer wieder in Gedanken zu wiederholen, um uns daran zu gewöhnen, ihn instinktiv zu sagen, falls wir befragt werden würden. Ich hatte meinen Namen die ganze Nacht geübt.

Dann war es Zeit zu gehen. Das Einzige, was ich außer den Kleidern an meinem Leib mitgenommen hatte, war mein wertvollster Besitz, meine Familienfotos. Einer der Schmuggler bemerkte die Schachtel mit den Fotos in meiner Hand. Er fragte mich, was in der Schachtel sei. Ich erzählte es ihm und er erwiderte, es könne gefährlich sein, sie bei mir zu haben, für den Fall, dass man uns anhielt und verhörte. Ich flehte ihn an, sie mitnehmen zu dürfen, und er willigte schnell ein. Ich bin mir sicher, er konnte die Enttäuschung in meinen Augen sehen, als ich erkannte, dass ich sie vielleicht zurücklassen musste. Wahrscheinlicher ist jedoch, dass er keine Zeit mehr mit

Diskussionen verlieren wollte, denn wir mussten schnell gehen, bevor es zu spät war.

Wir verließen leise das Haus. Direkt vor dem Haus wartete ein Fuhrwerk auf uns. Wir krochen hinten in das Gespann hinein und deckten uns zu, um nicht gesehen zu werden. Der Kutscher ließ die Zügel schnalzen und der Wagen schlingerte vorwärts. Ich empfand den gleichmäßigen Rhythmus der klappernden Hufe auf der Straße als beruhigend. Nach ein paar Minuten wurde ich schläfrig, aber das Pochen meines ängstlichen Herzens verhinderte, dass ich einschlief.

Die Grenze war nur ein paar Kilometer vom Haus der Schmuggler entfernt. Es dauerte also nicht lange, bis wir den Grenzübergang erreichten. Sie hatten einen Punkt außerhalb der Stadt auf dem Lande ausgewählt, damit wir die Grenze heimlich überqueren konnten. Wir wagten es nicht, den Übergang an einem Kontrollpunkt zu versuchen. Unsere polnischen Komplizen reisten zu ihrer Sicherheit getrennt in einem anderen Fuhrwerk. Wer dabei erwischt wurde, Juden zur Flucht zu verhelfen, musste mit der Todesstrafe rechnen.

Der Kutscher gab dem Pferd ein Zeichen zum Anhalten und wir kamen langsam zum Stehen. Er stieg ab und klopfte auf unsere Decken, um uns mitzuteilen, dass es an der Zeit war, auszusteigen. Als ich die Decke abwarf, konnte ich sehen, dass es gerade erst hell wurde. Die Luft war still und alles lag ruhig. In der Ferne bellte ein Hund ein paarmal. Ich wusste, dass das Bellen höchstwahrscheinlich nicht uns galt, weil es aus großer Entfernung zu kommen schien. Trotzdem ließ das Geräusch mich aufschrecken. Würde es andere Hunde geben, die unsere Flucht verraten könnten?

Der Kutscher begleitete uns in den nahegelegenen Wald, wo wir einen gut ausgetretenen Pfad sehen konnten, der in den dichten, dunklen Wald hineinführte. Er zeigte den Pfad hinunter und erklärte uns, dass die Grenze nur ein paar hundert Meter entfernt sei. Der Pfad würde auf der anderen Seite aus dem Wald herausführen. Dort würden wir auf eine Straße stoßen, auf der ein weiterer Wagen auf uns wartete. Wir bedankten uns bei ihm und gingen los.

Es wurde schnell heller, aber der Schatten des Waldes versicherte mir, dass man uns nicht entdecken würde–zumindest vorerst nicht. In nur wenigen Minuten waren wir an der Straße angelangt, von der uns der Kutscher erzählt hatte. Dort wartete jedoch kein Pferdegespann auf uns! Mein Herz raste vor Angst. Die Straße war menschenleer und lag still. Was nun?

Wenige Sekunden später hörten wir Hufschläge und das Rollen der Räder eines Gespanns. Wir zogen uns wieder in den Wald zurück und warteten, bis das Gespann auftauchte. Wir wussten noch nicht, ob es unser Wagen war oder jemand, der uns verraten würde. Wir lauschten aufmerksam und spähten durch die Äste, um einen Blick zu erhaschen. Das Geräusch des herannahenden Fuhrwerks wurde lauter und merklich langsamer. Der Kutscher brachte das Gespann direkt vor dem Pfad zum Stehen. Nun konnten wir durch das dichte Gestrüpp und die Bäume hindurch den Kutscher erkennen. Er schaute erwartungsvoll den Pfad hinunter und wartete offensichtlich auf uns.

Ängstlich und vorsichtig kamen wir aus dem Wald hervor auf die Straße. Der Mann gab uns ein Zeichen, uns zu beeilen. Wir eilten zum Gespann und sprangen hinten auf. Ich fasste in meine Hosentaschen, um sicherzugehen, dass ich die gefälschten Papiere noch bei mir hatte und übte flüsternd meinen polnischen Namen. Ich war erleichtert, als sich das Fuhrwerk vorwärtsbewegte. Diesmal versteckten wir uns nicht, sondern saßen aufrecht und versuchten, den Anschein von Normalität zu erwecken. Ich drückte die Schachtel mit den Fotos fest an meine Brust und versuchte erneut, mich vom Rhythmus der Fahrbewegung beruhigen zu lassen. Doch mein Herz raste und raubte mir jede Ruhe.

Wohin als nächstes, fragte ich mich. Man hatte uns gesagt, dass die letzte Etappe unserer Reise nach Będzin mit dem Zug erfolgen würde. Ich erwartete also, dass wir an einem Bahnhof in einer nahegelegenen Stadt ankommen würden. Der Fahrer sagte nichts zu uns und hielt den Blick nach vorne gerichtet. Nach kurzer Zeit kamen wir in einer kleinen Stadt an. Sie erwachte gerade mit dem täglichen Geschäft zum Leben. Es dauerte nicht lange, bis wir vor dem Bahnhof der Stadt ankamen. Der Kutscher hielt an und half uns beim Aussteigen. Er reichte mir und dem anderen Jungen Zugfahrkarten. Ich schaute auf die Fahrkarten und auf beiden stand Będzin. Der Mann nannte uns bei unseren polnischen Namen und wünschte uns eine gute Reise und viel Glück. Es war, als wollte er uns ermahnen, vorsichtig zu sein und unsere neuen Identitäten anzunehmen.

Es war beängstigend, den Bahnhof zu betreten. Ich wusste aber, dass ich keine Angst zeigen durfte, sondern selbstsicher wirken musste. Es war ein kleiner Bahnhof und es herrschte bereits reges Treiben, da der Zug bald eintreffen würde. Wir fanden die Fahrplantafel und merkten uns den richtigen Bahnsteig für unsere Reise. Schnell machten wir uns auf den Weg zu den Gleisen und fanden in einem Wartebereich einen Sitzplatz. Es dauerte nur wenige Minuten, bis das Pfeifen des Zuges auf den Gleisen zu hören war. Der Zug fuhr langsam in den Bahnhof ein und hielt. Bald waren wir an Bord.

Im Zug trennten wir uns und suchten uns Plätze entfernt voneinander aus. Wir wollten keinen Verdacht erregen, indem wir zusammensaßen. Unser Schmuggler stieg ebenfalls in den Zug ein und setzte sich in einiger Entfernung zu uns. Es dauerte nur wenige Minuten, bis sich der Zug wieder in Bewegung setzte, aber es kam mir wie eine Ewigkeit vor. Dann waren wir auf dem Weg. Es würde noch ein paar Stunden dauern, bis wir in Będzin ankommen würden. Ich versuchte, mich zu entspannen, aber es fiel mir sehr schwer. Ich übte in meinem Kopf die Aussprache meines Namens, während ich nervös nach dem Schaffner, oder schlimmer noch, nach der Polizei Ausschau hielt.

Glücklicherweise bewahrheitete sich meine Angst vor einer solchen Konfrontation nicht. Als wir in den Bahnhof von Będzin einfuhren, ohne dass wir von einer Behörde kontrolliert oder angesprochen worden waren, atmete ich auf. Der Zug wurde langsamer und ich sprang auf, um mich im Gang in die Schlange zum Aussteigen einzureihen. Ich schaute mich nach den anderen Fahrgästen um, die darauf warteten, den Zug zu verlassen. Ich achtete darauf, keinen Blickkontakt aufzubauen. Keiner von ihnen war auch nur im Geringsten an mir interessiert.

Auf dem Bahnsteig angekommen traf mich eine neue Realität. Ich wusste, dass meine Familie nicht mehr in dem Stadtteil sein würde, in dem sie vor dem Krieg gelebt hatte. Mir dämmerte, dass jetzt alle Juden, die nicht in Vernichtungs- oder Arbeitslager geschickt worden waren, mit Sicherheit, so wie wir zuvor in Częstochowa, zusammengepfercht in einem Ghetto lebten. Ich musste nun also schnell herausfinden, wo sich dieses Ghetto befand. Ich durfte nicht zu lange ziellos durch die Stadt irren, da ich sonst gefasst werden würde.

Ich kannte die Gegend ein wenig, aber nicht sehr gut. Mein Onkel hatte, bevor er ins Ghetto geschickt worden war, in der Nähe des Bahnhofs gelebt. Ich hatte auch herausgefunden, dass das Ghetto in Będzin in dem Stadtteil Komnianka lag. Dieses Wissen war für mich ein glücklicher Zufall. Es wäre sehr leicht gewesen, irgendjemanden nach dem Weg zum Ghetto zu fragen. Aber wäre dies so klug gewesen? Eine solche Frage könnte mich sehr schnell verraten. Stattdessen konnte ich nach dem Weg nach Komnianka fragen. Ich fand eine ältere Frau, die ein freundliches Gesicht hatte, und fragte diskret nach dem Weg. Sie half mir scheinbar ohne jeden Verdacht.

Ich verließ den Bahnhof und ging durch die Straßen der Stadt. Ich versuchte, so auszusehen, als gehörte ich hier her und sei auf dem Weg zu einem bestimmten Ort. Ich ging schnell, aber nicht so schnell, dass ich Aufmerksamkeit auf mich lenkte oder die Orientierungspunkte, die mir die alte Frau gegeben hatte, übersah. Es war bereits später Nachmittag und die Seitenstraßen lagen nun vollständig im Schatten der Gebäude. Ich fühlte mich in diesen dunkleren Straßen wohler, obwohl sie mich wahrscheinlich überhaupt nicht besser versteckten.

Als ich um eine Ecke bog, sah ich auf einmal am Ende der Straße vor mir den Rand des Ghettos. Ich wusste, dass es das Ghetto sein musste, aufgrund der sichtbar schlechten Zustände. Die Gebäude waren schlecht instandgehalten und verfallen und weiter unten auf der Straße konnte ich jüdische Menschen sehen. Ich setzte meinen Weg schnell fort und lief mitten ins Herz des Ghettos.

Vor dem Krieg war mein Großvater in Będzin ein bekannter Geschäftsmann mit einer erfolgreichen Versicherungsgesellschaft gewesen. Ich war zuversichtlich, dass jeder ihn kennen würde oder zumindest von ihm wusste. Ich sprach einen älteren Mann an und fragte nach ihm. Zu meiner Freude kannte er ihn und wies mir den Weg zu seinem Haus. Dort angekommen klopfte ich an und eine Dame öffnete die Tür. Ich kannte sie nicht, aber sagte ihr, wen ich suchte. Sie zeigte mir die Tür zu einem Zimmer am Ende des Flurs. Die Verhältnisse in dem Haus waren schlecht. Mehrere Familien wohnten dort und meine Großeltern bewohnten das Zimmer, das sie mir zeigte.

Langsam öffnete ich die Tür und sah sie dicht zusammengedrängt in dem Zimmer. Sie sahen beide aus, als hätten sie ein Gespenst gesehen. Sie wurden bleich und die Hände meiner Großmutter schossen nach oben, um ihre Wangen zu bedecken. Sie keuchte. Dann bemerkte ich, dass ihr Blick an mir vorbei über meine Schulter wanderte, als ob jemand hinter mir hereingekommen wäre. Ich drehte mich um, um zu sehen, wohin sie schaute. Es war niemand da. Ich sah sie verwirrt an. Dann fragte sie: „Ist deine Mutter bei dir?"

Eine Antwort war nicht nötig. Sie wusste es schon, bevor sie die Frage stellte. Sie fing an zu weinen und kam zu mir, um mich zu umarmen. Mein Großvater stand schweigend daneben und brachte kein Wort heraus. Der Schock und die Angst standen ihm ins Gesicht geschrieben.

Ihr Leben im Ghetto stand auf der Kippe. Jeden Moment könnte es zu Ende sein. Die Aktionen häuften sich, denn die Nazis drängten immer stärker darauf, Städte judenrein zu machen. Juden wurden ohne Vorwarnung und grundlos verhaftet und in die Vernichtungslager geschickt. Sie hatten Mühe, genug Nahrung für ihre schwachen Körper zu bekommen. Der Dreck erlangte die Überhand, da es ihnen nicht möglich war, irgendetwas sauber zu halten. Typhus und andere Krankheiten breiteten sich rasch aus. Jetzt hatten sie eine weitere Person, um die sie sich kümmern mussten. Obendrein hatte ich keine Papiere, obwohl diese nun für alle im Ghetto verpflichtend waren. Die gefälschten Papiere, die man mir gegeben hatte, um aus Częstochowa herauszukommen, waren für ein polnisches Mädchen bestimmt und für eine Jüdin im Ghetto nutzlos.

WIEDERVEREINT MIT MEINEN GROSSELTERN
MÄRZ 1943

Für meine Großeltern mütterlicherseits war ich so etwas wie ein Lieblingsenkelkind. Da ich das einzige Enkelkind war, das weit weg wohnte und nur ein- oder zweimal im Jahr zu Besuch kommen konnte, verhätschelten sie mich und ließen mir eine Sonderbehandlung zukommen. Meine Großmutter war eine lebhafte energetische Frau von großer Entschlossenheit. Sie sprach selbstbewusst und kraftvoll und schien immer zu wissen, was in jeder Situation zu tun war. Meine Mutter und ich machten jeden Sommer mit ihr Urlaub in den Erholungsorten der südpolnischen Berge. Wir waren zusammen mit ihr in unserem letzten Urlaub kurz vor Kriegsbeginn gewesen.

Mein Großvater war ein wunderbarer und liebenswürdiger Mann. Ich liebte ihn sehr und ich wusste, dass er mich liebte. Er äußerte nie seine Bedenken über meine Anreise, aber als ich mehr über die Lage erfuhr, wurde mir klar, dass meine Gegenwart ihn sehr belastete. Seine Befürchtungen, was mich anbelangte, würden sich bald bewahrheiten.

Ohne Papiere konnte ich nicht einmal das Haus verlassen. Die Behörden kontrollierten oft die Menschen auf der Straße, auch im

Ghetto, um zu sehen, ob sie sich ordnungsgemäß ausweisen konnten. Wenn jemand ohne amtliche Dokumente angetroffen wurde, schickte man ihn meist nach Auschwitz, Dachau oder Buchenwald. Ich befand mich also in einer sehr prekären Lage.

Eines Tages wagte ich mich doch hinaus. Ich weiß nicht mehr, warum. Vielleicht um etwas zu essen zu finden, oder vielleicht auch nur, weil ich es nicht mehr ertragen konnte, im Haus eingesperrt zu sein. In jedem Fall war es eine gefährliche Entscheidung. Als ich eine Straße nicht weit von unserem Haus entlangging, hielt mich ein jüdischer Polizist an und fragte nach meinen Papieren. Diese Polizisten gehörten zum Judenrat. Es handelte sich dabei um Juden, die von den Deutschen gezwungen worden waren, die Angelegenheiten der Juden im Ghetto zu verwalten. Als ich keine Papiere vorweisen konnte, nahm der Polizist mich mit in sein Büro und hielt mich dort fest. Ich dachte, dies würde mein Ende bedeuten. Doch bald darauf ließen sie mich gehen. Mein Onkel, der einflussreich unter den Juden in Będzin war, hatte irgendwie meine Freilassung arrangiert.

Ab diesem Zeitpunkt hatte ich keine andere Wahl mehr, als immer im Haus zu bleiben, aber selbst das erwies sich nicht mehr als sicher. Sie begannen, die Haushalte im Ghetto regelmäßig auf ihre Papiere zu kontrollieren. Wir wurden für eine dieser Kontrollen ausgewählt. Eines Nachts klopfte die jüdische Polizei an unsere Tür und verlangte, hereingelassen zu werden. Es dauerte nicht lange, bis sie herausfanden, dass ich keine ordnungsgemäßen Papiere besaß. Es war spät in der Nacht und wir waren alle im Bett. Die Polizisten sagten, ich müsse mit ihnen auf die Wache gehen. Ich war entsetzt und dachte, nun sei es endgültig für mich vorbei. Ich war zum zweiten Mal erwischt worden und man würde mich sicher in ein Konzentrationslager schicken.

Mein Großvater saß im Bett auf und flehte sie an, mich nicht mitzunehmen. Er sagte ihnen, dass er mich brauche, um sich fortzubewegen, weil er ein Invalide sei. Ich war mir sicher, er habe sich diese Geschichte aus Verzweiflung ausgedacht. Er war alt und bewegte sich nicht sehr schnell, aber er war kein Invalide. Dann zog er die Decke zurück, unter der er schlief und deutete auf eines seiner Beine. Zu meiner großen Überraschung war es nur ein Stumpf. Ich hatte bis zu diesem Vorfall nicht gewusst, dass er seit Jahren eine Prothese trug und war schockiert.

Die Männer sahen sich das Bein an und überlegten ein paar Sekunden lang. Sie sahen erst mich und dann wieder meinen Großvater an. Sie entschuldigten sich bei ihm und sagten, dass sie mich trotzdem mitnehmen müssten, da ich keinen richtigen Ausweis und keine Genehmigung für den Aufenthalt im Ghetto hatte. Mein Großvater flehte erneut, ob ich nicht doch bleiben dürfe, aber blieb erfolglos.

Auf dem Polizeirevier wartete ich angespannt darauf, dass über mein Schicksal entschieden wird. Ich saß dort stundenlang, ohne dass auch nur ansatzweise eine Entscheidung getroffen wurde. Ich stellte mir vor, dass meine Zeit schließlich gekommen war und ich bald in einem Vernichtungslager landen würde. All die Male, die ich allein auf der Flucht gewesen war, war ich zu dem Schluss gekommen, dass ich lieber zu meiner Familie zurückkehren und das Schicksal eines Vernichtungslagers erleiden würde, als ganz allein auf der Suche nach dem nächsten bisschen Essen und einem sicheren Versteck zu sein. Ich war resigniert und bereit dazu, dieses Schicksal anzunehmen. Zumindest hatte ich meine Großeltern noch einmal sehen können.

Dann geschah etwas Erstaunliches. Der Polizist kam zu mir und sagte mir, dass ich gehen konnte. Er warnte mich, mich nicht noch einmal erwischen zu lassen, sonst wäre die Strafe endgültig. Ich hatte keinen blassen Schimmer, warum man mich gehen ließ. Ich wartete aber nicht, um Fragen zu stellen und rannte aus der Polizeiwache und zurück zum Haus meines Großvaters. Dort angekommen, erzählte er mir, dass mein Onkel die Polizei bestochen hatte, um meine Freilassung zu erreichen. Dann wurde mir bewusst, dass ich meiner geliebten Familie zur Last gefallen war und woanders hingehen musste. Aber wohin? Und wie? Zu diesem Zeitpunkt gab es für Juden neben dem Tod nicht mehr viele Alternativen.

Mein Großvater und meine Großmutter hatten viel riskiert, um mich so unerwartet bei sich aufzunehmen. Zweimal war ich erwischt worden und zweimal musste mein Onkel die Polizei bestechen, damit sie mich freiließen. Trotzdem hatte mein Großvater mich nicht dazu gedrängt, zu gehen. Sie wussten, dass ich keine Alternativen hatte. Ich suchte jedoch verzweifelt nach einem Ausweg, um ihnen die Angst vor einer Strafe der deutschen und polnischen Behörden zu nehmen. Zudem konnte ich es nicht länger ertragen, Tag ein und Tag aus wie eine Gefangene in unserem kleinen Zimmer zu sitzen.

Es gelang mir nicht, Papiere zu beschaffen, die es mir erlauben würden, mich im Ghetto zu bewegen. Selbst meine Onkel mit ihrem großen Einfluss konnten keine Dokumente für mich auftreiben. Die Aktionen fanden weiterhin häufig statt und immer mehr Juden in Będzin wurden ermordet oder in die Lager geschickt. Mein Großvater und meine Großmutter verließen nie das Haus, weil sie alt waren. Ältere Menschen wurden sofort verhaftet und weggeschickt. Inzwischen blieben fast alle in ihren Häusern, um sich zu verstecken und wagten es nur für das absolut Notwendige vor die Tür. Es wurde deutlich, dass der Plan, die Stadt judenrein zu machen, immer schneller umgesetzt wurde. Ich wusste, dass meiner Familie und mir die Zeit davonlief.

Der größte Teil der Familie meiner Mutter war noch am Leben und hatte die brutalen Aktionen überlebt. Aber wie lange würde das noch so weitergehen können? Sie schienen auf eine Art Wunder zu warten. Ich war mir sicher, dass es kein Wunder geben würde. Der Gedanke an diese Realität kreiste immer wieder in meinem Kopf und die Angst ergriff mich. Dann kam mir eine Idee.

Ich hatte gehört, dass es in der Nähe Arbeitslager gab, in denen Juden in Zwangsarbeit Waren für die Kriegsanstrengungen herstellten. Diese Arbeitskräfte wurden von den Deutschen dringend benötigt, da die meisten diensttüchtigen Männer und

Frauen an die Kriegsfront geschickt wurden. Deshalb wurden die Juden in diesen Lagern nicht für die Vernichtung ausgewählt. Die Bedingungen in den Lagern waren zwar schlecht, aber es waren keine Vernichtungslager. Die jüdischen Sklaven wurden täglich ernährt, wenn auch nur sehr dürftig, damit sie genügend Kraft hatten, um zu arbeiten.

Ich arbeitete gerne und folgerte, dass es kein Problem für mich sein würde. Als ich nach meiner Flucht nach Częstochowa zurückgekehrt war, hatte ich die Arbeit als eine willkommene Abwechslung empfunden. Mir fiel die Decke auf den Kopf vom zu Hause eingesperrt sein. Ich fühlte mich, als würde ich ersticken. Außerdem ging mir natürlich die ständige Gefahr einer weiteren Razzia nicht aus dem Kopf. Ich beschloss, einen Weg zu finden, in eines dieser Arbeitslager zu gelangen.

Als ich meinem Großvater von meiner Entscheidung erzählte, erwartete ich, dass er versuchen würde, mich davon abzubringen. Seine Reaktion überraschte mich. Er nahm eine völlig neutrale Position ein und sagte mir, dass er mir nicht vorschreiben könne, was ich zu tun habe. Er erklärte mir, ich müsse tun, was ich für das Beste für mich hielt. Dies schien mir wie seine diskrete Art zu sagen, dass ich besser gehen sollte.

Gleich am nächsten Tag ging ich zur jüdischen Polizei und teilte ihnen mit, dass ich mich freiwillig zur Arbeit in einem Lager melden wollte. Ich bemerkte, dass ich mein eigenes Todesurteil unterschreiben könnte, indem ich zur Polizei ging. Ich war bereits zwei Mal verhaftet worden, weil ich keine Papiere hatte. Was würden sie jetzt mit mir machen? Trotzdem wollte ich verzweifelt aus meiner Isolation herauskommen und die Last für meine Großeltern verringern.

An diesem Tag hatte ich Glück. Anstatt mich zu verhaften, nahm man meine Bitte an und wies mich einem nahegelegenen Lager namens Bolkenhain zu, in dem Stoffe aller Art für die Kriegsanstrengungen hergestellt wurden. Dort würde ich zwei wunderbare Freundinnen kennenlernen, ohne die ich nicht überlebt hätte. Die beiden waren überrascht über meine Entscheidung, freiwillig in diesem Lager zu arbeiten. Aber nur zwei Wochen nachdem ich dort angekommen war, wurde das Ghetto in Będzin liquidiert.

Ich sah meine Großeltern nie wieder.

INS ARBEITSLAGER – BOLKENHAIN
SEPTEMBER 1943

Manchmal ist das Erinnern harte Arbeit, aber gerade dann ist es am wichtigsten. Leider sind die Erinnerungen, die unter solchen Schmerzen und Mühen heraufbeschworen werden, meist die unangenehmsten. Doch selbst in den schwierigsten Zeiten gibt es einige wiederkehrende Gedanken, die das Herz erwärmen. Unter meinen Erinnerungen, wie ich das größte Grauen in der Geschichte der Menschheit überstand, sind auch Erinnerungen an Lili und Halinka, zwei wunderbare Freundinnen, die mir halfen zu überleben.

Als ich das Arbeitslagers durch eine Tür betrat, stiegen Angst und Schrecken in meiner Brust hinauf und mein Herz pochte. Dort drinnen waren Dutzende junger Frauen und Mädchen wie ich. Die meisten waren noch keine Frauen, sondern noch Kinder. Ich war altersmäßig irgendwo dazwischen. Da man uns unsere Kindheit geraubt hatte, waren wir gezwungen, schnell erwachsen zu werden. Ich war zu diesem Zeitpunkt 13 Jahre alt und hatte bereits mehr Grauen gesehen und war öfter knapp dem Tod entgangen, als die meisten Menschen in ihrem ganzen Leben.

Ich sah mich im Raum um. Die Gesichter waren dünn und die Mienen hohl. Es gab kein Lächeln, kein Lachen, kein aufgeregtes

Geplauder, wie es unter Teenagerinnen üblich gewesen wäre. Es war, als hätte man sie ihrer Menschlichkeit beraubt. Das war sicherlich das Ziel der Deutschen gewesen. Sie sahen uns nicht als Menschen an und taten ihr Bestes, um uns jegliche Würde zu nehmen.

Dennoch blieb tief verborgen in diesen überarbeiteten Körpern der Wille, für ihre Menschlichkeit zu kämpfen. Sie schlossen Freundschaften, um sich gegenseitig zu ermutigen und beim Überleben zu helfen. Sie klammerten sich in kleinen Gruppen aneinander. Ich hatte das große Glück, dass ich einer solchen Gruppe angehören würde.

Als ich mich auf meinem Etagenbett niederließ, kamen zwei Mädchen auf mich zu. Ich wusste nicht, was mich erwarten würde, denn ich war nun schon so lange allein. Eine von ihnen stellte sich vor: „Hallo. Ich bin Lili." Sie ließ mich wissen, dass ich mein Etagenbett mit ihr teilen würde. Ich sagte ihnen meinen Namen und wandte mich dann dem anderen Mädchen zu. „Hallo, ich bin Halinka", sagte sie. „Wo kommst du her?"

„Ich komme ursprünglich aus Częstochowa, aber von dort bin ich geflohen, weil meine Eltern in Konzentrationslager geschickt worden sind. Zumindest glaube ich das. Ich bin mir aber nicht sicher. Also bin ich nach Będzin gekommen, um meine Großeltern zu finden."

„Hast du sie gefunden?", fragte Lili.

„Ja, sie sind immer noch dort im Ghetto."

Halinka fragte: „Und warum bist du hier? Haben die Deutschen dich gezwungen, hier zu arbeiten?"

„Nein, ich habe mich freiwillig gemeldet."

Meine Antwort überraschte sie. „Wirklich! Und warum? Niemand kommt freiwillig in ein Arbeitslager", platzte Lili heraus.

„Ich hatte keine Papiere und es ist zu gefährlich für mich geworden. Ich bin bereits zweimal ohne Papiere erwischt worden und man hätte mich wahrscheinlich in ein Lager geschickt, wenn mein Onkel nicht beide Male die Polizisten bestochen hätte, damit sie mich wieder freilassen. Es war zu gefährlich für mich und für meine Familie. Ich konnte unser kleines Zimmer in der winzigen Wohnung im Ghetto nicht mehr verlassen, weil ich Angst hatte, wieder erwischt zu werden. Ich bin verrückt geworden und hatte Angst, dass sie uns alle in ein Vernichtungslager schicken würden. Die Aktionen haben sich immer mehr gehäuft, Juden sind mehr und mehr ermordet und abtransportiert worden. Also beschloss ich, meine Chance in einem Arbeitslager zu ergreifen. Ich dachte, dass meine Überlebenschancen hier besser sein könnten."

Meine Antwort leuchtete ihnen ein, aber sie waren immer noch erstaunt, dass jemand freiwillig in ein Zwangsarbeitslager kommen würde.

„Wir arbeiten 12 Stunden am Tag. Es ist harte und mühsame Arbeit", warnte Halinka mich. „Bald wirst du dir wünschen, wieder in dem kleinen Zimmer zu sein!"

„Was produziert ihr hier?", fragte ich Lili.

„Wir stellen Stoffe aller Art her. Für Kleidung, Decken, sogar Fallschirme", antwortete sie.

„Wie sind die Arbeitsbedingungen?"

„Natürlich arbeiten wir lange 12 Stunden am Tag. Aber im Vergleich dazu, was ich von den anderen Lagern gehört habe, ist es nicht so schlimm, wie es sein könnte. Wir bekommen nicht viel zu essen, aber sie lassen uns auch nicht verhungern. Und abgesehen davon, dass sie uns sehr hart arbeiten lassen, behandeln sie uns gut", sagte Lili.

Halinka fügte hinzu: „Sie benötigen die Arbeitskräfte, um die Kriegsanstrengungen zu unterstützen. Deshalb lassen sie uns am Leben. Deine Entscheidung mag sich als richtig erweisen, aber es ist anstrengend hier und auf unser Wohlbefinden legen sie keinen großen Wert."

Ich hatte meine neuen Bekannten nun schon sehr lieb gewonnen. Wir hatten viel gemeinsam. Wir drei kamen aus sehr ähnlichen Verhältnissen. Lili war ein Jahr älter als ich und kam aus der Stadt Auschwitz, wo das berüchtigte Vernichtungslager errichtet worden war. Halinka kam aus Będzin und war genauso alt wie ich. Wir waren alle drei in der gleichen bürgerlichen Mittelschicht aufgewachsen. Wir hatten auch viele dergleichen Schulfächer gehabt und teilten ähnliche Interessen.

Auch unsere religiöse Erziehung war ähnlich verlaufen. Sie kamen auch beide aus religiösen nicht-orthodoxen Familien. Dennoch hatten wir drei orthodoxe Großeltern. Ich nehme an, dass dies für die jüdischen Generationen in der Mitte des 20. Jahrhunderts so üblich war. Unsere Eltern waren bestrebt, sich an die moderne westliche Welt anzupassen, aber wollten dennoch ihren Glauben nicht vollständig aufgeben, so wie viele nachfolgende Generationen von Juden. Ganz im Gegenteil, unsere Eltern liebten ihre Glaubenstraditionen und hielten treu an ihnen fest. Uns dreien wurden die Werte dieser Traditionen sehr bewusst, jetzt, wo wir sie nicht mehr feiern konnten. Wir achteten deshalb immer darauf, miteinander über sie zu sprechen und wenn möglich, am Schabbat oder an anderen Feiertagen etwas Besonderes zu tun.

Wir liebten es, uns gegenseitig Geschichten zu erzählen und von den Familien der anderen zu hören. Es war tröstlich und heilsam, uns an sie zu erinnern und zu hoffen, dass wir eines Tages wieder mit ihnen vereint sein würden. Auch wenn ich mir zu diesem Zeitpunkt fast sicher war, dass niemand in meiner Familie überlebt hatte. Es dauerte einige Zeit, aber Halinka und ich stellten nach mehreren Gesprächen über unsere Großfamilien schließlich freudig fest, dass wir einige gemeinsame Verwandte hatten. Ihre Familie stammte aus Schlesien, wo auch meine Mutter herkam, und daher stammte die Verbindung. Nach so langer Zeit kann ich mich nicht mehr daran erinnern, was unser genauer Verwandtschaftsgrad war.

Als ich ihr von den Urlauben erzählte, die wir in den Ferienorten in Südpolen verbracht hatten, erzählte Halinka mir, dass ihre Familie auch dort Urlaub gemacht hatte. Natürlich hatten wir uns nie in einem dieser Urlaube getroffen, aber wir waren oft zur gleichen Zeit in derselben Gegend gewesen. Wir erinnerten uns an diese schönen, lustigen Sommertage. Wir stellten uns das Essen vor und schlossen dabei die Augen, um uns an die wunderbaren Gerüche dieser Mahlzeiten zu erinnern. Wir sprachen darüber, wie wir unseren Müttern beim Backen und Kochen geholfen hatten, besonders wenn ein Feiertag bevorstand. Wir erinnerten uns sogar gerne an die anderen Aufgaben, die wir für unsere Familie erledigen mussten. Wir lachten darüber, wie sehr wir sie damals hassten, aber wie glücklich wir nun wären, wenn sie uns wieder aufgezwungen würden.

Das Band zwischen uns dreien wurden jeden Tag stärker und wir schworen uns, einander zu helfen. Wir waren darauf bedacht, wenn möglich auch allen anderen Mädchen im Lager zu helfen, aber Lili, Halinka und ich standen einander besonders nahe. Sie waren jetzt meine Familie, meine Schwestern.

Damals ahnte ich noch nicht, welches Grauen wir bald gemeinsam durchleben würden.

WEITER NACH LANDESHUT
MÄRZ 1944

Das Lager Bolkenhain mit seinen 150 weiblichen Häftlingen war im Vergleich zu den meisten anderen Lagern relativ klein. Nach sechs Monaten hatte ich dort alle einigermaßen gut kennengelernt. Aber Lili, Halinka und ich verbrachten die meiste Zeit zusammen. Lili und ich teilten uns das untere Bett und Halinka lag mit einem anderen Mädchen in dem Bett über uns. Ich wünschte, ich könnte mich an den Namen ihrer Bettnachbarin erinnern. Sie war uns auch eine gute Freundin, aber wir entwickelten nie eine so enge Beziehung zu ihr.

Wir waren die besten unzertrennlichen Freundinnen. Leider sollte das zu Ende gehen, denn das Lager in Bolkenhain sollte zu einer Munitionsfabrik umfunktioniert werden. Sie kündigten an, dass wir alle in unterschiedliche Lager transportiert werden würden. Wohin würde man uns schicken und würden wir dann noch zusammen sein?

Ein paar Tage später setzte man uns in Züge, die in unsere neuen Arbeitslager fuhren. Ich war so erleichtert, dass Lili und ich in denselben Zug gesetzt wurden. Wir sollten in das Lager Landeshut gebracht werden, das auch eine Weberei und Stofffabrik war. Zu unserer großen Enttäuschung wurde Halinka in einen Zug gesetzt, der in ein anderes Lager fuhr. Sie wusste selbst nicht, wohin. Wir hatten solche Angst, dass wir sie nie wieder sehen würden. Wir machten uns Sorgen um sie, weil sie immer die Gebrechlichste von uns dreien gewesen war. Wie würde sie ohne ihre lieben Freundinnen zurechtkommen? Wie würden wir ohne sie auskommen? Unser „dreifaches Band" zerriss.

Unsere ersten Tage in Landeshut unterschieden sich nicht allzu sehr von denen in Bolkenhain. Die Arbeit war ähnlich: Garn spinnen und Stoffe weben. Wir wurden bei unserer Arbeit von älteren deutschen Männern beaufsichtigt, die zu alt waren, um im Krieg zu kämpfen und das Handwerk der Stoffherstellung beherrschten. Unsere Aufseher und Sklavenhalter gehörten der deutschen Luftwaffe beziehungsweise der Wehrmacht an, die dieses und viele andere Arbeitslager betrieben. Das war für uns vorteilhaft, denn die gefürchtete, viel grausamere Nazi-SS leitete nur die Konzentrations- und Vernichtungslager. Damals hatte die SS nur wenig mit den Arbeitslagern zu tun, die zur Unterstützung der Kriegsanstrengungen und nicht zur Vernichtung der Juden eingerichtet worden waren. Wir waren im Grunde genommen Sklavenarbeiter und wurden zwar nur gerade so am Leben gehalten, aber zumindest wollten sie uns nicht ermorden. Als der Krieg sich für die Deutschen zum Schlechteren wendete, änderte sich das und die SS würde schließlich auch die Arbeitslager übernehmen.

In Landeshut bekam ich nun diese beginnenden Veränderungen zu spüren. Es war nicht so sauber wie in Bolkenhain und das Essen war dürftiger. Ich war die ganze Zeit hungrig. Es gab einen großen Unterschied, an den ich mich nur schwer gewöhnen konnte. Wir arbeiteten in der Nacht. Tagsüber arbeiteten Deutsche in der Fabrik. Als ihre Schicht zu Ende war, übernahmen wir und arbeiteten die langen Nächte hindurch. Jeden Abend wurden wir in unserer Schlafbaracke aufgereiht und zur Fabrik marschiert. Es war nicht sehr weit, sodass der Marsch nicht sehr anstrengend war. Aber es war ein weiterer Weg, um uns zu demütigen. Wir mussten im Takt bleiben, während bewaffnete Wachen neben uns hermarschierten und den Marsch kontrollierten. Als wir kurz nach Tagesanbruch wieder zu unserer Schlafbaracke zurückmarschiert wurden, mussten wir wieder in strengen Reihen laufen.

Ich fand es am schwierigsten, tagsüber zu schlafen, besonders wenn es heiß und schwül war. Auch Lili hatte Mühe zu schlafen, obwohl wir immer beide erschöpft und müde von der Arbeit waren. Oft redeten wir morgens noch lange, bis wir die Augen nicht mehr offenhalten konnten. Das war der einzige Weg, uns die Zeit zu vertreiben. Doch bald fanden wir eine andere Beschäftigung, die uns über die Monotonie hinweghalf.

Lili war sehr einfallsreich und kreativ. Sie war auch eine sehr gute Näherin. Sie fand Wege, heimlich Garn und Nähnadeln vom Boden der Fabrikhalle mitzunehmen. Wir konnten ein paar Kleidungsstücke zusammennähen, von denen die Unterwäsche am praktischsten war. Wir fertigten auch andere Stücke an, wie Tücher, Schals und dekorative Dinge. Wir nähten nichts Ausgefallenes, obwohl einige der Sachen sehr schön angefertigt waren. Wir hätten sie sowieso nicht tragen können, ohne damit unerwünschte und gefahrenträchtige Aufmerksamkeit auf uns zu lenken. Dann wären unsere Näharbeiten oder vielleicht schlimmer noch unsere Leben vorbei gewesen. Zunächst schien es also, als wären unsere Bemühungen völlig nutzlos und das waren sie tatsächlich vorerst auch. Aber das Wichtigste daran war, dass wir etwas zu tun hatten. Es war eine Tätigkeit, die uns von der harten Arbeit und den schrecklichen Bedingungen ablenken konnte. Noch viel wichtiger war jedoch: Es half uns, uns daran zu erinnern, dass wir immer noch Menschen waren.

Wir fanden jedoch bald etwas Nützlicheres für unseren riskanten Zeitvertreib. Einige jüdische Frauen wurden beauftragt, als Vermittlerinnen zwischen uns und der Lagerverwaltung zu fungieren. Es waren ältere Frauen und sie wurden Judenälteste genannt. Sie hatten Privilegien für diesen Dienst, aber sie wurden oft in eine schwierige Lage gebracht, da sie zwischen ihrer Pflicht und dem Schutz ihrer jüdischen Mitbürger entscheiden mussten.

Wir hatten gelernt, dass sie Bestechungen gegenüber nicht abgeneigt waren. Mit diesem Wissen begannen wir, unsere Näharbeiten einzusetzen, um uns bei ihnen beliebt zu machen. Wir tauschten unsere Handarbeiten gegen ein Stück zusätzliches Brot oder mehr Suppe ein.

Die Deutschen taten weiterhin ihr Bestes, um uns unsere Menschlichkeit zu nehmen. Der Essensmangel, die schlechten Lebensbedingungen und ihre Überlegenheit, der wir schutzlos ausgesetzt waren, sollten uns brechen. Sie erwarteten von uns, dass wir uns unter diesen Bedingungen wie Tiere verhalten würden, denn so sahen sie uns. Wir wussten, dass sie uns unsere Gesundheit oder sogar unser Leben nehmen konnten, aber wir ließen uns nicht unsere Würde nehmen. Hier in Landeshut gelang uns dies noch. Aber bald erhielten wir die Nachricht, dass wir in ein neues Lager verlegt werden würden. Landeshut sollte geschlossen oder in eine Art Fabrik umgewandelt werden. Man würde uns hier nicht mehr brauchen und schickte uns nach Grünberg in eine viel größere Fabrik mit einem sadistischen Kommandanten. Würden wir dort unsere Würde bewahren können?

WIEDER VERLEGT – ARBEITSLAGER GRÜNBERG
JULI 1944

Lili und ich klammerten uns eng aneinander, als wir in das neue Arbeitslager marschiert wurden. Das Gebäude sah in den Straßen von Grünberg sehr groß und imposant aus. Wir gingen durch eine große Tür, die zu den Etagenbetten führte. Dort erwarteten uns reihenweise dicht aneinander gedrängte Betten. Es gab kaum genug Platz, um zu unseren neu zugewiesenen Betten zu gelangen. Wieder einmal würden Lili und ich uns ein Bett teilen.

Wir konnten die schlechteren Bedingungen in diesem Lager bereits spüren. Es war es sehr viel größer. Inzwischen waren es über 1.000 Frauen und es würden noch mehr kommen, somit waren es sogar Hunderte mehr als in Landeshut. Wir konnten sehen, dass die Frauen hier noch hagerer und müder waren. Diese Fabrik stellte auch Stoffe her, aber in einem viel umfangreicheren Verfahren. Die Arbeit hier umfasste den gesamten Prozess von der Herstellung von Garn und Faden bis hin zum Weben und Aufrollen des fertigen Stoffes.

Kurz nach unserer Ankunft trafen andere Frauen aus kleineren Lagern in ganz Schlesien ein. Für diese Neuankömmlinge war eine neue Halle eröffnet worden, ein großes Lagerhaus mit einer sehr hohen Decke.

Die Fabrik im Lager war für uns alle ein Horror, aber paradoxerweise lag sie in einem wunderschönen Gebäude, umgeben von herrlichen Gärten und Grünanlagen. Als wir ankamen, war es Spätfrühling 1944 und überall auf dem Gelände blühten Blumen aller Art in voller Pracht. Das war der einzige Anblick, der uns Freude bereitete.

Aber es dauerte nicht lange, bis wir einen weiteren freudigen Anblick erlebten: Halinka kam in Grünberg an! Sie erzählte uns, dass sie in ein Lager in Merzdorf geschickt worden war. Die Bedingungen dort waren ähnlich schlecht gewesen wie in Landeshut. Sie erzählte uns, dass es dort etwa 100 Frauen gab, die ebenfalls wie in Bolkenhain Stoffe herstellten. Gelegentlich wurden sie aber zu härteren Arbeiten wie dem Verlegen von Ziegeln und dem Abladen von Kohle für die Fabrik gezwungen. Ein weiterer Unterschied in Merzdorf war, dass die Häftlinge für jegliche Arbeiten an örtliche Unternehmen ausgeliehen wurden. Jeden Tag kamen Männer ins Lager und suchten sich Frauen aus, damit sie für sie arbeiteten. Sie erzählte uns, dass es wie auf einem Sklavenmarkt zuging.

Wir waren sehr glücklich, dass wir drei wieder zusammen waren, aber das, was uns noch erwartete, würde uns jegliches Glück nehmen.

Das tägliche Leben in Grünberg würde für uns viel schlimmer sein als in Landeshut. Trotzdem waren wir viel besser dran als in anderen Lagern, vor allem als in den Konzentrationslagern. Sie rasierten uns nicht die Köpfe und sie erlaubten uns, uns relativ sauber zu halten. Wir durften alle zwei Wochen baden. Wir konnten auch unsere Kleidung und unsere Bettwäsche waschen. Außerdem hatten wir wenigstens Bettwäsche, was in anderen Lagern nicht der Fall war. Hier hatten wir Kissen und Decken und schliefen auf Strohsäcken, anstatt direkt auf den harten Holzpritschen. Sie versuchten nicht, uns zu Tode zu arbeiten, denn sie brauchten die Arbeitskräfte so dringend. Und das nun noch umso mehr, weil der Krieg begann, sich gegen sie zu wenden. Erst als wir hier ankamen, begannen wir diese Veränderungen zu spüren.

Bald wurden unsere Essensrationen gekürzt und die Dauer, für die das Licht in der Baracke brannte, verkürzte sich. Als das Wetter kälter wurde, wurden die Gebäude oft nicht mehr geheizt. Wir spürten langsam, aber sicher, dass die Deutschen auf dem Weg waren, den Krieg zu verlieren.

Aufgrund der großen Anzahl von Frauen in Grünberg waren wir hier mit anderen Schwierigkeiten konfrontiert, die wir im kleineren Lager Landeshut nicht erlebt hatten. Wir mussten morgens und abends zum Appell antreten. Bei über 1.000 Menschen, die gezählt werden mussten, waren diese Appelle unerträglich lang und anstrengend. Wir standen draußen in Reihen zu je fünf Frauen und wurden gezwungen, vollkommen still und regungslos zu verharren, während unsere Nummern einzeln aufgerufen wurden. Als wir im Lager ankamen, war es Sommer. Die Hitze und die Luftfeuchtigkeit waren in diesem Jahr ungewöhnlich extrem. Als der Winter kam, mussten wir sehr früh am Morgen zum Appell antreten, egal bei welchem Wetter. Oft standen wir in eiskaltem Regen, Wind und Schnee. Es schien, als würden diese Appelle im Laufe der Wintermonate immer früher beginnen. Bei einem dieser Appelle wurden wir morgens um 3:30 Uhr geweckt. Wenn die Zählung nicht korrekt war, ging es wieder von vorne los. Manchmal konnte es mehrere Stunden dauern, bis die Zählung abgeschlossen war.

Das Essen war von Anfang an schlechter als in Landeshut. Wir bekamen ein winziges Stück Brot am Morgen, das für den ganzen Tag reichen musste. Gelegentlich bekamen wir auch eine Schüssel Suppe. Sie bestand hauptsächlich aus Wasser mit einer Spur von Gemüse, aber die Wärme der Suppe war eine willkommene Abwechslung.

Die Lage verschlechterte sich weiter. Tuberkulose war die größte Bedrohung. Das Lager hatte bereits vor unserer Ankunft einen Ausbruch erlebt und es traten immer wieder neue Fälle auf. Alle paar Wochen wurden wir geröntgt, um festzustellen, ob wir die tödliche Lungenkrankheit entwickelt hatten. Wenn die Untersuchung schwarze Flecken auf der Lunge ergab, wurde man sofort weggeschickt. In der Regel bedeutete das die Verlegung in ein Vernichtungslager und von hier aus war das nächstgelegene das gefürchtete Lager in Auschwitz. Wenn es Zeit für diese Untersuchungen war, packte uns alle die Angst. Glücklicherweise zeigte ich nie Anzeichen einer Ansteckung.

Trotz der sich verschlechternden Bedingungen taten wir unser Bestes, unsere Würde zu bewahren. Es war uns wichtig, so hübsch wie möglich auszusehen, auch wenn unsere Umgebung verwahrlost war. Ich erinnere mich, wie ich versuchte, mir mit Lockenwicklern aus Fetzen Locken zu machen, um eine Frisur zu kreieren. Es war ein armseliger Versuch einer Pagenfrisur. Für diese Frisur waren die Haare glatter als bei lockigen oder gewellten Frisuren mit Locken am unteren Ende des Haares, die sich nach innen drehten. Der Pagenschnitt war vor dem Krieg sehr in Mode gewesen. Ich hatte noch ein paar Kleidungsstücke, die in gutem Zustand waren. Keiner von uns hatte viele Kleider, also teilten wir sie untereinander und tauschten sie aus, damit wir etwas Abwechslung hatten. Ich erinnere mich, dass ich ein Outfit hatte, das wie ein Jumpsuit aussah. Ich schlief immer so darauf, dass er gefaltet blieb.

Trotz unserer Bemühungen sahen wir erbärmlich aus. Wir waren sehr abgemagert und unsere Kleidung war meist schmutzig und zerschlissen. Aber wir sahen nicht so aus wie die Häftlinge, die in anderen Lagern wie Buchenwald und Auschwitz fotografiert wurden. All unsere Anstrengungen erlaubten es uns, unsere Menschlichkeit zu bewahren. Manchmal schien es so aussichtslos. Wenn ich jetzt zurückblicke, bin ich überzeugt, dass dies der Schlüssel dazu war, unsere Hoffnungen am Leben zu erhalten und uns darauf vorzubereiten, den bevorstehenden Schrecken zu ertragen.

DIE SS ÜBERNIMMT
OKTOBER 1944

Irgendwann im Herbst 1944 änderte sich der Betrieb des Lagers Grünberg. Die SS übernahm die Kontrolle über das Lager und löste die Wehrmacht ab. Eines Tages rollte ein Lastwagen über den Hof des Lagers und Dutzende Frauen in SS-Uniformen sprangen hinten herab. Kurze Zeit später kam auch eine Gruppe männlicher SS-Wachleute an. Es war klar, dass sie jetzt das Kommando hatten. Zum ersten Mal hatten wir das Gefühl, dass unsere Leben in Gefahr waren.

Der neue Kommandant von Grünberg nutzte jeden Vorwand, um uns Mädchen körperliche Schmerzen zuzufügen. Oftmals schlug er eine von uns völlig grundlos. Manchmal sagte er, es sei, weil wir zu laut oder zu viel geredet hätten. Aber er war sadistisch und das war der einzige Grund, den er brauchte. An seinem Finger trug er einen großen Totenkopfring. Dieser Totenkopf mit den gekreuzten Knochen war das berüchtigte Nazi-Symbol, das für die gesamte Dauer des Krieges das wichtigste Symbol der SS war. Kurz bevor der Kommandant eines der Mädchen schlug, drehte er den Ring an seinem Finger, sodass der Kopf mit dem Symbol in seiner Handfläche lag. Das harte Metall des Rings schnitt dann tief in das Gesicht oder den Kopf seines Opfers.

Vor der Ankunft der SS hatten wir nur sechs Tage in der Woche gearbeitet und sonntags einen freien Tag gehabt. Nach der Umstellung nutzte der neue Kommandant die Sonntage oft dazu, um uns die Zeit der Erholung zu rauben, indem er einen Appell ausrief und uns stundenlang in Formation stehen ließ. Am Ende hielt er uns einen Vortrag, in dem er uns erklärte, dass wir so lange am Leben bleiben würden, wie wir produzierten. Er war auch sehr darauf bedacht, uns mitzuteilen, dass der einzige Weg in die Freiheit durch die Schornsteine führen würde.

Eines Tages, nachdem unsere neuen Wachen eingetroffen waren, kamen einige Mädchen über den Innenhof von der Fabrik zurück. Plötzlich segelte ein Stück Brot von außerhalb des Lagers über die Mauer. Eines der Mädchen rannte hinüber und schnappte es sich. Genau in diesem Moment wurde ein SS-Wachmann auf sie aufmerksam und rief den Mädchen zu stehen zu bleiben. Er zwang sie, still zu stehen, während er sie nach dem Brot fragte. Ein Mädchen nach dem anderen leugnete tapfer, zu wissen, woher das Brot stammte, obwohl einige von ihnen es wussten. Und nach jeder Leugnung schlug der Wachmann die Mädchen, sodass ihre Gesichter, Hälse und Köpfe bluteten. Trotz der schmerzhaften Schläge unterstützten sie sich gegenseitig und ließen sich nicht von seiner Grausamkeit unterkriegen. Die männlichen SS-Wachen waren grausam, aber in vielerlei Hinsicht waren die weiblichen Wachen noch grausamer. Wenn die Aufseherinnen uns marschieren ließen, warfen sie uns oft vor, nicht schnell genug zu marschieren. Sie schlugen dann mit ihren Gewehrkolben auf uns ein und schrien uns lauthals an.

Eines Tages wurden wir von den Aufseherinnen zusammengetrieben und zu einem nahegelegenen Gebäude geführt. Auch dieses Mal schrien sie uns an und schlugen uns, während wir marschierten. Einer nach dem anderen wurden wir in das Gebäude in einen Raum gerufen, in dem mehrere Männer in weißen Kitteln saßen. Auf dem Boden vor ihnen war ein weißer Kreis aufgezeichnet. Als wir den Raum betraten, wurden wir gezwungen, uns völlig nackt auszuziehen. Dann wurden wir aufgefordert, uns in die Mitte des Kreises zu stellen. Die Männer hatten den Anschein, Ärzte zu sein, aber keiner von uns glaubte das. Im restlichen Raum standen SS-Soldaten herum, sowohl Männer als auch Frauen. Mir fiel auf, dass ihre Gesichter für Soldaten besonders jung waren. Damals wusste ich nicht, warum, aber im Nachhinein weiß ich, dass dies ein Zeichen für das nahende Kriegsende war. Ihre Streitkräfte waren so stark dezimiert, dass sie die Jugend, manchmal sogar Kinder als Wachpersonal an der Heimatfront einsetzten.

Sie sagten nichts zu uns, sondern starrten nur schweigend unsere nackten Körper an. Sie blieben emotionslos und machten keine Anstalten, uns in irgendeiner Weise zu untersuchen. Sie machten keine Notizen und diskutierten auch nicht miteinander über den Grund für diese seltsame Inspektion. Glücklicherweise berührten sie uns auch nicht, aber sie starrten uns mehrere Minuten lang auf höchst demütigende Weise an. Dann bekamen wir eine Halskette mit einer Nummer umgehängt. Die Nummer diente einem ähnlichen Zweck wie die Nummern, die den Opfern von Auschwitz eintätowiert wurden. Wir waren froh, dass sie uns nicht tätowierten, aber dieses Ereignis war fast genauso erniedrigend. Im Nachhinein kamen wir zu dem Schluss, dass dies lediglich eine weitere Maßnahme war, um uns weiter zu entmenschlichen. Es war ein psychologischer Trick, der uns noch mehr davon überzeugen sollte, dass sie die überlegene Rasse seien. Wir dachten auch, dass es eine Art perverse Art der Befriedigung war. Eine kranke und verdrehte „Sexshow" vielleicht? Wahrlich die überlegene Rasse!

In den anderen Lagern hatte es auch Zeiten gegeben, in denen wir diese erniedrigenden und entmenschlichenden Taktiken ertragen mussten, aber jetzt häuften sie sich. Die Wachen, die die Wehrmacht abgelöst hatten, waren uns gegenüber viel hämischer. Sie nutzten jede Gelegenheit, um uns anzuschreien und uns mit Worten und Taten zu erniedrigen. Wir wussten nun, dass es sich nicht mehr um ein Arbeitslager, sondern um ein Konzentrationslager handelte. Wir stellten weiterhin Stoff her, der für die Fortsetzung der Kriegsanstrengungen benötigt wurde, aber der neue Zweck des Lagers würde letztendlich darin bestehen, uns zu eliminieren.

Dieses Ereignis war sehr beängstigend, und danach wurden unsere Arbeitspläne und Tagesabläufe immer unberechenbarer und unsicherer. Als wir noch eine regelmäßigere Routine gehabt hatten, ohne diese seltsamen Inspektionen, hatten wir uns sicherer gefühlt. Aber diese Sicherheit wich einer tiefsitzenden Angst vor dem, was uns noch bevorstand.

Von diesem Zeitpunkt an wurden auch die täglichen Appelle unregelmäßiger. Wir wurden morgens zu unterschiedlichen Zeiten geweckt. Nachdem wir zum Appell gerufen worden waren, mussten wir immer länger warten, bevor die Zählung beginnen konnte. Es war damals Ende November oder Anfang Dezember und es wurde immer kälter. So wie der Sommer heißer als gewöhnlich gewesen war, sollte der Winter 1944/45 unerträglich kalt werden. Doch solange wir im Lager waren und uns in der Schlafbaracke zurückziehen konnten, könnten wir die Kälte überleben.

DER MARSCH BEGINNT
DEZEMBER 1944

Irgendwann Ende 1944 verließ die Mehrheit der männlichen SS-Wachen Grünberg und überließ uns hauptsächlich den Wachfrauen. Ich weiß jetzt, dass die Wachen wahrscheinlich an die Ostfront geschickt worden waren, um gegen die sowjetische Armee zu kämpfen. In den Lagern hatten wir jedoch keine Möglichkeit, etwas über das Kriegsgeschehen zu erfahren. Die Beamten verkündeten uns in den Arbeitslagern nur die Siege ihrer Streitkräfte. Dies war ein Versuch, uns noch mehr zu entmutigen. Aber in den letzten Monaten waren diese Meldungen immer seltener geworden.

Eines Tages im Dezember wachten wir auf und sahen starken Schneefall. Es war wunderschön, wie der Schnee den Boden bedeckte und die Bäume und Sträucher rund um das Gebäude in weiße Formen verwandelte. Für uns war das jedoch kein willkommener Anblick. Uns war sowieso schon kalt und die Gebäude wurden nicht mehr geheizt. Ich fror und fragte mich, was als Nächstes mit uns geschehen würde. Unser Arbeitsplan war unregelmäßig geworden und wir waren schon lange nicht mehr untersucht oder geröntgt worden. Für die Deutschen änderte sich etwas. Würde das gute oder schlechte Nachrichten bringen?

Plötzlich heulte eine Luftangriffssirene über der Stadt auf. Die Wachen gerieten in Panik und eilten in ihre Luftschutzbunker. Man sagte uns, wir sollten in der Fabrik bleiben, aber die Maschinen liefen nicht und der Strom war abgestellt worden. Da saßen wir also und warteten darauf, dass Bomben fallen würden. Wir wussten, dass in diesem Fall die Fabrik das Hauptziel sein würde. Wir waren leichte Beute für die sowjetischen Bomber. Das machte mir Angst, aber seltsamerweise löste der Klang der Sirenen auch Hoffnung und Freude aus. Wir dachten, dass die Russen vielleicht gewinnen und näherkommen würden. Die Tatsache, dass sie so weit in deutsches Gebiet vorgedrungen waren, bedeutete, dass die Deutschen auf der Flucht waren. Vielleicht würde der Krieg bald zu Ende sein.

Im Laufe der nächsten Wochen heulten die Luftangriffssirenen immer häufiger, was uns immer mehr Hoffnung gab, obwohl wir wussten, dass ein Bombenangriff auch unser Ende bedeuten könnte. Der größte Teil der Arbeit war eingestellt worden. Natürlich nicht vollständig, aber weit genug, dass uns klar wurde, es stand nicht gut um die Deutschen. Ab Januar 1945 ertönten die Sirenen fast jeden Tag. Manchmal konnten wir in der Ferne Bomben fallen und explodieren hören. Wir waren erleichtert, dass sie weit weg waren. Dennoch nahmen wir an, dass diese Fabrik auf der Zielliste der Russen stehen musste.

Es schien, dass der Hass, den die Wärter für uns schürten, mit jedem Tag wuchs. Sie beschimpften und schlugen uns immer öfter. Die Appelle wurden länger und grausamer, da wir stundenlang in der Kälte stehen mussten. Diese SS-Wachen waren so einschüchternd und beängstigend. Ihre schwarzen Uniformen ließen mir einen Schauer über den Rücken laufen. Ich gab mein Bestes, mich von ihnen fernzuhalten. Es war immer eine Erleichterung, wenn wir zurück in unseren Baracken und außerhalb ihrer Sichtweite waren.

Dann, eines Tages, gab es keinen Appell. Wir wurden nicht in die Fabrik marschiert. Wir warteten lange Zeit darauf, dass man uns aufforderte, zur Zählung herauszukommen. Es vergingen ein paar nervöse Stunden. Plötzlich kam eine Gruppe von Wachleuten in unsere Schlafbaracke und forderte uns auf, alle unsere Sachen zusammenzusammeln und uns zum Aufbruch bereit machen. Wohin wollten sie uns bringen?

Sie schickten uns in eine andere Baracke, in der auch weiblichen Häftlinge lebten, die vor uns angekommen waren. Wir drängten uns in den überfüllten Raum. Es gab nicht genug Schlafplätze für uns alle. Lili, Halinka und ich suchten uns einen Platz auf dem Boden und warteten. Was würde als Nächstes passieren? Wie konnten wir alle auf so engem Raum leben?

Bald hörten wir, wie andere Häftlinge in das Lager kamen. Später erfuhren wir, dass es sich um ungarisch-jüdische Frauen handelte, die aus einem anderen Lager im Osten hierher marschiert worden waren. Diese Frauen wurden in der Schlafbaracke untergebracht, die wir soeben geräumt hatten. Wir schauten hinaus, um einen Blick auf sie zu erhaschen. Sie waren sehr dünn und abgemagert. Einige von ihnen hatten sichtbare Blutflecken auf ihrer Kleidung und ihren Füßen. Ihre Köpfe waren kahlgeschoren und ihre Gesichter blass und eingefallen. Einige von ihnen trugen Holzschuhe, andere hatten überhaupt keine Schuhe an. Diejenigen, die keine Schuhe trugen, hatten ihre Füße in Lumpen eingewickelt, um sie etwas zu schützen. Es waren Hunderte von ihnen, vielleicht 500, vielleicht sogar 1.000.

Sie gingen in die Baracke und wir konnten durch die Wände hören, wie sie den Raum einnahmen. Es herrschte ein großer Aufruhr. Schreie und Rufe hallten gegen die Wände. Betten und Tische wurden umgeworfen und krachten auf den Boden. Die Frauen durchwühlten verzweifelt alles nach Essensresten, Kleidungsstücken oder anderen Dingen, die auch nur von geringstem Wert sein könnte. Es war ein beängstigender Lärm.

Die ungarischen Juden hatten sehr gelitten, nachdem die Deutschen das Land im Jahr 1941 überfallen hatten. Obwohl

Ungarn zu diesem Zeitpunkt mit Deutschland verbündet war, befürchtete Hitler, dass der Premierminister insgeheim plante, die Seite zu wechseln und sich mit Großbritannien, Russland und den USA zu verbünden. Der ungarische Premierminister hatte aus Polen fliehenden Juden die Einreise nach Ungarn gestattet und sich geweigert, sie auszuweisen. Deshalb wurden die dortigen Juden, als die Nazis 1941 die Macht übernahmen, sehr schlecht behandelt. In Polen gingen die Deutschen bei der Entrechtung und schließlich der Ermordung der Juden langsamer vor. In Ungarn geschah all dies viel schneller.

Viele der ungarischen Juden waren sofort vertrieben und nach Polen oder in andere osteuropäische Länder geschickt worden. Familien wurden bei diesen Vertreibungen auseinandergerissen und in einige der härtesten Arbeitslager geschickt. Diese Frauen hatten mehr gelitten als wir. Sie schienen der Entmenschlichungstaktik der Nazis mehr nachgegeben zu haben. Für uns erwies es sich als schwierig, mit ihnen in Kontakt zu treten, nicht nur wegen ihres emotionalen und geistigen Zustands, sondern auch, weil die meisten von ihnen nur Ungarisch sprachen.

Wir erfuhren, dass diese Frauen aus Schlesiersee, einem Lager südöstlich von Grünberg, gekommen waren. Sie waren acht Tage lang fast 100 Kilometer in bitterer Kälte marschiert. Zu Beginn des Marsches hatte jede von ihnen einen Laib Brot erhalten, der für den gesamten Marsch ausreichen sollte. Da die Frauen aber nicht wussten, wohin sie gingen und wie lange der Marsch dauern würde, aßen viele von ihnen das Brot zu schnell und hatten für den größten Teil des Marsches nichts zu essen. Kein Wunder, dass sie so erschöpft und verzweifelt waren. Unterwegs waren einige der Frauen ermordet worden. Etwa auf halber Strecke zwischen den beiden Lagern wurden 40 Frauen, die zu schwach waren, um weiterzugehen, in einen Wald gebracht und dort erschossen. Man begrub sie in einem nahegelegenen Massengrab.

Wir warteten und lauschten, bis sich der Aufruhr im Nachbargebäude allmählich legte. Wir fragten uns, warum man sie hierhergebracht hatte. Die Arbeit in der Fabrik war fast vollständig zum Erliegen gekommen, warum also noch mehr Sklaven zur Arbeit herbringen? Es ergab keinen Sinn. Im Laufe des nächsten Tages spürten wir die zunehmende Anspannung und Nervosität unter den Wachen. Uns allen war klar, dass der Krieg für die Deutschen schlecht verlief. Wir wussten, dass die Sowjets nahe waren, denn in der Ferne hörten wir ständig Luftangriffssirenen und Bomben. Diese Tatsache ermutigte uns, doch gleichzeitig glaubten wir, dass die deutschen Mörder nicht wollen würden, dass wir überlebten und unsere Geschichten erzählten.

Zwei Tage nach der Ankunft der ungarischen Frauen kamen die Wachen in unsere Schlafbaracke und befahlen uns, mit all unseren Habseligkeiten nach draußen zu gehen. Als wir in den schneebedeckten Hof strömten, kamen auch die Ungarinnen heraus und stellten sich neben uns auf. Der Hof füllte sich weiter mit Frauen aus den anderen Gebäuden. Bald standen über 2.000 Frauen und Mädchen in engen Reihen. Die Wachen schubsten die Mädchen und zwangen sie, dichter beisammen und in geraden Reihen zu stehen. Diejenigen, die sich nicht schnell genug bewegten, wurden geohrfeigt oder geschlagen.

Die Angst packte uns, weil sie uns nicht sagten, was bevorstand. Leises Schluchzen und Weinen durchzog die Reihen, aber die meisten von uns schwiegen und sagten kein Wort. Wir warteten auf Anweisungen oder eine Ankündigung, die ihren Plan enthüllen würde.

Dann öffneten sich die Tore des Hofes und die Wachen begannen, die Frauen in zwei Gruppen zu trennen. Beim Trennen der Kolonnen wurden Mädchen brutal geschubst und auseinandergetrieben. Einige Frauen an der Trennungslinie wurden von ihren Freundinnen abgetrennt. Sie versuchten, von einer Gruppe in die andere zu gelangen, aber die Wachen schlugen sie und zwangen sie zurück. Glücklicherweise befanden Lili, Halinka und ich uns nicht an dieser Trennungsstelle, sodass wir zusammenblieben.

Nachdem die beiden Gruppen getrennt worden waren, erhielten wir den Befehl, durch die Tore des Lagers zu marschieren. Die ungarischen Frauen waren aus einem Lager gekommen, das hinter die sowjetischen Linien gefallen war. Die Deutschen hatten sie in unser Lager marschiert, damit sie nicht befreit werden und von den Schrecken erzählen konnten, die sie erlebt hatten. Nun sollten wir uns ihnen anschließen. Viele Wochen lang hatten wir geglaubt, dass Grünberg bald unter russische Kontrolle fallen würde und dass wir vielleicht befreit werden würden.

Als wir durch die Tore marschierten, wurden unsere Herzen schwer: Sie nahmen uns bei ihrer Evakuierung mit. Sie wollten uns nicht zurücklassen, damit wir nicht ihre mörderischen Geschichten erzählen konnten.

Lili, Halinka und ich nahmen uns an den Händen, als wir die ersten Schritte in den gefrorenen Schnee setzten. Wohin würden wir gehen? Wie lange würde es dauern? Würden wir überleben? Niemand wusste es. Nicht einmal unsere Entführer.

Als Lili, Halinka und ich uns vorwärtsbewegten und durch die Tore der Weberei gingen, schaute ich mich nach all den Mädchen um, die mit uns den Marsch begannen. Es waren insgesamt 2.000 von uns, aufgeteilt in zwei Gruppen von jeweils etwa 1.000. Auf der Straße angekommen, marschierten die Gruppen in entgegengesetzte Richtungen. Unsere Gruppe ging in Richtung Südwesten, die andere in Richtung Nordwesten. Wir hatten von den ungarischen Frauen erfahren, dass sie auf dem Marsch nach Grünberg eine schreckliche Tortur durchgemacht hatten. Jetzt wussten wir, dass uns dasselbe bevorstand. Sie waren acht Tage lang marschiert, ohne genügend Nahrung, richtige Schuhe oder Kleidung. Wie lange würden wir marschieren? Und wie würde man uns behandeln? Hätte ich die Antworten auf diese Fragen gewusst, als wir den Marsch begannen, hätte ich wohl nicht loslaufen können. Es wäre zu viel zu ertragen gewesen. In dem Moment konnte ich jedoch nur hoffen, dass ich ein paar Tage durchhalten konnte, wie die ungarischen Frauen auf ihrem Marsch. Wenn diese

Mädchen es überlebt hatten, dann konnte ich es vielleicht auch. Ihr Marsch dauerte acht Tage. Es würden für uns aber nicht Tage, sondern Wochen sein.

IN DIE KÄLTE – VON GRÜNBERG NACH BAUTZEN
JANUAR 1945

Ich verlor das Zeitgefühl. Ich kannte weder das Datum noch den Wochentag, an dem wir losliefen, aber aus der Geschichte des Marsches weiß ich heute, dass wir Grünberg am 29. Januar 1945 verließen.

Bevor wir losmarschierten, bekamen wir eine dünne Decke, eine Schüssel und einen Löffel. Dann gab man jedem von uns ein Stück Brot und ein wenig Zucker. Wir hatten nicht die richtige Kleidung für die brutale Kälte und den nassen Schnee, aber die meisten von uns hatten mehr als einen Satz Kleidung. Wir zogen alles, was wir hatten, übereinander an, damit uns etwas wärmer war. Die meisten von uns hatten Schuhe. Ich hatte immer noch meine Holzschuhe, die ich von Frau Sporna bekommen hatte. Einige der Frauen hatten keine Schuhe und wickelten ihre Füße in Lumpen.

Am ersten Tag marschierten wir 30 Kilometer. Unterwegs bemühten die Wachen sich uns Angst einzuflößen. Sie machten uns klar, dass jeder Fluchtversuch vergeblich sei und den sofortigen Tod bedeuten würde. Verzögerungen würden nicht geduldet werden.

Nicht lange nach unserem Aufbruch brach eines der Mädchen zusammen. Ihre Freundinnen versuchten verzweifelt, ihr aufzuhelfen, damit sie weiterging. Einer der Wachen drehte sich um, ging auf das am Boden liegende Mädchen zu und schoss ihr aus nächster Nähe in den Kopf. Ihre Freundinnen schrien und weinten, aber der Wachmann schrie sie an, sie sollten weitergehen, sonst würde er auch sie erschießen. Wir marschierten weiter und die Wachen ließen die Leiche des Mädchens auf der Straße liegen.

Kurze Zeit später hielt ein anderes Mädchen an, um etwas Schnee aufzuheben und damit ihren Durst zu stillen. Bevor sie ihn in den Mund stecken konnte, kam ein Wachmann von hinten und schlug ihr mit seinem Gewehrkolben auf den Kopf. Sie stürzte zu Boden. Dann trat er sie und schrie sie an, aufzustehen und weiterzumarschieren. Das Mädchen sprang schnell auf, bevor der Wachmann sie erschießen konnte.

Nach ein paar Tagen erreichten wir Christianstadt. Dort befand sich ein Arbeitslager, in dem Munition hergestellt wurde. Wir blieben bis zum nächsten Tag dort. Die Erholung war zwar sehr willkommen, aber sie nahm uns nicht die Angst.

In der Nacht gelang es ein paar Dutzend Frauen zu entkommen. Später am nächsten Tag wurden die meisten von ihnen zurückgebracht. Sie waren schwer misshandelt worden. Diejenigen, die nicht zurückkehrten, waren erschossen worden. Diese Misshandlungen und Ermordungen sendeten eine klare Botschaft an meine beiden Freundinnen und mich: Ein Fluchtversuch war zwecklos. Selbst wenn unsere Flucht erfolgreich wäre, wohin würden wir gehen? Ich kannte die Angst und die Ungewissheit, ohne ein sicheres Versteck auf der Flucht zu sein. Ich hatte großes Glück gehabt, meine Flucht zu überleben. Aber ich wusste, dass uns das Glück schließlich verlassen würde. Wenn wir bei einem Fluchtversuch scheiterten, würde das höchstwahrscheinlich eine brutale Prügelstrafe oder einen Schuss in den Kopf bedeuten. In den kommenden Wochen würden wir noch viele solcher Szenen erleben.

Wir wussten, dass das Weitermarschieren in unserem erbärmlichen, unterernährten Zustand und mit unserer mangelhaften Kleidung ebenso gefährlich war. Daher kamen Lili, Halinka und ich nicht umhin, über eine Flucht nachzudenken. Jedes Mal, wenn wir anhielten, inspizierten wir das Gelände und überlegten, wie wir in diesem Moment fliehen könnten. Wir suchten nach einem nahegelegenen potenziellen Versteck. Wir berechneten unsere Chancen, unentdeckt zu bleiben, während die anderen weitermarschierten. Wir wussten, dass die Russen uns dicht auf den Fersen waren. Wenn wir davonliefen, könnten wir sie vielleicht finden und in ihren Schutz gelangen. Aber es ergab sich keine Gelegenheit, in der wir mutig genug waren, es zu versuchen.

Wir blieben zwei Nächte in Christianstadt. Am 2. Februar brachen wir wieder auf. Einige Frauen aus dem Arbeitslager wurden gezwungen, sich unserem Marsch anzuschließen. In den nächsten Tagen gab es mehrere Fluchtversuche, die alle damit endeten, dass die Mädchen erschossen wurden. Viele von ihnen wurden schwer geschlagen, bevor sie ermordet wurden.

Einige Tage, nachdem wir Christianstadt verlassen hatten, wurde der Marsch unerwartet angehalten. Man befahl uns strammzustehen. Aus einem nahegelegenen Wald hörten wir Schreie. Mehrere SS-Wachen kamen aus den Bäumen und zerrten eine Gruppe Frauen mit sich, die versucht hatte zu fliehen. Die Frauen flehten um Gnade, aber ihr Flehen wurde nicht erhört. Sie brachten die Frauen aus dem Wald und reihten sie vor uns auf.

Der Kommandant des Marsches ging auf die Frauen zu. Nach dem Krieg erfuhr ich, dass sein Name Karl Hermann Jäschke war. Jäschke war ein SS-Offizier, der in Auschwitz gearbeitet hatte. Er war besonders grausam und sadistisch. Nach dem Krieg wurde er für seine Verbrechen vor Gericht gestellt und verurteilt.

Jäschke ging auf die Mädchen zu und zog seine Pistole. Er schoss einer nach der anderen in den Kopf, während sie weinten und um ihr Leben flehten. Als er die 14 Mädchen ermordet hatte, blieb seine Miene völlig regungslos. Mehr brauchten sie uns zu diesem Zeitpunkt nicht zu sagen. Die Morde waren uns eine Warnung.

In den nächsten Tagen gab es keine weiteren Fluchtversuche. Am 7. Februar erreichten wir die Stadt Weißwasser. Wir waren bereits 10 Tage lang marschiert. Es kam uns damals vor wie ein Monat oder sogar noch länger. Wir waren so müde und uns war so kalt. Wir zogen uns nie aus, wenn es Zeit war zu schlafen. Es war immer zu kalt. Wir schliefen also in unserer Kleidung, die von Tag zu Tag schmutziger wurde. Bald waren wir von Läusen befallen. Wir alle wussten von der Gefahr, die davon ausging–Typhus. Der Tod drohte uns wieder einmal.

Nach ein paar Tagen erreichten wir die Stadt Bautzen, wo wir eine der schrecklichsten Konfrontationen mit den grausamen Mördern erlebten.

DIE HINRICHTUNG IN BAUTZEN

FEBRUAR 1945

Die Zeit vergeht gleichmäßig, beharrlich und beständig. Wir wissen, dass Sekunden, Minuten, Stunden und Tage genau abgemessen sind. Seit jeher haben die Menschen Sonne, Mond und Sterne studiert und Kalender erstellt, die uns auf den Wechsel der Jahreszeiten vorbereiten. Es gibt jedoch Umstände, die die Zeit verzerren. Manche Ereignisse in unserem Leben können die starre zeitliche Einteilung in Vergangenheit, Gegenwart und Zukunft durcheinanderbringen. Während des Winters 1945 schien die Zeit oft fast stillzustehen. An anderen Stellen raste sie so schnell an uns vorbei wie der heulende Wind, der uns beim Gehen entgegenschlug.

Wie viele Tage waren wir schon marschiert? Ich hörte lange bevor wir Bautzen erreichten auf zu zählen. Es spielte keine Rolle mehr. Ich konnte nur noch an die Gegenwart denken und daran, wie ich sie wohl überleben konnte. Doch die Frage, wie viele Tage wir noch marschieren mussten, ging mir nicht aus dem Kopf. Wie lange könnte ich den Hunger und die Kälte noch aushalten?

Viele Mädchen waren bereits gestorben oder ermordet worden. Es würde noch viele weitere dasselbe Schicksal ereilen. Genau genommen die meisten von ihnen. Wir waren zwar nur schwache

Frauen und Mädchen, aber selbst die stärksten Männer hätten unter diesen schrecklichen Bedingungen nicht überlebt. Es schneite häufig und der Wind wehte unerbittlich. Wir hatten nur sehr wenig zu essen und unsere Kleidung nutzte sich immer mehr ab. Die Nächte waren lang und furchtbar. Fast jeden Morgen erwachten wir und mussten feststellen, dass weitere Mädchen im Schlaf gestorben waren.

Zum Glück schliefen wir meistens in einer Scheune oder einem anderen Gebäude, das unsere Entführer als Schutz für uns requiriert hatten. Einmal schliefen wir in einer zerbombten Kirche. Natürlich boten die meisten dieser Gebäude kaum Schutz und hielten nur den kalten Wind ab. Man versuchte nie, uns irgendwie aufzuwärmen. In der Regel blieb uns nichts anderes übrig, als eng aneinandergedrängt zu schlafen, denn die Gebäude waren kaum groß genug, um Hunderte von uns aufzunehmen. Aber diese beengte Situation bewahrte uns auch vor dem Erfrieren. Lili, Halinka und ich kuschelten uns meistens aneinander, um uns gegenseitig zu wärmen.

Ein paar der ungarischen Frauen in unseren Reihen wurden anders behandelt. Sie schliefen nicht in der Kälte und litten auch nicht so sehr am Hunger. Sie hatten ihre Seelen an die SS-Wachen verkauft, die im Gegenzug weibliche Gesellschaft erhielten. Wir nahmen es ihnen übel und konnten nicht verstehen, wie sie so etwas tun konnten. Aber rückblickend bin ich nicht so kritisch. In verzweifelten Zeiten setzt sich die Verzweiflung leicht durch und der Überlebensinstinkt gewinnt die Oberhand. Es ist vergleichbar mit den Juden, die im Judenrat dienten. Dies war eine Organisation, die von den Nazis in jeder Stadt und jedem Dorf in ganz Polen eingerichtet worden war, um ihnen beim Umgang mit den Juden zu helfen. Einige Mitglieder des Judenrats setzten sich dafür ein, den grausamen Umgang mit den Juden in ihren Gemeinden zu mildern. Aber es gab auch viele Geschichten von jenen, die ihre Position nicht nur für ihr eigenes Überleben ausnutzten, sondern die korrupt und auf finanzielle Vorteile aus waren. Die meisten von ihnen wurden jedoch auch zu Opfern und nicht ihre Gier oder ihr Selbsterhaltungswunsch, sondern ihre Kurzsichtigkeit verdient die meiste Kritik.

Viele der Mädchen verloren ihren Selbsterhaltungstrieb. Ich erinnere mich daran, wie sich einige vor Erschöpfung hinsetzten oder vor Hunger und Schwäche auf die Knie fielen. Andere hatten Frostbeulen an den Füßen oder waren so blutverschmiert, dass der Schmerz sie anhielt, obwohl sich weitergehen wollten. Wenn das passierte, war ihr Schicksal besiegelt. Ich konnte mich nicht umdrehen, wenn die Schüsse fielen, die die Stehengebliebenen töteten. Dies geschah täglich.

Manchmal versuchten Mädchen zu fliehen oder sich zu verstecken. Wenn man bemerkte, dass jemand fehlte, wurden wir alle angehalten. Die Wachen schrien uns an, damit wir ihnen sagten, wohin sie gegangen waren. Meistens antwortete niemand, weil niemand etwas wusste. Das ärgerte sie noch mehr. In solchen Fällen wählten sie manchmal willkürlich ein Mädchen aus und schlugen oder erschossen es.

Der Gedanke an eine Flucht kam Lili, Halinka und mir immer wieder. Die sowjetische Armee war dicht hinter uns. In der Ferne konnten wir Kämpfe und Bombenangriffe hören. Wir sahen Deutsche und Polen, die vor den Fronten und den Kämpfen flohen. Wir sprachen gut genug Deutsch und Polnisch, sodass wir glaubten, uns als Flüchtlinge unter die Menschen mischen zu können. Ich war jedoch weiterhin ängstlich, wieder auf der Flucht zu sein. Ich glaubte immer noch aufgrund meiner Erfahrungen, dass wir höchstwahrscheinlich entdeckt werden würden. Wir beschlossen, dass es am sichersten sei, in den Reihen zu bleiben, das zu tun, was man uns sagte, und möglichst nicht aufzufallen. Doch der Gedanke, dieser Hölle so schnell wie möglich zu entkommen, war zu verlockend. Wir suchten weiterhin bei jedem Halt nach Möglichkeiten, uns zu verstecken oder zu fliehen.

In der Nacht, die wir in Bautzen verbrachten, schliefen wir in einer großen leeren Lagerhalle. Am Morgen wurden wir aus dem Gebäude in den Innenhof gerufen. Zu unserem Erstaunen stand dort ein großer Wagen, der mit Broten gefüllt war. Wir stellten uns in mehreren Reihen auf und marschierten an dem Wagen vorbei, wo jeder von uns einen ganzen Laib bekam. Wir waren überrascht, aber überglücklich, dass sie uns so viel Brot auf einmal gaben. Unsere Freude währte jedoch nicht lange.

Als wir wieder zurück im Gebäude waren, begannen die Wachen uns zuzurufen, wir sollten in den Hof zurückkehren. Wir wurden in Fünferreihen eingeteilt und es fand ein Appell statt. Danach erschien Jäschke vor uns. Er teilte uns mit, dass einige Brote fehlten und verlangte zu wissen, wer mehr als einen Laib genommen hatte. Keiner antwortete. Er schrie weiter und drohte, uns die ganze Nacht hier draußen stehen zu lassen, falls niemand ihm sage, was mit den Broten geschehen sei. Trotzdem blieben alle Mädchen stumm. Jäschke wurde immer wütender. Die Maßnahme, mit der er seine Wut befriedigte, würde uns zutiefst schockieren und erschrecken.

Jäschke wies die Wachen an, jede zehnte Person abzuzählen. Diese Mädchen wurden aus den Reihen genommen und in einer separaten Gruppe gesammelt. Mehrere Wachen umringten sie und führten sie in einen nahegelegenen Wald. Nachdem sie verschwunden waren, wählten andere Wachen einige Mädchen aus, die ihnen folgen sollten. Eine von ihnen war meine Freundin Lili. Ich hatte große Angst um sie. Wir sahen uns in die Augen, als sie in den Wald gezerrt wurde. Keine von uns sagte etwas, aber unsere Blicke bestätigten, dass dies vielleicht das letzte Mal sein könnte, dass wir uns sehen würden.

Die Mädchen waren nun außer Sichtweite. Wir standen regungslos und schweigend an der kalten Luft. Der Schmerz, in dieser Ungewissheit warten zu müssen, machte es noch kälter. Plötzlich hörten wir Schüsse aus dem Wald. Bei jedem Knall erschauderte ich. Meine liebe Lili, dachte ich. Habe ich dich verloren? Bitte, bitte komm zurück.

Schließlich hörten die Schüsse auf. Wir warteten weiterhin in unseren Reihen. Keiner sprach. Das einzige zu vernehmende

Geräusch war das unterdrückte Schluchzen. Schließlich ließen sie uns in das Gebäude zurückkehren. Ich versuchte, mich mit der Tatsache abzufinden, dass Lili nicht mehr bei uns war. Halinka und ich saßen dicht beieinander, aber schwiegen.

Die Stunden verstrichen und schließlich brach die Nacht ein. Wir waren nun überzeugt, dass Lili tot war. Doch dann geschah ein Wunder. Wir schauten auf und sahen sie auf uns zukommen. Sie trug zwei Brote und setzte sich neben uns. Sie drittelte das Brot und gab jedem von uns einen Teil davon. Obwohl Lili traumatisiert war, fand sie einen Weg, uns zu erzählen, was vorgefallen war. Die ersten ausgewählten Mädchen waren kaltblütig erschossen worden. Die zweite Gruppe von Mädchen war mitgekommen, um die ermordeten Mädchen zu entkleiden und sie zu begraben. Für ihre Arbeit wurde Lili mit einem zusätzlichen Laib Brot belohnt. Wir aßen unser Brot langsam, aber wir waren schon so lange hungrig gewesen, dass wir das zusätzliche Stück Brot zu schnell verschlangen. Wir brachten beim Essen keine Gefühle zum Ausdruck, aber ich konnte nicht umhin zu denken, dass wir „Blutbrot" aßen.

AUF EINER BRÜCKE IN DRESDEN
FEBRUAR 1945

Das „Blutbrot" füllte unsere Mägen, aber es sättigte nicht, denn auch auf emotionaler Ebene waren wir dem Hungertod nahe. Wir drei konnten nicht über die Massenerschießung im Wald sprechen. Ich weiß nicht, wie viele Mädchen erschossen worden waren, wahrscheinlich Dutzende. Ich dachte daran, wie leicht ich eine von ihnen hätte sein können.

Schuldgefühle begannen mich zu plagen. Warum hatte ich so viele Male überlebt, während andere starben? Genauso schnell wie die Schuldgefühle kam auch der Neid. Vielleicht wäre es besser gewesen, auserwählt und in den Wald verschleppt worden zu sein, dann wäre alles auf der Stelle vorbei gewesen. Sie hatten Glück gehabt und mussten nun den Schmerz und das Elend nicht mehr ertragen. Ich überlebte und bin heute unendlich dankbar dafür, dass ich verschont geblieben bin. Aber in dem Moment, nur Stunden nach dieser brutalen und grausamen Tat, war es leicht zu glauben, dass der Tod dem schmerzhaften Weitermarschieren vorzuziehen war.

Wir würgten das Brot hinunter. Lili zitterte, als sie sich an die Gesichter der Mädchen erinnerte, die sie gezwungenermaßen entkleidet und denen sie Gräber ausgehoben hatte, um sie zu begraben. Wir aßen in gespenstischer Stille und unsere Gesichter waren emotionslos. Wir konnten nicht mehr fühlen und waren niedergeschlagen. Unsere Menschlichkeit wurde langsam aus uns herausgesaugt wie Blut, das aus einer offenen Wunde rinnt. Sie hatten uns alles genommen–unsere Lebensgrundlage, unsere Häuser und unsere Familien. Jetzt nahmen sie uns unsere Herzen und Seelen. Die Szene in Bautzen hat sich für immer in unser Gedächtnis eingebrannt. Sie würde dort für immer gefangen bleiben, wenn ich nicht nun darüber berichten würde.

Am nächsten Tag setzten wir unseren Marsch fort. Es war Mitte Februar 1945, vielleicht der 11. oder 12. Februar, aber ich bin mir nicht sicher. Ich weiß nur das ungefähre Datum, weil wir in den nächsten ein oder zwei Tagen Zeuginnen eines bedeutenden Ereignisses werden sollten. Entlang der Straße sahen wir Schilder, die die Richtung und Entfernung zur Stadt Dresden anzeigten. Jeder, der den Verlauf des Zweiten Weltkriegs kennt, weiß, dass der 13. Februar 1945 ein dunkler Tag für Dresden war.

Bautzen liegt etwa 65 Kilometer von Dresden entfernt. Das Wetter war milder und fast frühlingshaft. Für uns war das eine willkommene Abwechslung zu dem bittern Winter, den wir bisher erlebt hatten. Als wir an den Stadtrand kamen, sahen wir Rauch aus dem Stadtzentrum aufsteigen. Der Beginn der totalen Zerstörung Dresdens hatte mitten in der vergangenen Nacht begonnen. Was uns bei unserer Ankunft erwartete, würde uns alle erstaunen.

Als wir die Außenbezirke der Stadt erreichten, waren überall Rauch und Flammen zu sehen. Die Gebäude lagen in Trümmern. Verdrehter Stahl und Beton bildeten seltsame Skulpturen, die die Straßen säumten. Plötzlich ertönten aus verschiedenen Richtungen Luftangriffssirenen. Bald darauf hörten wir das Brummen Hunderter Flugzeuge. Als wir in die Stadt liefen, wurde der Lärm immer lauter und steigerte sich zu einem ohrenbetäubenden Dröhnen. Der Himmel war vollständig bedeckt, sodass wir konnten die Flugzeuge nicht sehen, doch ihr Lärm war unerträglich. Dann hörten wir das Pfeifen von Bomben, die auf den Boden stürzten. Ringsum schallten Explosionen. Die Erde bebte heftig und in all dem Chaos mussten wir weitermarschieren.

Die Flammen schlugen nun in den Himmel über der Stadt. Die Gebäude stürzten vor unseren Augen ein. Es war ein unheimlicher Anblick, denn die Straßen waren völlig leer, da alle Bewohner Schutz suchten. Wir marschierten durch die leeren Straßen ins Zentrum der Stadt. Dann kamen wir zu einer der Hauptbrücken über die Elbe. Die SS-Wachen zwangen uns, auf die Brücke zu marschieren. Sie suchten anschließend selbst am Flussufer Schutz und warteten. Sie wussten, dass die Brücken der Stadt ein Hauptziel sein würden und ließen uns dort in der Hoffnung zurück, dass die Bomben ihr mörderisches Vorhaben für sie erledigen würden.

Vielleicht dachten sie auch, selbst wenn die Bomben uns nicht töten, würden sie uns zumindest zu Tode erschrecken. Aber ganz im Gegenteil, spontan begann jedes Mädchen zu jubeln. Die Jubelschreie überraschten mich. Aber ich fühlte dasselbe und konnte es nicht unterdrücken. Ich war vielmehr überrascht, dass so viele meiner Kameradinnen dasselbe empfanden. Eine solche Freude war ironisch und irrational. Warum fühlten wir sie?

Überraschenderweise war es keine Schadenfreude. Obwohl es berechtigt gewesen wäre, die Zerstörung einer stolzen deutschen Stadt des Dritten Reiches zu beobachten und zu denken, jetzt würden sie endlich ein kleines bisschen von dem Schrecken erfahren, den wir erlebt hatten. Den meisten von uns kam dies aber nicht in den Sinn. Unser Jubel wurde von dem Gedanken ausgelöst, dass unsere Tortur bald vorbei sein könnte. Wir dachten nicht, dass unserer Entführer sterben würden. Sondern unsere Freude rührte daher, dass wir hofften, die Bomben würden uns treffen und uns von unserem Elend befreien. Ein schneller Tod war uns lieber als die schrecklichen Qualen dieses Marsches.

Es schien, dass wir stundenlang auf der Brücke standen, aber vielleicht waren es nur ein paar Minuten. Die Bomben regneten mit zunehmender Intensität auf uns herab. Die Brücke bebte ständig, während wir regungslos dastanden. Nach einer Weile ließ das Dröhnen der Flugzeuge nach und die Bombardierung hörte auf. Die SS-Wachen kehrten von ihrem Rückzugsort zurück und setzten uns wieder in Bewegung.

Warum ließen sie uns nicht einfach dort im zerstörerischen Feuer und im Chaos zurück, um zu sterben? Ich weiß es nicht. Tatsächlich ergab dieser ganze Marsch taktisch für sie keinen Sinn. Es war riskanter für sie, bei uns zu bleiben und weiter vorzudringen. Heute bin davon überzeugt, dass sie keinen Plan hatten. Vielleicht hatten sie zu Beginn ein Ziel vor Augen gehabt, aber schließlich schlängelte sich unsere Route nur noch ohne Sinn und Verstand dahin.

Wenn ich mich jetzt so viele Jahre später daran zurückerinnere, habe ich eine Theorie. Ich glaube, dass wir für diese Soldaten lediglich ein Vorwand waren, um vor den Kämpfen zu fliehen. Sie hatten den Befehl erhalten, uns aus den Lagern wegzubringen, um ihre Gräueltaten zu vertuschen. Wenn sie diesen Befehl nicht mehr befolgten, müssten sie direkt an die Kriegsfront zurückzukehren. Wir waren ihr Ausweichmanöver. Unwissentlich waren sie jedoch mitten in den Kampf hineingelaufen.

Ich bin mir ziemlich sicher, dass sie an diesem Tag in Dresden beabsichtigten, dass wir auf der Brücke getötet werden. Als das nicht geschah, beschlossen sie, uns weiter marschieren zu lassen. Möglicherweise kamen sie zu dem Schluss, dass die amerikanischen und britischen Flugzeuge wussten, dass diejenigen, die auf der Brücke standen, nicht der Feind waren und deshalb dieses Ziel mieden. Sobald die Bombardierung unterbrochen wurde, sahen sie ihre Chance, die Stadt zu verlassen und sich selbst in Sicherheit zu bringen.

Wir setzten unsere Reise in Richtung des südlichen Randes von Dresden fort. Die Trümmer auf den Straßen machten jeden Schritt zu einem Hindernislauf. Der Rauch war so dicht, dass es uns schwerfiel zu atmen. Die SS drängte uns weiter und versuchte, unser Tempo zu erhöhen. Nur wenige Minuten, nachdem wir alle die Brücke überquert hatten, ertönten erneut die Sirenen und wieder dröhnten Flugzeuge über uns. Weitere Bomben fielen und die Explosionen erschütterten unsere Ohren.

Mehrere Bomben schlugen dicht hinter uns ein. Die Einschläge zwangen uns fast in die Knie. Als wir zurückblickten, sahen wir, dass die Brücke, die wir soeben überquert hatten, verschwunden war. Noch ein paar Minuten länger und das Schicksal, auf das sowohl die Wachen als auch wir gehofft hatten, wäre eingetreten.

DIE HÖLLE VON HELMBRECHTS
FEBRUAR 1945

Die Bombardierung und der Feuersturm auf Dresden waren eine emotionale Achterbahnfahrt. Wir hatten gejubelt, als wir die Bomben fallen sahen, weil wir dachten, dass wir bald von unserem Elend erlöst werden würden. Wir hatten gehofft, dass der Luftangriff auch für unsere Entführer tödlich enden würde. Beide Hoffnungen hatten sich nicht erfüllt. Die SS-Wachen waren immer noch bei uns und führten uns aus der Stadt, ohne dass auch nur irgendjemand gestorben wäre.

Von Dresden aus liefen wir in Richtung Südwesten weiter. Wir wurden immer schwächer und erschöpfter. Krankheiten und Epidemien breiteten sich rasch aus. Wir waren von Läusen befallen, Typhus und Dysenterie grassierten. Viele der Frauen konnten kaum noch gehen. Aus Angst, erschossen zu werden, wenn sie nicht weitergingen, kämpften sie sich vorwärts. Viele Mädchen legten ihre Arme um diejenigen, die zu kämpfen hatten, und zogen sie mit sich. Einige von denen, die nicht stehen konnten, wurden von ihren Freundinnen über den Boden geschleift. Hätten sie sie zurückgelassen, dann wären sie erschossen worden oder auf der Straße gestorben.

Dennoch verlangsamte sich unser Tempo nicht. Sie trieben uns unerbittlich weiter voran. In den ersten drei Wochen des Marsches legten wir von Grünberg bis nach Dresden eine Strecke von etwa 200 Kilometern zurück. In den kommenden drei Wochen würden wir die gleiche Distanz nochmal laufen. Meine Erinnerung an diese Wochen ist sehr trübe, denn jeder Tag ähnelte dem vorherigen. Die Tage verschwammen miteinander und wir marschierten durch ein sächsisches Dorf nach dem anderen, wobei jedes genauso wie das vorherige zu sein schien.

Ich kann mich unmöglich noch an die Namen dieser kleineren Städte erinnern, aber ich habe noch lebhafte Szenen von einigen Orten im Kopf, in denen wir Halt machten. Seltsamerweise kann ich mich aber nicht an die Straßenschilder, Gebäude oder Wahrzeichen erinnern. Ich erinnere mich vor allem an manche Orte wegen des Essens, das wir am Ende des Tages bekamen. Die Tage blieben mir insbesondere durch den Geschmack der Suppe, die Menge an Brot, die wir erhielten beziehungsweise basierend darauf, ob wir überhaupt etwas zu Essen erhielten, in Erinnerung.

Während dieses Abschnitts wurde es wieder kälter und es schneite mehr. Wieder einmal verschwor die Natur sich mit unseren grausamen Entführern gegen uns. Ich hatte Glück, Schuhe zu haben. Ich habe das Bild der geschwärzten, erfrorenen Zehen einiger anderer Frauen noch immer vor Augen. Ich erinnere mich daran, dass mehrmals Mädchen aus der Reihe traten, um mit etwas Schnee ihren Durst zu löschen. Die unmittelbare Reaktion der Wachen war, sie zu schlagen und zu prügeln, während sie sie zurück in die Reihe trieben. Jeden Tag starben Mädchen und unsere Zahl dezimierte sich schnell.

Irgendwann Anfang März erreichten wir die Stadt Oelsnitz. Ich erinnere mich an diese Stadt nicht wegen des Essens, sondern weil dort eine große Gruppe von Mädchen, die sehr krank waren, auf einem Lastwagen weggebracht wurde. Wohin sie gebracht wurden, weiß ich nicht. Ich bin aber sicher, dass man sie nicht in ein

Krankenhaus fuhr. Wir sahen sie nie wieder und ich weiß nicht, ob einige von ihnen überlebten.

Nach einem Tag in Oelsnitz setzten wir uns wieder in Bewegung. Unser nächster Halt sollte das absolut schlimmste Erlebnis des Marsches werden und es würde unerträglich lange andauern. Ein paar Tage später erreichten wir die Stadt Helmbrechts. Sie brachten uns zu einer Rüstungsfabrik außerhalb der Stadt, die Teil eines Konzentrationslagers mit Zwangsarbeiterinnen war. Die Arbeiterinnen dort waren hauptsächlich Slawinnen aus Osteuropa. Es gab auch ein paar politische Gefangene, einige Franzosen und sogar einige Deutsche.

Als wir ankamen, stellten wir erleichtert fest, dass es sich zwar um ein Konzentrationslager handelte, es aber keinerlei Hinweise auf Öfen oder Gaskammern gab. Unsere Erleichterung würde jedoch nicht lange anhalten, denn bald sollten wir unseren neuen Kommandanten kennenlernen. Wir waren zwar froh, Jäschke von nun an los zu sein, aber unser neuer Oberbefehlshaber Alois Dörr war genauso grausam. Er fand Mittel und Wege, uns für die kleinsten „Vergehen" zu foltern.

Unmittelbar nach unserer Ankunft mussten wir uns ganz nackt ausziehen. Sie nahmen uns unsere Kleidung und alle unsere Besitztümer bis auf unsere Schuhe ab. Vor langer Zeit hatte ich leider die Schachtel mit den Fotos verloren, die ich in unserem Haus in Częstochowa gefunden hatte. Aber es war mir gelungen, ein kleines Bild von meiner Mutter und mir aufzubewahren. Ich faltete es zweimal und steckte es in die Spitze meines Schuhs. Ich habe es heute noch und es ist das einzige Bild von meiner Familie, das diese Zeit überstand. Ich wusste mittlerweile, dass diese grausamen Wesen nicht wollten, dass wir Fotos von unseren Liebsten hatten.

Einem der anderen Mädchen gelang es, mehrere Fotos zu behalten, als sie uns alles abnahmen. Ein paar Tage später schlich sie sich hinter die Baracken, um sich die Fotos anzusehen. Ein nichtjüdischer Häftling erwischte sie dabei. Die Wachen wurden benachrichtigt und kamen schnell. Sie rasierten ihr den Kopf und zwangen sie, 24 Stunden lang in der Kälte zu stehen. Alle paar Stunden übergossen sie sie mit Wasser, um die Kälte noch unerträglicher zu machen. Wie konnten Menschen sich nur in solch grausame Tiere verwandeln? Sie hatte kein Geld oder Gold, keinen Schmuck oder etwas zu Essen und schon gar nicht eine Waffe versteckt gehalten. Sie wollte nur diese wertvollen Bilder ihrer Familie aufbewahren!

Irgendwie überlebte die Frau diese Strafe und auch den restlichen Marsch. Sie wanderte nach Amerika aus. Obwohl ich wusste, welche Strafe das Aufbewahren des Fotos nach sich ziehen könnte, war ich entschlossen, es nicht herzugeben. Ich riskierte es und wurde glücklicherweise nie damit erwischt.

Als wir in diesem neuen Lager ankamen, standen wir nackt in der Kälte und fragten uns, ob wir jemals unsere Kleider wieder bekommen würden. Zunächst wussten wir nicht, warum man sie uns weggenommen hatte. Sie ließen uns stundenlang so dort stehen. Wollten sie uns erfrieren lassen? Später am Tag brachten sie uns andere Kleidung, nicht unsere eigene, sondern übrig gebliebene Kleidungsstücke. Wir erfuhren, dass sie unsere Sachen zum Auskochen und Ausräuchern gebracht hatten, um sie von Läusen und anderen Krankheitserregern zu befreien. Aber sie gaben sie uns nicht zurück. Stattdessen brachten sie uns schlecht sitzende Sachen, die von wer weiß woher stammten. Diese Kleidung muss auch gekocht worden sein, um sie zu desinfizieren, denn als wir sie bekamen, war sie noch nass. Wir mussten bei diesem eisigen Wetter feuchte Kleider anziehen.

Wir wurden in zwei Gruppen aufgeteilt und in verschiedenen Baracken untergebracht. Einige der Frauen, die krank geworden waren, wurden in ein Krankenzimmer geschickt. Wir erfuhren, dass sie in keiner Weise medizinisch versorgt wurden–keine Medikamente, keine Versorgung ihrer Wunden und kein zusätzliches Essen. Sie wurden nur von uns anderen getrennt, um zu verhindern, dass sich ihre Krankheiten ausbreiten.

Die uns zugewiesene Baracke hatte keine Etagenbetten und keinen richtigen Fußboden, denn er bestand bloß aus Erde und war mit einem Minimum an Stroh bedeckt. Die Baracken hatten keine Heizung und keine Toiletten oder andere Anlagen. Nachts waren die Türen der Baracken fest verriegelt, sodass wir nicht hinausgelangen konnten. An der Tür des Gebäudes standen zwei Eimer, in denen wir uns erleichtern konnten. Nur zwei Eimer für mehrere hundert Frauen. Es ist nicht schwer, sich den Dreck und den Gestank vorzustellen, der sich daraus ergab. Viele der Mädchen hatten sich außerdem Dysenterie zugezogen, was das Problem noch verschlimmerte. Darüber hinaus kamen die Wachen am Morgen, sahen das Chaos, das die Exkremente verursacht hatten und begannen, uns aus Wut zu schlagen und auszuschimpfen.

Das Essen in Helmbrechts war das schlechteste, das wir in einem Lager je hatten. An manchen Tagen bekamen wir überhaupt nichts zu essen. Wenn wir etwas bekamen, waren es nur magere Rationen. Oft gab es etwas Suppe, aber die schmeckte wie schmutziges Spülwasser. Tatsächlich würde es mich nicht wundern, wenn sie damit zubereitet worden wäre. Wenn wir Glück hatten, schwammen ein paar Kohlblätter darin. Wir bekamen nicht jeden Tag Brot und wenn sie uns Brot gaben, dann war es ein so kleines Stück, dass es unseren Hunger nicht lindern konnte.

Jeden Tag mussten wir zu drei verschiedenen Zeiten zum Appell antreten. Sie zogen die Appelle so sehr wie nur möglich in die Länge, um uns noch mehr zu quälen. Manchmal dauerten sie über zwei Stunden. Wir mussten bei jedem Wetter absolut stillstehen und schweigen. Diese Appelle fanden zu unregelmäßigen Zeiten statt und nie gleichzeitig mit denen der nicht-jüdischen Gefangenen. Das einzig Gute an unserem Aufenthalt hier war, dass wir nicht zur Arbeit gezwungen wurden.

Wir waren froh, dass wir nicht arbeiten mussten, aber das Warten in dieser Ungewissheit war fast genauso schmerzhaft, zumindest auf geistiger und emotionaler Ebene. Wir wussten nie, wann der nächste Versuch, uns weiter zu entmenschlichen kommen würde. Mehr als einmal ließen sie uns in den Baracken stehen, während sie eiskaltes Wasser von den Dachsparren auf uns gossen.

Jeden Morgen wurden Frauen gefunden, die im Schlaf gestorben waren. Und jeden Morgen rollten quietschende Schubkarren herein, um sie abzutransportieren. An manchen Tagen waren es viele, an anderen nur ein paar wenige, aber jeden Tag verloren wir mehr Mädchen.

Das Lager war von einem hohen Zaun umgeben, der mit scharfem Stacheldraht besetzt waren. Ein Elektrozaun verlief parallel dazu direkt innerhalb der Hauptzäune. Es kam mir damals ironisch vor, dass die einzigen Gefangenen hier schwache, kranke und erschöpfte Frauen waren, und dennoch schienen sie zu glauben, dass sie eine Festung brauchten, die für die stärksten Männer geeignet war.

Wir würden fast fünf Wochen lang hierbleiben. Alle Überlebenden, die ich kannte, sagten, dass dies der schlimmste Teil unseres Leidensweges war–eine beschrieb es als „fünfwöchige Hölle". Tag für Tag wurden wir gedemütigt und entmenschlicht. Wir warteten auf den Tod und bettelten um ihn. Vielen von uns wurde dieser Wunsch erfüllt.

Eines Tages, nachdem wir mehrere Wochen dort gewesen waren, hörten wir in der Ferne Flugzeuge. Wir stürzten alle nach draußen, um sie zu sehen. Ihr Brummen wurde immer lauter und bald waren sie direkt über uns. Es waren amerikanische Flugzeuge! Genau wie in Dresden jubelten wir und warteten darauf, dass ihre Bomben fallen würden. Wir dachten: Bitte zerstört diesen bösen Ort! Legt ihn in Schutt und Asche und löscht uns mit ihm aus! Aber es fielen keine Bomben und die Flugzeuge waren schnell außer Sichtweite. Wir waren enttäuscht, dass unser Elend noch nicht zu Ende war, aber wir wussten, dass die Alliierten immer näherkamen und dass dieser Horror bald ein Ende nehmen würde.

Einige Tage später kehrte eine weitere Schwadron alliierter Flugzeuge zurück. Wieder stürzten wir nach draußen, um sie anzufeuern. Zu unserem Erstaunen sahen wir, wie sie etwas abwarfen, als sie über uns hinwegflogen, aber es waren eindeutig keine Bomben. Über uns schwebten Abertausende von Flugblättern. Sie schwebten herab wie Vögel, die im Wind treiben. Wir warteten darauf, dass sie uns erreichen würden, aber die Wachen drängten uns schnell in die Baracken zurück und verriegelten die Tür, bevor die Flugblätter herabgesegelt waren. Ich glaube, ein paar Mädchen fanden schließlich einige Flugblätter. Aber sie konnten das Englisch, in dem sie geschrieben waren, nicht verstehen. Wir wussten nicht, was sie uns mit dieser Nachricht mitteilen wollten. Aber wir freuten uns, dass die Flugblätter unsere Entführer in Panik versetzten. In ein paar Tagen würden wir wieder aufbrechen und diese Hölle verlassen. Aber was würde uns auf der anderen Seite erwarten?

ZURÜCK AUF DEM MARSCH – NEUHAUSEN

FEBRUAR 1945

Wir wussten, dass die amerikanischen Streitkräfte sehr nahe waren und unsere Entführer wussten das natürlich auch. Schließlich kam der Tag, an dem wir das Lager verlassen mussten, aber dieses Mal waren es nicht nur wir, sondern das gesamte Lager wurde evakuiert. Die alliierten Soldaten würden das Lager bald überrennen.

Die Wachen brachten uns unsere Kleidung zurück, die sie uns bei unserer Ankunft abgenommen hatten. Das kam mir seltsam vor. Warum hatten sie sie uns so lange vorenthalten? Wahrscheinlich, um uns noch mehr zu demütigen. Die Kleider, die wir in den letzten fünf Wochen getragen hatten, passten nicht und sahen lächerlich an uns aus. Manche meinten, es sei ein Zeichen dafür, dass sie fürchteten, was unser Anblick in dieser seltsamen Kleidung den Amerikanern signalisieren würde, falls sie uns einholen sollten. Ich weiß es selber nicht, aber es war gut, meine eigene Kleidung wieder zu haben, auch wenn sie zerlumpt und ausgetragen war. Und die Sachen waren sogar wieder sauber.

Wir stellten uns im Hof auf und es wurde ein Appell abgehalten. Mir fiel auf, wie viel schneller dieser vonstattenging als die am Anfang des Marsches. Ich wusste nicht genau, wie viele von uns noch übrig waren, aber es waren nur noch ein paar Hundert–von ursprünglich 1.000.

Als der Appell beendet war, kam der Kommandant Dörr heraus, um uns etwas mitzuteilen. Er sagte, der größte Feind Hitlers sei tot, denn der Präsident der Vereinigten Staaten, Franklin D. Roosevelt sei gestorben. Er betonte, dass dies über das Schicksal aller Feinde des Führers entscheiden würde. Ich bin sicher, dass er uns zu dieser Gruppe dazu zählte. Das Personal des Lagers schloss sich bald unseren Reihen an. Die Tore des Lagers wurden geöffnet und wir marschierten im Regen, angeführt vom Kommandanten durch sie hindurch.

Lili, Halinka und ich versuchten, uns gegenseitig zu trösten. Wir waren kaum mehr als eine Stunde vom Lager entfernt, als wir hinter uns einen Schuss vernahmen. Eines der Mädchen konnte nicht mehr weiterlaufen und wurde, nachdem sie zu Boden gefallen war, von einer Wache erschossen. Ihre Leiche blieb auf der Straße liegen und wir marschierten weiter. „Bleibt stark und gebt nicht auf", sagte ich zu meinen beiden Freundinnen. „Wir können überleben, jetzt, wo die Amerikaner so nah sind."

Kurze Zeit später fielen zwei weitere Mädchen zurück. Ein SS-Wachmann schrie sie an, und als sie nicht reagierten, brachte er sie in einen nahegelegenen Wald. Kurz darauf hörten wir zwei Schüsse. Etwas weiter die Straße hinunter wurden zwei weitere Häftlinge erschossen, die zusammengebrochen waren. Lili, Halinka und ich beschlossen, uns gegenseitig dabei zu helfen, durchzuhalten. Doch Halinkas Zustand verschlechterte sich schnell und sie kämpfte mehr als Lili und ich. Ich war beunruhigt, da sie nichts mehr sagte.

Die Logik, mit der diese Mörder bestimmten, wer leben und wer sterben würde, war unberechenbar. Natürlich kann man von Verrückten keine Logik erwarten. Als wir Helmbrechts verließen, hatte sich die Zahl der kranken Mädchen in der dortigen „Krankenstation" deutlich verringert, da viele von ihnen gestorben waren. Wir nahmen an, dass man die verbliebenen Kranken bei unserem Aufbruch im Lager sterben lassen würde. Doch anstatt sie zurückzulassen, sodass sie von den amerikanischen Streitkräften entdeckt werden konnten, oder sie mitzunehmen und so den Marsch zu verlangsamen, veranlasste der Kommandant, sie mit einem Laster in eine nahegelegene Stadt zu bringen. Gleichzeitig sorgte er dafür, dass wir von einem Traktor gezogenen Wagen begleitet wurden, der diejenigen, die zu krank oder zu schwach waren, um weiterzulaufen, mitnehmen sollte. Trotz dieser Vorkehrungen wurden die Frauen, die nicht mehr mithalten konnten, von den Wachen oft regelrecht hingerichtet. Das ergab für uns keinen Sinn.

Das Wetter wurde an diesem Tag des Aufbruchs aus Helmbrechts immer schlechter. In der Nacht erreichten wir die Stadt Schwarzenbach. Wir wurden an den Stadtrand in einen eingezäunten Hof gebracht. Die kranken Häftlinge, die mit dem Laster aus Helmbrechts abtransportiert worden waren, befanden sich bereits dort.

Wir ließen uns für die Nacht auf dem freien Feld nieder. Sie machten keine Anstalten, uns einen Unterschlupf zu finden. Sie gaben uns auch nichts zu essen, nicht einmal den kranken Mädchen. Wir hatten großen Hunger und waren völlig erschöpft. Die Nacht wurde von Minute zu Minute kälter.

Einige Stunden nach unserer Ankunft begannen die Wachen, die kranken Frauen zusammenzutreiben, um sie abzutransportieren. Was würde nun mit ihnen geschehen? Wir rechneten fest damit, dass sie erschossen werden würden. Ich weiß nicht genau, wie viele es waren, aber ich schätze, es waren einige Dutzend. Wir sahen entsetzt dabei zu, wie die Frauen abgeführt wurden, diejenigen, die zu schwach waren, um zu gehen, wurden geschleift. Zu unserer Erleichterung erfuhren wir später, dass der Bürgermeister der Stadt dafür gesorgt hatte, dass sie in einem nahegelegenen Gebäude schlafen konnten, wo sie nicht den Elementen ausgesetzt waren.

Als wir am nächsten Morgen erwachten, fanden wir viele leblose Körper auf dem Boden. Die Kombination aus dem Regen am Vortag, dem Mangel an Nahrung und der eisigen Nachtluft machte diese Nacht zu einer der tödlichsten auf dem Marsch.

Wir setzten unseren Marsch erneut ohne Verpflegung fort. Von Helmbrechts aus waren wir erst in Richtung Südwesten marschiert, aber jetzt bewegten wir uns direkt nach Osten auf die Tschechoslowakei zu. Wir konnten sehr deutlich sehen, dass wir auf dem Weg in die Berge waren. Das Gelände würde bald steil und unwegsam werden und die Kälte würde zunehmen.

Am Abend erreichten wir die Stadt Neuhausen. Unterwegs wurden weitere Frauen, die zusammengebrochen waren oder nicht mehr mithalten konnten, sinnlos erschossen. Welcher Wahnsinn hatte diese Mörder ergriffen? Hätten sie nicht in den Wagen gepasst? Wieder einmal mussten wir im Freien schlafen und hatten seit unserem Aufbruch aus Helmbrechts nichts mehr zu essen bekommen. Wenn das so weiterginge, wären wir zweifelsohne bald alle tot.

Nach dem Krieg erfuhren wir, dass Dörr während unseres Aufenthalts in Neuhausen von seinen Vorgesetzten in der SS den Befehl erhalten hatte, die Brutalitäten uns gegenüber einzustellen. Der Befehl warnte ihn, dass die Amerikaner dicht hinter uns waren und uns bald einholen würden. Ihm wurde mitgeteilt, dass Verhandlungen über einen Waffenstillstand stattfänden und dass er sich darauf vorbereiten solle, uns alle freizulassen und den Amerikanern zu erlauben, uns in Gewahrsam zu nehmen. Außerdem wurde ihm befohlen, alle Unterlagen über sein Konzentrationslager zu vernichten.

Dörr ignorierte den Befehl.

AUF IN DIE TSCHECHOSLOWAKEI OHNE ESSEN
MÄRZ 1945

Der Wahnsinn dieses Marsches ist nicht leicht in Worte zu fassen. Allein schon seine abscheuliche Natur und die Hunderte von Morden entlang der Strecke reichen aus, um ihn als Wahnsinn und Psychopathie zu verurteilen. Es schien keinen rationalen Grund dafür zu geben, weder militärisch noch politisch. Warum sollten uns diese ausgebildeten SS-Soldaten zu einem Marsch zwingen, bei dem sie sich auch selbst in Gefahr bringen würden? Warum weigerte sich Dörr, den Befehl zur Beendigung des Marsches zu befolgen? Als uns klar wurde, wie nahe die Amerikaner waren und wie schlecht der Krieg für die Deutschen lief, erschien meine Theorie immer plausibler. Der Marsch war ihr Plan, um dem Einsatz an der Front zu entgehen, der von Stunde zu Stunde näher rückte.

Sie zögerten nicht, uns zu töten. Warum brachten sie uns nicht einfach alle um und setzten der Sache so ein Ende? Das wäre für sie die einfachste und unproblematischste Lösung gewesen. Obwohl sie sich selbst gut ernährten und warmhielten, war es auch für sie kein leichter Marsch. An den meisten Tagen war es kalt und nass. Das Gelände war größtenteils bergig. Da sie weniger befahrene Routen wählten, um den Kontakt mit Menschen in besiedelten Gebieten zu vermeiden, waren die Straßen uneben und in schlechtem Zustand. Was hätten sie nach dem Ende dieser Aufgabe noch zu tun gehabt? Die Deutschen rekrutierten bereits Kinder, die an der Front zu den Waffen greifen sollten. Wenn der Marsch beendet worden wäre, wären diese Soldaten zweifellos zum Kampf eingesetzt worden.

Nicht allen Wachen gefielen ihre Chancen auf dem Marsch. Hier in Neuhausen hatten einige der SS-Wachleute die Nase voll. Nachdem Dörr den Befehl zum Abbruch des Marsches missachtet hatte, musste er Neuhausen so schnell wie möglich verlassen. Da die Alliierten sehr nahe waren, gab er den Befehl, den Marsch noch am Abend im Schutze der Dunkelheit fortzusetzen. Als wir uns darauf vorbereiteten, weiterzumarschieren, brach das Chaos aus. Eine Gruppe von SS-Aufseherinnen nutzte den Moment aus und schlich sich in die Nacht davon. Auch einige Häftlinge nutzten die Verwirrung und liefen in den nahegelegenen Wald. Aus Zeugenaussagen nach dem Krieg geht hervor, dass etwa 50 jüdische Häftlinge einen Fluchtversuch unternahmen und nur sieben von ihnen wieder gefasst wurden.

Der Rest von uns, der zu krank und zu schwach war, um zu fliehen, oder einfach zu viel Angst hatte, marschierte weiter in die kalte, dunkle Nacht hinein. Ich weiß nicht, wie wir diese Nacht überstanden. Wir stolperten blindlings, geschwächt und ausgehungert über die Straße. Wir hatten schon seit mehreren Tagen nichts mehr zu essen bekommen. In der Nacht zuvor hatten wir nicht geschlafen. Schließlich wurde es hell und wir kamen in dem kleinen Dorf Neuenbrand an. Von dort aus humpelten wir weiter bis zur Stadt Haslau. Hier ließen sie uns einige Stunden auf einem Bauernhof ausruhen. Aber sie gaben uns immer noch nichts zu essen.

Der Bauer, dem das Land gehörte, bat die SS-Wachen, einige der schwächsten Häftlinge in eine nahegelegene Fabrik bringen zu dürfen. Ob sie dort behandelt und versorgt wurden, erfuhr ich nie. Vielleicht waren die Wachen froh, sie los zu sein, weil sie das

Vorankommen des Marsches behinderten, und vielleicht wurden sie einfach zum Sterben dort zurückgelassen. Zumindest nahm ihre höllische Reise hier ein Ende und ich beneidete sie darum.

Nach der kurzen Rast marschierten wir weiter. Wir kamen durch ein paar kleine Dörfer und erreichten schließlich einen Bauernhof in der Stadt Höflas. Wir verbrachten die Nacht in den Scheunen und Schuppen des Hofes. Das war die erste Nacht seit langem, in der wir einen Unterschlupf hatten. In den Gebäuden befand sich Futter für die Nutztiere des Hofes. Einige der Frauen waren so hungrig, dass sie das Futter aßen. Selbst mit meinem großen Hunger konnte ich mich nicht dazu durchringen, etwas davon zu essen. Die meisten von ihnen wurden danach sehr krank. Später am Abend brachte uns der Bauer zusammen mit einigen seiner Nachbarn gekochte Kartoffeln. Das war das erste Essen, das wir seit mehreren Tagen sahen.

Am nächsten Morgen machten wir uns weiter auf den Weg nach Bukwa. Unterwegs versuchte eine der Frauen zu fliehen, als wir an einen Bach in einem kleinen Tal kamen. Sie dachte, sie könne den Bach überqueren und in den nahegelegenen Wald gelangen. Sie schaffte es zwar auf die andere Seite des Baches, aber dann schoss eine der SS-Wachen dreimal auf sie. Dies war der erste Mord an einer Gefangenen, seit Dörr den Befehl erhalten hatte, das Erschießen der Gefangenen einzustellen. Es sollte nicht der letzte sein.

Im Laufe des Tages erreichten wir Bukwa und schlugen dort unser Lager auf einer Wiese auf. Wie bereits erwähnt, erinnere ich mich an die meisten Orte anhand des Essens, das wir bekamen (oder nicht bekamen). Selbst wenn es schlecht war, was die meiste Zeit zutraf, verschaffte es uns Erleichterung von den stechenden Schmerzen des Hungers. Hier in Bukwa taten unsere Entführer etwas äußerst Ungewöhnliches, sie befahlen dem örtlichen Bäcker, uns etwas Brot zu geben. Sie brachten uns viele Brote, die wir verschlangen, bevor wir uns für die Nacht hinlegten.

Am nächsten Morgen marschierten wir weiter in Richtung der Stadt Zwodau. Als wir dort ankamen, brachten sie uns in ein Konzentrationslager. Zu unserer Überraschung befanden sich hier einige Frauen, die in Grünberg zurückgelassen worden waren, weil sie zu krank waren, um zu marschieren. Eine andere Gruppe von Frauen, die in Rehau schwer erkrankt war, war ebenfalls hierhergeschickt worden. Sie wurden nicht medizinisch versorgt. Unsere Entführer hielten sie nur hier fest, bis sie starben. Als wir von hier wieder aufbrachen, schlossen sich diese Frauen uns auf dem Marsch an.

Nach dem Krieg wurde im Prozess gegen Dörr bekannt, dass er beabsichtigte, uns alle von Zwodau nach Dachau zu bringen. Er änderte seine Meinung, als er erfuhr, dass die Amerikaner Dachau bereits eingenommen hatten und nahm Österreich ins Visier. Er glaubte, dass dort eine Bergfestung gebaut wurde für Soldaten und Nazi-Sympathisanten, die sich zurückziehen und dem Ansturm der Alliierten entgehen wollten. Als wir Zwodau schließlich verließen, schlugen wir diese Richtung ein. Doch von nun an würde Dörr bei der Festlegung der Marschrichtung immer unberechenbarer und impulsiver werden. Für uns, die wir zum Weitergehen verurteilt waren, war dies Fluch und Segen zugleich.

Am Tag nach unserer Ankunft in Zwodau zwangen sie uns nicht, sofort weiterzumarschieren. Dies war zwar eine dringend benötigte Ruhepause, aber kaum mehr als das, denn sie gaben uns immer noch nichts zu essen. Viele Mädchen würden hier sterben, bevor wir wieder aufbrachen. Am nächsten Tag marschierten wir nach Süden weiter Richtung Österreich. Dörr wollte die Westfront, an der die Amerikaner auf dem Vormarsch waren, unbedingt vermeiden. Er wollte auch größere Städte umgehen, in denen er auf Widerstand stoßen könnte. Um nach Österreich zu gelangen, würden wir durch die Tschechoslowakei marschieren müssen. Dörr war zu Recht besorgt, dass die Tschechen in diesem Stadium des Krieges nicht sehr entgegenkommend sein könnten. Unser Weg entlang der Grenze zwischen der Tschechoslowakei und Deutschland wurde deshalb verworren und kurvenreich.

Wir marschierten an diesem Tag von Zwodau über Falkenau nach Lauterbach. In Lauterbach hatte der Bürgermeister für einige deutsche Soldaten, die sich auf dem Rückzug befanden, ein Nachtlager vorbereitet. Als wir ankamen, teilte der Bürgermeister Dörr mit, dass die Soldaten nicht aufgetaucht seien und dass er den Platz für die Gefangenen und die Wachen nutzen könne. Dörr war erfreut, aber nicht, weil er einen bequemen Schlafplatz für uns Gefangene wollte. Stattdessen nutzte er die Halle, die mit Strohbetten gefüllt worden war, als Unterkunft für seine Wachen und sein anderes Personal. Wir wurden für die Nacht auf einen Sportplatz in der Nähe geschickt. Wieder einmal schliefen wir unter freiem Himmel und bekamen nichts zu essen. Zu allem Übel wurde es nachts auch noch sehr kalt und begann zu regnen. Wir kauerten die ganze Nacht zusammen und versuchten uns unter diesen extremen Bedingungen gegenseitig warm zu halten. Die ganze Nacht hindurch hörten wir Stöhnen und Ächzen. Am Morgen waren wieder ein Dutzend Frauen tot.

Am nächsten Tag marschierten wir noch viel weiter. Die Tatsache, dass nach diesen vergangenen schweren Tagen noch einige von uns am Leben waren, erstaunt mich. An diesem Tag marschierten wir durch mehrere Städte, an deren Namen ich mich nicht mehr erinnern kann und die ich wahrscheinlich auch nie kannte. In jeder Stadt starben mehr von uns. Nach dem Krieg traten Zeugen hervor und erzählten von den Mädchen, die in ihren Städten gestorben waren. Manchmal konnten irgendwie ihre Namen ermittelt werden, aber in den meisten Fällen blieb ihre Identität unbekannt. Unsere Entführer ließen die Leichen oft einfach auf der Straße liegen und machten sich nicht die Mühe, sie zu begraben. Viele der Einheimischen in diesen Städten bestatteten die Frauen ordnungsgemäß, nachdem Dörr und seine Handlanger verschwunden waren.

Am Nachmittag kamen wir in der Stadt Sangerberg an und die Einheimischen kamen heraus, um das böse Schauspiel anzusehen. Einige der Frauen, die auf dem Wagen transportiert wurden, winkten die Einwohner zu sich und baten sie, ihnen etwas zu essen zu bringen. Mehrere von ihnen kamen diesen Bitten nach und brachten ihnen Brot. Doch die Wächterinnen scheuchten die Einwohner davon. Ein anderer Wachmann schlug mit seinem Gewehrkolben auf einige der Frauen ein, die den Schrei nach Essen ausgestoßen hatten. Noch ein anderer drohte, sie zu erschießen. Eine der Wächterinnen nahm das Brot und warf es einigen Hühnern zu, anstatt es uns zu geben. Ich kann nicht verstehen, wie diese Wachen so grausam werden konnten. Was ging in ihren Köpfen vor, dass sie so kaltblütig wurden?

An diesem Tag marschierten wir noch weiter. Wir verließen Sangerberg und kamen in Hammerhof an, wo wir in einer Scheune eines Bauernhofes für die Nacht untergebracht wurden. Wieder einmal wurden wir nicht verpflegt. Die nächsten Tage waren wie ein Déjà-vu. Jeden Tag marschierten wir etwa 10 Kilometer und jeden Tag kamen wir in eine neue Stadt oder ein neues Dorf und übernachteten in einer Scheune auf einem örtlichen Bauernhof. Manchmal wurden wir verpflegt und manchmal nicht. Ein paar Mal brachten uns die Dorfbewohner in dieser Woche Suppe und Kartoffeln. Es schien keinen guten Grund dafür zu geben, dass unsere Entführer uns manchmal Essen gaben, aber auch ab und an zu extremen Mitteln griffen, um dies zu verhindern. In ein paar Tagen würden wir Zeugen einer erstaunlichen Szene werden: Einige Einheimische würden den SS-Wachen trotzen, um uns etwas zu essen zu geben.

EINE TROTZIGE BEGRÜSSUNG DER TSCHECHEN
APRIL 1945

Es war Ende April 1945 und das Wetter wurde wärmer. Unsere größte Gefahr war nun nicht mehr, den Elementen ausgesetzt zu sein, sondern das Verhungern. Jede Nacht kamen mehr Frauen ums Leben. Manchmal nur ein paar, manchmal aber auch ein Dutzend oder mehr. Nicht alle von ihnen verhungerten. Es gab auch andere Ursachen wie Typhus, Fleckfieber und Wundbrand, aber wir wurden so oft nicht verpflegt, dass der Hungertod die häufigste Todesursache war.

Wir verließen Hammerhof und marschierten in den nächsten Tagen durch mehrere andere Dörfer und Städte. Ich kann mich aufgrund der Monotonie nicht an viele Einzelheiten dieser Tage erinnern. An einigen Tagen regnete es stark und um uns herum zogen Gewitter auf. In einer Nacht schliefen wir in Scheunen, aber viele, die vom Regen durchnässt waren, überlebten die Nacht trotzdem nicht. Eine der Scheunenbesitzerinnen versuchte, uns etwas zu essen zu bringen, aber die SS-Wachen verboten es ihr. Am Morgen bekamen wir ein Gemisch aus Kleie und heißem Wasser, das in einem Trog angerührt worden war, bevor es an uns verteilt wurde.

Der nächste Tag war einer der gefährlichsten Tage seit Dresden. Während wir marschierten, näherten sich einige alliierte Flugzeuge. Wir konnten ihre Motoren schon von Weitem hören. Sie wurden immer lauter und es wurde klar, dass sie bald über uns sein würden. Plötzlich stürzte eines der Flugzeuge auf unsere Kolonne herab und feuerte sein Maschinengewehr. Die Kugeln zischten um uns herum und prasselten auf den Boden. Mehrere Mädchen brachen zusammen und waren auf der Stelle tot. Andere wurden verwundet und überlebten den Angriff irgendwie, obwohl sie nicht medizinisch versorgt wurden. Ich weiß nicht mehr, ob bei dem Angriff auch Wachen getötet wurden.

Der Tieffliegerangriff tötete zwei der Pferde, die die Wagen mit den Vorräten der Wachen und mit den Gefangenen, die zu krank zum Laufen waren, zogen. Einige der Mädchen, die sich in der Nähe der Pferde befanden, rissen das Fleisch der Kadaver auf und aßen es. Es war ein düsterer und widerlicher Anblick. Ein oder zwei Tage später überquerten wir die Grenze zur Tschechoslowakei. Es wurde viel kälter, als wir höher in die Berge kamen. Schnee bedeckte den Boden um uns herum. Der steile Höhenanstieg erschwerte den Marsch zusätzlich. Doch die Begrüßung der Tschechen ließ unsere Hoffnung und unseren Glauben an die Menschheit wieder aufleben.

Als wir uns der Stadt Domažlice (deutsch: Taus) näherten, kamen die Dorfbewohner heraus, um uns vorüberziehen zu sehen. Zu unserer Überraschung trugen sie farbenfrohe, festliche Kleidung, die typisch für diese slawische Region ist. Warum sie so gekleidet waren, wussten wir nicht. Vielleicht war es ein Sonntag oder ein Feiertag. Was auch immer der Grund war, ihre Kleidung sah nicht wie Alltagskleidung aus. Bis heute ist das Bild der schönen Hüte, Kleider und Röcke der Frauen und der Hemden und Hosen der Männer fest in meiner Erinnerung verankert. Besonders wegen des überraschenden Ereignisses, das auf diesen Anblick folgte.

Einige der Dorfbewohner begannen, die SS-Wachen zu verspotten und zu verhöhnen. Ihr Spott wurde immer lauter und entwickelte sich zu einer Kakofonie. Plötzlich kamen Menschen aus den Geschäften und Häusern, die die Straße säumten. Sie brachten alle möglichen Lebensmittel–Brot, Fleisch, Käse, Milch, Kartoffeln, Eier und mehr–und begannen, sie uns zuzuwerfen.

Viele der Mädchen lösten sich von der Kolonne und stürzten sich auf die Lebensmittel. Die Wachen feuerten Warnschüsse in die Luft und befahlen den Mädchen, sich wieder einzureihen und den Einheimischen, zurückzubleiben. Die meisten Mädchen gehorchten, weil sie fürchteten, erschossen zu werden. Aber die Einwohner schrien zurück und warfen uns weiterhin Essen zu. Die Stadtbewohner weigerten sich zu gehorchen und auch das Geschrei der Soldaten konnte daran nichts ändern. Glücklicherweise entschieden die Wachen sich dagegen, mit ihren Gewehren einzugreifen und wir konnten das Essen behalten.

Dörr war nun entschlossen, die tschechische Grenze erneut zu überqueren, um weitere feindliche Begegnungen zu vermeiden. Er befahl uns, weiter zu marschieren und das Tempo zu erhöhen. Wir bewegten uns auf die Stadt Mraken zu, die noch auf tschechischem Gebiet lag. Erneut kamen die Dorfbewohner heraus und gaben uns zu essen. Diesmal taten die Wachen nichts, sondern drängten uns nur, so schnell wie möglich die Stadt wieder zu verlassen.

Es war ein unglaublicher Anblick. Nicht nur wegen des Essens, das all diese buntgekleideten Menschen warfen, sondern auch wegen der Reaktion der marschierenden Frauen und Mädchen. Wir waren so ausgehungert, dass wir uns auf das Essen stürzten. So viel Essen auf einmal hatten wir seit Jahren nicht mehr gesehen. Es war genug für alle da. Trotzdem stritten einige sich um kleine Brotstücke, während auch ganze Laibe auf dem Boden lagen.

Dieser Tag hat sich in mein Gedächtnis eingebrannt, weil er den Kontrast der menschlichen Natur zeigte. Wir wurden Zeugen des Mitgefühls von Menschen, die ihr Leben riskierten, um uns Lebensmittel zu geben, die sie in jenen dunklen Tagen wahrscheinlich selbst dringend benötigten. Noch heute wird mir warm ums Herz, wenn ich an die Güte denke, die uns diese

Einheimischen entgegenbrachten. Aber ich schäme mich, wenn ich daran denke, wie wir uns um das Essen stritten. Ich kann noch immer den Schock und die Wut spüren, die mich ergriffen, als mir eine Mitgefangene das Essen aus der Hand riss. Ich bin sicher, wir sahen aus wie Möwen, Eichhörnchen oder andere Tiere, die sich um ein kleines Stückchen Essen stritten. Die Nazis wollten diese Art von Verhalten sehen, um sich davon zu überzeugen, dass wir Untermenschen waren.

Ihre Grausamkeit trieb uns in den Wahnsinn. Kein Mensch hätte es aushalten können, der so wie wir nicht nur Tage oder Monate, sondern Jahre des Terrors und der Entbehrung erlebt hatte.

Wir würden einen Preis dafür zahlen, dass wir uns unserer Verzweiflung hingaben. Es gab so viel zu essen, dass wir uns die Bäuche vollschlugen. Jetzt drohte uns nicht mehr der Mangel, sondern das Übermaß. Wenn man so ausgehungert ist, kann zu viel Essen einen schneller töten als der Hungertod. Aber es war zu schwierig, zu widerstehen. Fast alle von uns wurde krank und einige starben sogar.

Der nächste Tag war einer der längsten Marschtage. Es fühlte sich an, als wären wir doppelt so weit gelaufen wie an den vorherigen Tagen. Wir verließen die Tschechoslowakei und befanden uns wieder auf der deutschen Seite der Grenze in Bayern. Diese Nacht verbrachten wir in einem Obstgarten und die Kälte war unerträglich.

Später am Abend wurde uns eine Suppe gebracht, die von den Bewohnern in der nächsten Stadt zubereitet worden war. Als die Suppe kam, stürzten wir Gefangene uns darauf, um als Erste bedient zu werden. Obwohl wir noch unter den Folgen des Vortages litten, schmerzten unsere Mägen wieder vor Hunger. Erneut brach das Chaos aus, denn die Mädchen drängelten und schubsten, um Suppe zu bekommen. Die Wachen schrien und schlugen uns, um die Kontrolle zurückzugewinnen. Aber wir waren so hungrig, dass sie den Aufruhr nicht unterdrücken konnten.

Schüsse fielen in die Luft. Als er den Aufruhr hörte, kam Dörr an den Ort des Geschehens. Seine Wut, als er zur Ordnung rief, war sichtbar und hörbar. Aber seine Forderungen wurden ignoriert und die Mädchen drängelten weiter, um an das Essen zu gelangen. Schließlich befahl Dörr den Wachen, das gesamte Essen wegbringen zu lassen. Schreie und Klagen erfüllten den Raum, als uns klar wurde, dass wir in dieser Nacht nichts zu essen bekommen würden. Das Essen wurde auch nicht wieder hervorgeholt. Bis in die frühen Morgenstunden hörte ich das Schluchzen und Stöhnen der hungernden und kranken Mädchen. Viele weitere würden in dieser kalten dunklen Nacht sterben.

AUF WIEDERSEHEN, LIEBE HALINKA
APRIL 1945

Am nächsten Tag, nachdem wir durch mehrere Städte und Dörfer marschiert waren, legten wir eine kleine Pause ein. Die Wachen erlaubten einigen Einheimischen, uns Brot und Kartoffeln zu bringen. Die meisten von uns waren sehr krank davon, zu viel gegessen zu haben. Doch der schmerzende Hunger war immer noch da, nur jetzt zusammen mit Darmbeschwerden. Wir waren von Durchfall und Erbrechen geplagt und schieden ständig das eine oder andere aus. Sie erlaubten uns nicht, den Marsch zu unterbrechen, um uns zu erleichtern, daher war unsere Kleidung furchtbar verdreckt und elendig.

Fast durchgängig ab Helmbrechts begleitete uns mindestens ein Wagen, der die Häftlinge, die nicht mehr laufen konnten, transportierte. Aber es gab nicht genug Platz für alle. Freundinnen taten sich zusammen und schleppten oder trugen die Kranken, um zu verhindern, dass sie erschossen, geschlagen oder zum Sterben zurückgelassen wurden. Lili und ich taten dies für Halinka. Sie wurde von Tag zu Tag schwächer und wir befürchteten, dass sie nicht mehr lange durchhalten würde. Wir legten ihre Arme über unsere Schultern und brachten irgendwie die Kraft auf, sie mit uns zu ziehen. Auf dem Wagen war kein Platz mehr für sie.

Nachdem so viele weitere Mädchen krank wurden, weil sie zu viel gegessen hatten, wurde Dörr klar, dass er mehr Wagen beschaffen musste, um den Marsch schneller voranzutreiben. Jetzt waren es nicht mehr die Russen, sondern die amerikanischen Truppen, die uns einholten. Er befahl den Einheimischen, Wagen für den Transport von Gefangenen zu beschaffen. Viele kamen dieser Aufforderung nach und bald begleiteten uns mehrere weitere Wagen. Halinka konnte endlich mitfahren, anstatt von Lili und mir geschleppt zu werden.

Das Gelände wurde immer steiler. Es war schon schwierig genug, auf flachem Boden zu marschieren. Jetzt mussten wir in einem noch schwächeren Zustand bergauf gehen. In nur wenigen Tagen legten wir fast 500 Höhenmeter zurück. Während des Aufstiegs verschlechterte sich das Wetter rasch. Es begann zu schneien und zu regnen. Wir wurden erneut nass und zitterten unkontrolliert.

Meine Füße waren schon seit Tagen sehr kalt und ich verlor langsam das Gefühl in ihnen; ich wusste, dass sich Erfrierungen anbahnten. Irgendwie schaffte ich es trotzdem, einen Fuß vor den anderen zu setzen, obwohl meine Füße taub waren und kribbelten. Mit jedem Schritt wurde der Schnee tiefer und die Straße schlammiger. Es war nicht zu vermeiden, in matschige Pfützen zu treten. Ich wusste, wenn sich keine Hilfe nahte, würde ich bald sterben.

Dörr hatte den Befehl, keine Gefangenen mehr zu töten, weitestgehend ignoriert. Die Aufzeichnungen von Dörrs Prozess belegen, dass nach Erlass des Befehls mehr als 50 Häftlinge ermordet wurden. Er zögerte zwar nun, diese Morde zu befürworten, unternahm allerdings wenig, um die SS-Wachen daran zu hindern, weiter zu morden. Einige der SS-Leute teilten seine Zurückhaltung nicht und griffen beim Anblick von geschwächten oder fliehenden Gefangenen schnell zur Pistole.

Wir waren froh, dass Halinka jetzt auf einem Wagen saß und wir nicht befürchten mussten, dass einer dieser Monster sie ermorden würde. Ihr Zustand verschlechterte sich stündlich. Ich bemerkte, dass ihr linker Arm stark angeschwollen war und aussah, als würde er platzen. Ihre Atmung war flach, ihre Augen glasig, ihre Haut blass bis aschfahl und ein Großteil ihrer Haare war ausgefallen. Schließlich reagierte sie nicht mehr auf uns.

Lili ging neben dem Wagen her, um sie zu beobachten. Ich konnte mit meinen schmerzenden Füßen nicht mehr mithalten und humpelte vorwärts, während der Wagen, auf dem Halinka saß, sich immer weiter von mir entfernte. Lili versuchte, ihr etwas Wasser und etwas zu Essen einzuflößen, das wir aufgespart hatten, aber sie konnte nichts mehr zu sich nehmen.

Lili kletterte auf den Wagen und nahm Halinka in die Arme. Ich beobachtete von hinten, wie der Wagen sich vorwärtsbewegte und an diesem kalten, nassen Nachmittag dahin rüttelte. Die anderen Gefangenen auf dem Wagen schienen von Halinkas Notlage nichts mitzubekommen, denn auch sie waren dem Tod nahe.

Nach einer Weile blickte ich auf und sah Lili wieder auf mich zukommen. Ich wusste, dass dies kein gutes Zeichen war. Sie schlängelte sich zu mir hindurch und zog meinen Arm über ihre Schulter, um mein Gewicht zu stützen und den Druck von meinen Füßen zu nehmen. Eine Träne kullerte über ihre Wange. Sie konnte nichts sagen, aber das war auch nicht nötig. Ich wusste, dass Halinka endlich ihren Frieden gefunden hatte.

Der Wagen hielt nicht an. Wir hielten nicht an. Wir marschierten weiter. Der Tod unserer Freundin wurde von niemandem anerkannt: nicht von den anderen Häftlingen auf dem Wagen, auch nicht von den anderen Gefangenen, die mitmarschierten, und schon gar nicht von unseren Entführern. Nur Lili und ich trauerten um sie, aber auch wir trauerten im Stillen.

In Bolkenhain hatte Halinka einen wunderschönen königsblauen Mantel von ihren Eltern geschickt bekommen. Er war ihr kostbarster Besitz und hatte ihr geholfen, die brutale Kälte zu überleben. Der Mantel hatte jedoch zunächst keine Kapuze und Halinka konnte ihren Kopf nicht bedecken. In Grünberg beschlossen Lili und ich daraufhin, ihr eine Kapuze zu nähen, die zu ihrem Mantel passte. Wir benutzten dafür einen Pullover, den wir fanden und der über den Kragen des Mantels passte. Zusätzlich fanden wir sogar blaues Färbemittel, das der Originalfarbe des Mantels sehr ähnelte. Halinka war so dankbar dafür, denn die Kapuze bewahrte sie während der langen Appelle in Grünberg vor dem Erfrieren. Kurz nachdem Lili Halinka verlassen hatte, um sich wieder mir auf dem Marsch anzuschließen, bemerkten wir, dass eine andere Frau Halinkas Mantel trug.

Ich ziehe es vor, mich an die aufopferungsvollen und mutigen Taten unserer Mitgefangenen zu erinnern. Es gab viele davon und ich möchte glauben, dass es mehr solcher Fälle gab als die, in denen wir uns gegeneinander wandten, um zu überleben. Ich kann nicht mit Sicherheit sagen, ob dies tatsächlich der Fall war. Es gab Zeiten, in denen wir fast verhungerten und uns um Brotkrümel stritten. Es gab viele Diebstähle von überlebensnotwendigen Dingen. Die Nazis trieben uns in die Verzweiflung, um uns psychologisch zu zermürben. Manchmal funktionierte das und wir erlagen. Der Gedanke daran, dass Halinkas Mantel ihr so gefühllos weggenommen wurde, widert mich an. Und doch gebe ich der Frau, die ihn ihr wegnahm, keine Schuld. Auch sie war den grausamen Taktiken der Nazis zum Opfer gefallen. Wir waren zwar traurig, den Mantel an einer anderen Person zu sehen, aber wir verstanden die Verzweiflung der Frau. Ich bin mir sicher, es wäre Halinka lieber gewesen, dass jemand den Mantel trug, als dass er weggeworfen würde.

Ich fragte mich, was mit Halinkas Leiche geschehen würde. Wir hofften, dass sie ein ordentliches Begräbnis bekäme, aber es lag nicht in unserer Macht. Der Tod war allgegenwärtig auf dem Marsch. In nur drei Monaten war unsere Zahl von über 1.000 Gefangenen auf etwa 300 geschrumpft. Bei jedem Halt wurden weitere Frauen tot oder sterbend zurückgelassen. Manchmal wurden sie begraben, aber meistens nicht. Wenn man sie begrub, dann in einem flachen, nicht gekennzeichneten Grab oder in einem von Mitgefangenen ausgehobenen Massengrab.

Viele Jahre nach dem Krieg erfuhr ich, dass Halinka ursprünglich in einem dieser flachen Gräber am Straßenrand begraben worden war. Doch einige tschechische Einwohner hatten ihre Leiche gefunden und sie auf einem Gedenkfriedhof in der tschechischen Stadt Volary (deutsch: Wallern), wo der Marsch offiziell endete, erneut beerdigt. Der Bürgermeister der Stadt machte es sich zur Aufgabe, diesen Friedhof für die Opfer, die in Volary und in den umliegenden Städten gestorben waren, anzulegen. Eine schöne Statue überragt die Gräber. Sie erinnert an die Hunderte von Frauen, die auf dem Marsch starben.

ENDLICH DIE FLUCHT!
MAI 1945

Der Tag, an dem Halinka starb, war ein langer Tag. Es war eine der längsten Etappen des Marsches. Wir hatten wieder die Grenze zur Tschechoslowakei überquert und befanden uns im Böhmerwald, der für seine natürliche Schönheit und die idyllischen Dörfer und Häuser an den Hängen bekannt ist. Die nebelumhüllten tiefen Täler, die hohen Gipfel und der dunkle Wald inspirierten die Menschen zu Gespenstergeschichten über böse Bestien, Ungeheuer und Verrückte. Dies waren fiktive Erzählungen, aber nun war dieser sagenumwobene Wald wirklich heimgesucht. Die Nazis waren reale Bestien, Monster und Verrückte, die eine Geschichte des Schreckens spannen, mit der die alten Fabeln bei Weitem nicht mithalten konnten. Und doch gab es erste Hinweise darauf, dass diese Geschichte bald zu Ende sein könnte.

In den letzten beiden Tagen waren wir deutschen Soldaten begegnet, die sich von der Kriegsfront zurückgezogen hatten. Einige von ihnen marschierten neben uns her. Es war eine bizarre Szene. Dörr und seine Wachen wurden immer nervöser, als sie merkten, dass die Amerikaner immer näher rückten. Wir wussten auch, wie nahe die Amerikaner waren, aber waren so schwach, dass wir nicht auch nur an einen Fluchtversuch denken konnten. Wir schleppten uns einfach weiter und hofften, dass sie uns bald einholen würden.

An diesem Abend hielten wir an einem Bauernhof und wurden für die Nacht wieder in Scheunen untergebracht. Wir befanden uns in der Nähe der Stadt Prachatice (deutsch: Prachatitz). In diesen höheren Lagen nahmen Schnee und Kälte zu. Würden sie uns den endgültigen Todesstoß versetzen? Ich weiß nicht mehr, ob wir in dieser Nacht etwas zu essen bekamen. Obwohl ich sehr hungrig war, konnte ich nur an meine Füße denken. Ich hatte kein Gefühl mehr in meinen Zehen, da sie buchstäblich eingefroren waren. Seit Tagen wechselten sie schon ihre Farbe, von blass zu grün und jetzt zu schwarz. Aus meinen Blasen quoll Eiter. Mir war klar, dass der Wundbrand bald einsetzen würde, wenn er nicht schon da war. Jeder Atemzug war mühsam und ich hatte das Gefühl zu ersticken. Ich wusste, dass ich keinen Schritt mehr gehen konnte. In dieser Nacht schlief ich nicht viel. Ich wartete ängstlich auf den Morgen und hoffte, etwas Sonne zu sehen, in der ich meine Füße wärmen könnte.

Am nächsten Tag, als wir wieder losmarschieren sollten, sagte ich zu Lili, dass ich nicht mehr weitergehen konnte. Sie flehte mich an, die Kraft zu finden, sonst brächten sie mich wahrscheinlich um. Ich sagte ihr, dass ich sowieso kurz vor dem Tod stünde, also könnten sie mich ruhig erschießen. Ich erklärte Lili, dass sie ohne mich weitergehen müsse, da sie in einem viel besseren körperlichen Zustand war. Ich war entschlossen, zurückzubleiben und mein Schicksal zu ertragen.

Lili dachte kurz nach und sagte dann: „Ich werde dich nicht verlassen. Du brauchst jemanden, der dir hilft, sonst wirst du sicher sterben." Sie war bereit, sich für mich aufzuopfern. Wir waren uns beide sicher, dass sie uns töten würden, wenn wir den Marsch nicht fortsetzten. Sie hielt ihr Wort, obwohl sie das Risiko kannte. Ich war so dankbar für ihre Freundschaft. Sie war die zäheste und widerstandsfähigste von uns dreien. Ohne sie, die ihr Leben für mich riskierte, hätte ich nicht überlebt.

Die Gruppe der Gefangenen begann, sich aufzustellen und auf den Marsch vorzubereiten. Lili und ich ließen uns Zeit und bewegten uns vorsichtig zum hinteren Teil der Kolonne. Der Waldrand lag in der Nähe und wir vereinbarten, dass wir uns dort verstecken würden, wenn die Zeit gekommen war. Die Gefangenen marschierten noch nicht, also setzten wir uns unbemerkt so nah wie nur möglich an den Waldrand ins Gras.

Dann kam der Befehl zum Abmarsch. Lili ergriff meinen Arm und legte ihn über ihre Schulter. Sie hob mich an und tat so, als ob wir uns den anderen anschließen wollten. Wir warteten und achteten sorgfältig darauf, dass uns keine der Wachen ansah. Sobald sie den Blick abwandten, humpelten wir in den Wald und kauerten uns hinter ein paar Büsche. Mein Herz raste und ich schnappte nach Luft.

Wir sahen dabei zu und lauschten, wie die Gefangenen die Straße hinuntergingen und außer Sichtweite gerieten. Wie durch ein Wunder hatte niemand unsere Abwesenheit bemerkt, zumindest noch nicht. Ich versuchte, meine Atmung zu beruhigen und mich zu entspannen, aber es war vergeblich. Wir warteten eine lange Zeit, vielleicht ein paar Stunden oder sogar noch länger, bis wir uns sicher waren, dass niemand mehr nach uns suchen würde. Wir waren entkommen, aber was nun? Wir waren draußen im Schnee und in der Kälte und hatten nichts zu essen. Woran würden wir zuerst sterben? Am Hunger, der Kälte oder in meinem Fall an Erfrierungen und Wundbrand? Ohne die Hilfe eines Einheimischen waren wir dem Untergang geweiht.

Die tschechische Bevölkerung hatte sich schon zuvor als mitfühlend erwiesen. Deshalb waren wir froh, hier und nicht in Deutschland zu sein. Wir befanden uns auf dem Land und konnten keine Häuser sehen, aber wir wussten, dass wir in der Nähe eines kleinen Dorfes waren. Wir kehrten zur Straße zurück und liefen in die entgegengesetzte Richtung zu den Gefangenen. Ich sage zwar, dass „wir" liefen, aber in Wirklichkeit lief nur Lili. Sie hatte meinen Arm über ihrer Schulter und zog mich hinter sich her.

Hinter einer Kurve sahen wir entlang der Straße ein paar vereinzelte Häuser. Alles lag fast vollkommen still und ruhig. Da ich kaum noch laufen konnte, beschlossen wir es beim ersten Haus, das wir erreichten, zu versuchen. Als wir uns dem Haus näherten, überlegten wir uns eine Geschichte, die wir den Bewohnern erzählen konnten. Wir entschieden uns zu erzählen, dass unsere Häuser ausgebombt und unsere Eltern getötet worden waren. Nur wir hatten überlebt und brauchten Hilfe.

Als wir die Tür erreichten, holte Lili tief Luft und klopfte an. Nach ein paar Minuten öffnete sich die Tür einen Spalt und eine Frau lugte dahinter hervor. Ungläubig sah sie uns in unserem erbärmlichen Zustand an. Ihre Kinnlade klappte vor Verblüffung nach unten und sie konnte nicht sprechen. Es war, als hätte sie zwei Geister gesehen, die von den Toten auferstanden waren.

In gebrochenem Deutsch stammelte Lili unsere unglaubwürdige Geschichte. Ich weiß nicht mehr wie, aber wir hatten bereits festgestellt, dass die Frau keine Tschechoslowakin, sondern Deutsche war. Es gab viele Deutsche in dieser Region, aufgrund der unmittelbaren Nähe zur deutschen Grenze. Viele von ihnen waren nach Kriegsbeginn ermutigt worden, sich hier niederzulassen, als Teil von Hitlers Lebensraum-Politik. Sollte sie eine von ihnen sein, könnte das unser Ende bedeuten. Höchstwahrscheinlich würde sie fliehenden Juden gegenüber nicht wohlgesonnen sein. Zweifellos hatte sie unsere Lüge darüber, wer wir waren und warum wir um Hilfe baten, bereits aufgedeckt. Sie wusste genau, woher wir gekommen waren.

Wir warteten auf eine Antwort, es dauerte wahrscheinlich nur ein paar Sekunden, aber es kam uns wie eine Ewigkeit vor. Wir waren überrascht und erleichtert, als sie uns hereinbat und in ihre Küche führte. Drinnen sahen wir mehrere kleine Kinder, die vorsichtig, aber neugierig hinter der Küchentür hervorschauten. Sie gab uns etwas Brot und ein paar Eier zu essen. Es war genug für uns da, aber wir hatten unsere Lektion über das Überessen gelernt.

Obwohl wir hungrig waren, bemühten wir uns, langsam zu essen, nur einen kleinen Bissen nach dem anderen.

Danach schüttete sie etwas Wasser aus einem Krug in eine Schale. Sie reichte sie mir zuerst und sagte mir, ich solle mich waschen. Sie führte mich in ein Zimmer mit einem Spiegel und stellte das Waschbecken auf die Kommode davor. Sie gab mir ein Handtuch und verließ das Zimmer. Ich schöpfte das warme Wasser in meine Hände und spritzte es in mein Gesicht. Ich werde das Gefühl nie vergessen, als meine Hände meine Wangen berührten. Alles, was ich fühlen konnte, waren Knochen. Ich hätte genauso gut einen Schädel berühren können und genau das tat ich eigentlich auch. Ich hob meinen Kopf und blickte in den Spiegel. Es war das erste Mal seit Wochen, dass ich mein Gesicht sah. Alles, was ich sehen konnte, waren Haut und Knochen.

Wir alle kennen die schrecklichen Fotos der Überlebenden aus Auschwitz und anderen Vernichtungslagern, kurz nachdem sie befreit wurden. Die Überlebenden waren wandelnde Skelette, an denen nur noch wenig Fleisch hing. So sah auch ich in diesem Moment aus. Man bezeichnete Juden in diesem Zustand auch als Muselmänner, ein historisches Wort für Muslime. Es wurde verwendet, weil Menschen in diesem Zustand irgendwann so schwach wurden, dass sie nur noch zusammengesunken sitzen konnten wie ein Muslim beim Gebet. Wie hatte ich es geschafft, mich als Muselmann weiterhin zu bewegen? Auf diese Frage habe ich bis heute keine Antwort.

DER DEUTSCHE BAUER
MAI 1945

Wir hatten bei unserem ersten Versuch, nach unserer Flucht Hilfe zu erhalten, Glück gehabt. Wir aßen etwas, wuschen uns ein wenig und erholten uns für ein paar Stunden von der Kälte und dem Schnee. Inzwischen wurde unsere deutsche Gastgeberin jedoch immer nervöser. Schließlich teilte sie uns mit, dass wir gehen müssten. Die Amerikaner hatten das Gebiet noch nicht eingenommen und die deutschen Truppen waren noch in der Nähe. Sie hatte Angst davor, dabei erwischt zu werden, wie sie jüdischen Gefangenen half.

Wir hatten Verständnis und bereiteten unsere Abreise vor. Wohin würden wir jetzt gehen? Würden wir bei unserem nächsten Halt auch so viel Glück haben? Wir verließen das Haus, ohne die Antworten auf diese Fragen zu kennen. Auf der Straße sahen wir uns noch einmal um. Wir wussten, dass die Straße zurück zu einem Dorf führte, durch das wir zuvor gekommen waren. Wäre es sinnvoll, dorthin zurückzugehen und zu hoffen, dass dort jemand Mitleid mit uns haben würde? Wir diskutierten eine Weile. Schließlich kamen wir zu dem Schluss, dass es wahrscheinlich am besten sei, sich von den stärker besiedelten Gebieten und Hauptstraßen fernzuhalten. Auf unserem Marsch waren wir deutschen Soldaten begegnet, obwohl wir schon seit einiger Zeit keine mehr gesehen hatten. Wir wussten, dass es wahrscheinlich kein gutes Ende nähme, wenn wir doch einem von ihnen begegneten.

Die Berge erhoben sich steil über der Straße. Wir dachten, wir könnten dort oben sicherer sein, wo es weniger besiedelt war. Vielleicht könnten wir ein leerstehendes oder abgelegenes Haus ohne direkte Nachbarn finden. Wir vermuteten, dass die Bewohner einer solch abgelegenen Gegend weniger Angst haben würden, uns für ein paar Tage zu verstecken, während wir wieder zu Kräften kämen. Wir fanden einen Trampelpfad, der einen Hang hinaufführte, den wir für sicherer hielten als eine Straße und begannen den Aufstieg.

Das Essen hatte mir etwas Energie gegeben, sodass ich mich etwas mehr selbst tragen konnte. Irgendwie schaffte Lili es, mich weiterhin aufrecht zu halten. Ich weiß nicht, woher sie die Kraft nahm. Langsam und mühsam kämpften wir uns das steile Gelände hinauf. Alle paar Schritte musste ich anhalten und mich ausruhen, aber wir gingen beharrlich weiter.

Nach mehreren Stunden waren wir hoch über der Hauptstraße. Vor uns war ein kleiner Bauernhof zu sehen. Wir näherten uns vorsichtig und hielten immer wieder an, um die Lage zu beurteilen. Wir hörten Hühner gackern und eine Kuh gab ein tiefes, klagendes Gebrüll von sich. Rauch stieg aus dem Schornstein auf. Wir stellten uns vor, an einem warmen Feuer zu sitzen und beschlossen, es zu riskieren und den Bewohner des Hauses um Hilfe zu bitten. Noch einmal spielten wir die Geschichte vom Verlust unserer Häuser und Familien bei einem Bombenangriff durch. Lili klopfte vorsichtig an die Tür. Bald hörten wir, wie jemand langsam zur Tür schlurfte. Der Riegel würde beiseitegeschoben und die Tür öffnete sich knarrend. Ein alter Mann stand vor uns. Er hatte einen dichten Bart und ein mit tiefen Falten durchfurchtes Gesicht. Er war ungepflegt und vom Alter leicht gebeugt. Anders als die Frau im letzten Haus schockierte ihn unser Erscheinungsbild nicht. Aber als er uns auf Deutsch begrüßte, ergriff mich die Angst.

Wir erzählten ihm unsere erfundene Geschichte und er lächelte. Aus dieser Reaktion schlossen wir, dass er uns nicht glaubte. Er trat von der Tür zurück und bat uns herein. Er führte uns in die Küche, forderte uns auf, am Tisch Platz zu nehmen und setzte sich zu uns. Wir hatten die Hoffnung, dass er uns in die Küche geführt hatte, um uns etwas zu essen zu geben. Aber zunächst bot er uns nichts an. Stattdessen wollte er mehr darüber wissen, was mit uns geschehen war.

Nach einigen Minuten des Gesprächs sagte er uns, dass er uns etwas zu essen geben würde. Aber er wusste etwas über Hungersnot und darüber, was passieren kann, wenn man in unserer Lage zu schnell zu viel isst. Er erzählte uns, dass er während des Ersten Weltkriegs als Kriegsgefangener in Russland ebenfalls kurz vor dem Hungertod gestanden hatte. Er wusste, was wir auf die harte Tour gelernt hatten, nämlich dass übermäßiges Essen für jemanden in unserem Zustand den Tod bedeuten kann.

Also ermahnte er uns und gab uns etwas Wasser zu trinken. Ich hatte gar nicht bemerkt, wie durstig ich gewesen war. Obwohl es reichlich Wasser und Schnee zum Trinken gab, hatte ich nicht genug getrunken. Er wartete, bis wir ausgetrunken hatten, dann ging er zu seinem Schrank und holte zwei kleine Stücke trockenes Brot heraus. Er gab uns jeweils eines davon und sagte, wir sollten es langsam abknabbern. Dann goss er etwas Milch in einen Topf, erwärmte sie auf dem Herd und goss jedem von uns eine kleine Portion in eine Tasse. Er ermahnte uns, sie langsam zu trinken und erläuterte auch, dass das Wasser und die Milch dazu beitragen würden, unsere Mägen zu füllen, sodass wir nicht mehr so hungrig wären.

Der Mann hatte ein freundliches Gesicht und eine großväterliche Art an sich. Seine Frau war vor Jahren gestorben und nur seine Tochter lebte bei ihm. Er erzählte uns, dass sie an einer psychischen Erkrankung litt, sagte uns aber nicht an was für einer und wir sahen sie ohnehin während unseres Aufenthalts bei ihm nicht. Seine beiden Söhne kämpften irgendwo in der deutschen Armee. Er hatte schon lange nichts mehr von ihnen gehört. Obwohl er keinerlei Sorgen äußerte, konnten wir erkennen, dass er sich sorgte, sie vielleicht nie wieder zu sehen. Er hatte keine Enkelkinder, eine Erkenntnis, die mich traurig machte. Ich erinnerte mich an meinen Großvater und dachte an den Spaß, den wir miteinander gehabt hatten. Nachdem ich die Freundlichkeit dieses alten Bauern erlebt hatte, dachte ich, dass er ein sehr guter Großvater gewesen wäre. Ich hoffte, dass er vielleicht doch eines Tages einer werden würde.

Während wir schlürften und knabberten, erzählte er uns Geschichten über den Kampf gegen die Russen, über seine Gefangenschaft und über seine Zeit im Gefängnis. Ich kann mich heute nicht mehr daran erinnern und auch damals war ich noch so schwach, dass mein Verstand nicht fokussiert genug war, um alle Details zu verstehen. Aber ich erkannte dennoch, dass diese Erfahrungen ihm Mitgefühl für unsere Notlage und unseren Zustand gaben.

Als er zu Ende erzählt hatte und wir aufgegessen hatten, lachte er und teilte uns mit, er wisse, dass unsere Waisengeschichte gelogen war. Er hatte sich gedacht, dass wir jüdische Gefangene vom Marsch waren. Dennoch versicherte er uns, dass er uns so lange wie möglich beschützen und uns dabei helfen würde, wieder zu Kräften zu kommen. Er sah auf meine Füße hinunter und sagte, wir sollten uns sofort um sie kümmern. Er erhob sich vom Tisch, holte eine Schüssel und füllte sie mit warmem Wasser. Er bemerkte auch, dass wir mit Läusen übersät waren, und sagte uns, dass wir in der Scheune übernachten müssten; er könne nicht riskieren, selbst befallen zu werden.

Mit der Wasserschüssel in der Hand führte er uns in den Stall. Wir wurden nicht enttäuscht, obwohl wir unser Zimmer mit einer Kuh und einem Schwein teilen würden. Der Geruch war intensiv, aber seltsam beruhigend, weil ich wusste, dass wir endlich in Sicherheit waren. Der Stall war relativ warm, und es gab Heu, mit dem wir uns warmhalten konnten. Ich setzte mich hin und stellte meine Füße ins Wasser. Sie waren immer noch größtenteils taub, sodass ich die wohlige Wärme nicht genießen konnte. Das Wichtigste war, meine Füße zu reinigen und die Durchblutung anzuregen.

Später brachte der alte Mann uns einige Decken. Ich suchte mir ein Plätzchen in einer Ecke aus und richtete ein Strohlager her, auf das ich mich legte. Als ich mich dort niederließ, verschwand meine gesamte Energie. Ich zitterte, als ich mich unter der Decke aufwärmte. Ein großes Gefühl der Erleichterung überkam mich. Zum ersten Mal seit Beginn des Krieges fühlte ich mich sicher und hoffte, dass der Albtraum endlich ein Ende haben würde.

DER KRIEG IST VORBEI
MAI 1945

Nachdem ich mich im Stall hingelegt hatte, schlief ich schnell ein. Ich weiß nicht, wie lange ich schlief, aber Lili weckte mich nach einer Weile und sagte mir, ich solle mich ausziehen. Sie kochte draußen vor der Scheune Wasser, um unsere Kleidung zu entlausen. Ich setzte mich mühsam auf und entkleidete mich langsam. Sie hatte ihre Kleidung bereits ausgezogen und nahm meine mit. Ich schnappte mir wieder die Decke und ließ mich zurück aufs Heu fallen. Ich war schon fast wieder eingeschlafen, als Lili zurückkam. Sie sah verärgert aus. „Willst du mir nicht helfen?", fragte sie. Ich lachte so laut auf, dass mir die Seiten wehtaten. „Lili, ich kann nicht einmal aufstehen", antwortete ich. Sie war nicht amüsiert und ging wortlos wieder nach draußen. Ich hatte ein schlechtes Gewissen, aber ich war so krank, dass ich nicht helfen konnte. Unser alter Freund verstand, dass ich zu krank war, um etwas zu tun. Etwas scherzhaft nannte er mich „halbtot". Das war sicherlich ein Beispiel dafür, dass man in Scherzen oft die Wahrheit spricht. Er ermahnte mich oft, mich um meine Füße zu kümmern, und kontrollierte sie jeden Tag auf ihr Aussehen. Lili sah auch, dass es mir nicht gut ging. Sie hörte auf, mich zu drängen, ihr bei der Arbeit zu helfen.

Unsere Kleider waren so zerlumpt und abgenutzt, dass ich dachte, sie würden sich im kochenden Wasser auflösen. Wir hatten jedoch nichts anderes zum Anziehen und der Gedanke, endlich saubere Kleidung zu haben, unabhängig von ihrem Zustand, war eine weitere willkommene Abwechslung. Lili schrubbte sie so sauber wie nur möglich und hängte sie dann in der Scheune zum Trocknen auf. Ich zog die Decke fest um meine Schultern und kauerte in der Ecke.

Nach einiger Zeit brachte uns der Bauer noch etwas Brot und Milch. Er warnte uns erneut, langsam zu essen. Wir setzten uns gemeinsam hin und aßen langsam. Wir waren so froh über unser Glück und einen Moment lang dachte ich darüber nach, wie es für uns weitergehen würde. Natürlich war dies keine dauerhafte Lösung. Wir waren uns sicher, dass der Krieg bald vorbei sein würde, wenn er es nicht jetzt schon war. Aber was würde danach kommen? In solch chaotischen Zeiten war nichts vorhersehbar. Angst und Sorgen kehrten zurück.

Ich zwang meine Gedanken zurück in die Gegenwart. In diesen turbulenten Jahren hatte ich gelernt, nicht zu weit vorauszudenken. Meine ganze Energie musste auf die unmittelbare Zukunft gerichtet bleiben und somit darauf, wie ich den Tag, die Nacht oder auch nur die nächsten fünf Minuten überleben konnte. Nun konnten wir uns ein wenig von dem Schrecken erholen, den wir erlebt hatten. Der alte Mann hatte uns versprochen, dass wir uns hier ein paar Tage lang erholen könnten. Wir hatten etwas zu essen, einen warmen Schlafplatz, der von der Nässe und Kälte geschützt war, und wir konnten uns waschen. Wir spürten, dass wir diesem Mann vertrauen konnten, obwohl er ein Deutscher war, der vor Jahren für sein Land gekämpft hatte. Wir kannten ihn nicht sehr gut und er sprach nicht mit uns über Politik. Trotzdem hatte er etwas an sich, das uns die Gewissheit gab, dass er uns nicht verraten würde.

Die nächsten Tage verliefen ruhig und friedlich. Diese Art von Ruhe und Gelassenheit hatte ich seit Jahren nicht mehr erlebt. Der

Mann brachte uns weiterhin Essen und half uns, uns zu erholen. Eines Nachmittags kam er mit einem breiten Lächeln in die Scheune und verkündete freudestrahlend, dass der Krieg zu Ende war. Die Amerikaner hatten die gesamte Region eingenommen und besetzten Prachatice, die kleine Stadt am Fuße des Berges in der Nähe seines Hofes. Lili und ich umarmten uns und Tränen stiegen uns in die Augen. Ich dankte ihr für ihre Freundschaft und sagte ihr, dass ich ohne sie nicht überlebt hätte. Sie sagte mir, dass dies auch für mich galt, obwohl wir beide wussten, dass sie die Stärkere war.

Mit diesen guten Nachrichten dämmerte mir die Realität dieser bizarren Situation, in der wir uns befanden. Was für ein unwahrscheinliches Trio von Menschen wir waren, das auf diesem Bauernhof in den Bergen der Tschechoslowakei lebte: zwei junge polnisch-jüdische Mädchen im Stall eines ehemaligen deutschen Soldaten. Wer hätte sich vor dem Krieg ein solches Szenario vorstellen können. Ich lächelte bei dem Gedanken daran.

Der Krieg war vorbei, aber was bedeutete das? Auf kurze Sicht waren wir in Sicherheit, aber langfristig lauerten immer noch Gefahren und Ungewissheit. Wenn ich jetzt zurückblicke, weiß ich, dass viele Juden starben, nachdem der Krieg endete und die Alliierten die Kontrolle übernahmen. Das Ende des Krieges konnte sie nicht mehr retten. Sie überlebten die Misshandlungen, die sie erlitten hatten, nicht. Auch mir drohte dies. Würden die Erfrierungen und der Wundbrand das beenden, was die Nazis nicht vollbracht hatten? Ich fragte mich damals auch, was mit den anderen Gefangenen geschehen war, die mit uns auf dem Marsch waren. Hatten überhaupt welche von ihnen überlebt oder hatten die Wachen sie schließlich alle ermordet? Ich hoffte damals, dass es den Amerikanern gelingen würde, sie zu überholen, bevor das geschah.

Am nächsten Tag kam der deutsche Bauer wieder, um nach mir zu sehen. Er bemerkte, dass es meinen Füßen nicht besser ging, und er machte sich Sorgen. Er sagte, ich müsse bald in ärztliche

Behandlung, sonst könne es tödlich für mich enden. Danach brach er sofort nach Prachatice auf. Dort ging er zum Büro des Bürgermeisters und erzählte ihm von uns und von meinem verzweifelten Zustand. Der Bürgermeister fand jemanden, der dem Bauern ein Pferd und einen Wagen lieh. In ein paar Stunden war er wieder zurück, um mich mitzunehmen. Lili kletterte mit uns an Bord und wir fuhren den Berg hinunter in die Stadt.

Im Krankenhaus wurde ich untersucht. Der Arzt warf nur einen kurzen Blick auf meine Füße und beschloss, dass ich sofort operiert werden müsse. Es gab keine Zeit zu verlieren. Ich wurde von den Krankenschwestern abgeholt, gewaschen und in den Operationssaal gebracht. Mir war aufgefallen, dass alle Ärzte und die Krankenschwestern, hauptsächlich Nonnen, deutsch waren. Wieder einmal lag mein Leben in den Händen der Menschen, die während des Krieges so sehr versucht hatten, mich zu ermorden.

Diese Männer und Frauen waren wahrscheinlich während des gesamten Krieges und vielleicht sogar darüber hinaus loyal zu Hitler und dem Dritten Reich. Waren sie Judenhasser wie so viele andere Deutsche, denen ich begegnet war? Wenn ja, dann gäbe es keine bessere Tarnung, um noch eine Jüdin zu töten, als während einer Operation an einer Patientin, die dem Tod so nahestand. Die Geschwindigkeit, mit der sie sich auf die Operation vorbereiteten, zeigte mir, dass mir nicht mehr viel Zeit blieb. Ich hatte keine andere Wahl, als ihnen zu vertrauen, da ich nicht aufstehen und weglaufen konnte. Ich verdrängte den Gedanken und schließlich überkam mich eine seltsame Ruhe.

Als das Narkosemittel zu wirken begann, fühlte ich mich furchtbar allein. Lili war mit unserem alten deutschen Freund auf den Hof zurückgekehrt und ich fragte mich, ob ich sie jemals wiedersehen würde. In meiner Schläfrigkeit ging ich in Gedanken die schrecklichen Ereignisse durch, die ich während des Krieges erlebt hatte. Auf halber Strecke zwischen wach und schlafend fragte ich mich, ob all meine Erlebnisse nur Teil eines seltsamen und bizarren Albtraums gewesen waren.

IM KRANKENHAUS IN PRACHATICE
MAI 1945

Ich hörte Stimmen, die leise und beruhigend sprachen, aber ich konnte sie nicht verstehen. Sie waren undeutlich. Ein trübes Licht füllte meine Augen. Dann erinnerte ich mich an meinen Albtraum. Vielleicht würde ich mich, nachdem ich aus diesem tiefen Schlaf aufgewacht war, im Bett im Haus meiner Eltern in Częstochowa wiederfinden. Dieses Wunschdenken wurde durch Schmerzen in meinen Beinen und Füßen unterbrochen. Im Licht zeichneten sich schließlich ein fremdes Bett und ein fremdes Zimmer ab. Ich befand mich nicht in Częstochowa, sondern ich war im Krankenhaus in Prachatice. Mein Albtraum war also doch wahr.

Ich blickte auf meine Füße herab und erinnerte mich daran, warum ich hier war. Meine Beine waren bis zu den Knien bandagiert. Die Verbände waren nicht aus Stoff oder Mull, sondern aus einer Art pappe-ähnlichem, gewelltem Papier. Der Krieg hatte die Versorgung so stark unterbrochen, dass dieses Krankenhaus behelfsmäßige Wundverbände herstellen musste. Ich erschreckte bei dem Anblick. Sie hatten mir zuvor nicht gesagt, was bei der Operation geschehen wurde. Ich war zu verängstigt gewesen, um nachzufragen und nun fürchtete ich mich davor, es zu wissen.

Eine Krankenschwester im Habit kam und teilte mir mit, dass die Operation erfolgreich verlaufen war und ich wieder gesund werden würde. Ich schaffte es womöglich zu lächeln, aber ich war alles andere als glücklich. Was hatte das zu bedeuten? Hatte man mir die Füße amputiert, um die Ausbreitung des Wundbrandes zu stoppen? Ich konnte mich nicht dazu überwinden, sie zu fragen und die Krankenschwester gab mir keine weiteren Auskünfte. Dann hob sie mich hoch und trug mich in das Zimmer, in dem ich mich wieder erholen würde.

Ich war sehr überrascht. Diese kleine Frau konnte mich ohne Probleme hochheben und den Flur entlang zu meinem Krankenhausbett tragen. Ich war wirklich nur noch Haut und Knochen. Ich muss mich für sie so zerbrechlich wie ein neugeborenes Küken angefühlt haben. Als wir das Bett erreichten, legte sie mich sanft darauf, um mich nicht zu zerbrechen.

Mein Bett stand direkt neben dem Fenster und bot einen Blick auf die Straße hinaus. Ich konnte sehen, wie die Menschen ihrem Tag nachgingen, als ob in den letzten sechs Jahren nichts Außergewöhnliches geschehen wäre. Der einzige ungewohnte Anblick waren die amerikanischen Soldaten, die gelegentlich am Fenster vorbeiliefen. Ich war froh, diesen Blick auf eine Welt zu haben, in der wieder Normalität einkehrte. Aber würde in meinem Leben jemals wieder Normalität einkehren? Die Welt, die für mich normal gewesen war, war zerstört worden und mit ihr meine Familie.

Ich dachte an meine liebe Freundin Lili. Wie ging es ihr? Warum war sie nicht bei mir im Krankenhaus geblieben? Sie musste zwar nicht operiert werden, aber auch ihr Gesundheitszustand war sehr schlecht und sie brauchte auch Pflege. Ich wusste, warum sie mit dem Bauern mitgegangen war. Genauso wie sie sich verpflichtet gefühlt hatte, mir in unserer Notlage zu helfen, fühlte sie sich nun ihm verpflichtet, bei einigen Arbeiten zu helfen, da er so freundlich und mitfühlend gewesen war. Sie war mit ihm zum Hof zurückgekehrt, um ihm beim Putzen seines Hauses, beim Waschen der Wäsche und bei anderen Arbeiten rund um den Hof zu helfen. Ich respektierte sie dafür. Doch ich sehnte mich auch danach, sie wiederzusehen und hoffte, dass sie mich bald besuchen würde.

Am nächsten Tag besuchte mich der Bürgermeister von Prachatice. Ich erfuhr, dass er mich auf Bitten des Bauern hin ins Krankenhaus hatte bringen lassen. Der Bürgermeister freute sich, dass ich mich erholt hatte und dass die Operation erfolgreich verlaufen war. Er war auch vor meiner Operation ins Krankenhaus gekommen, um nach mir zu sehen. Er hatte den Ärzten mitgeteilt, dass ich eine jüdische Überlebende war und dass er sie persönlich für mein Schicksal verantwortlich machen würde. Er hatte sie angewiesen, alles zu tun, damit ich wieder gesund werden würde. Sein derartiges Eingreifen zeigte mir, dass meine Sorge den deutschen Ärzten gegenüber unbegründet war. Sein Besuch hatte eine sehr beruhigende Wirkung auf mich und fortan konnte ich dem Krankenhauspersonal vertrauen.

Zwei Tage später kamen die Krankenschwestern, um meine Verbände zu wechseln. Sie brachten mich zurück in den Operationssaal und legten mich auf den Tisch. Ich wusste immer noch nicht, ob sie meine Füße amputiert hatten oder nicht. Als sie eine Schicht nach der anderen abzogen, raste mein Herz. Mir wurde schwindelig und ich hatte Mühe zu atmen. Ich hatte immer noch nicht den Mut aufgebracht, sie zu fragen, ob meine Füße noch dran waren. Ich legte meinen Kopf auf den Tisch und sah weg, als sie die letzte Schicht entfernten. Die Krankenschwestern begutachteten gemeinsam den Heilungsprozess. Dann forderte mich eine von ihnen auf, mich aufzusetzen und es mir selbst anzuschauen. Ich zögerte. Sie forderte mich erneut auf, mir meine Füße anzuschauen. Ihre ansteckende Freude gab mir Mut. Langsam setzte ich mich auf und schaute nach unten.

Meine Füße waren noch dran!

Die Anspannung verließ meinen Körper zusammen mit dem tiefen Atemzug, den ich angehalten hatte, als ich schließlich hinsah. Nicht nur meine Füße waren noch da, sondern auch alle meine zehn Zehen. Kein einziger hatte amputiert werden müssen. Ich hatte keinen Wundbrand entwickelt. Hätte ich noch einen Tag oder sogar nur noch eine Stunde länger gewartet, hätte mein Schicksal vielleicht anders ausgesehen. Ich legte mich wieder hin, schloss die Augen und zum ersten Mal seit Jahren fühlte ich mich endlich sicher.

Am nächsten Tag erlebte ich eine große Überraschung. Lili kam mich besuchen. Wir umarmten uns und sie setzte sich auf mein Bett, um zu reden. Sie erzählte mir von all den Arbeiten, die sie für den Bauern erledigt hatte und dass er ihr dankbar war und sie gut behandelte. Als es Zeit für sie war zu gehen, bat ich sie, bei mir zu bleiben. Ich wünschte mir so sehr ihre Gesellschaft und ich wusste, dass sie mehr Pflege brauchte, als sie auf dem Bauernhof bekam. Sie brauchte Ruhe, anstatt so hart zu arbeiten.

Mein Flehen überzeugte sie schließlich. Die Krankenschwestern erlaubten ihr zu bleiben, solange ich mein Bett mit ihr teilte. Das Bett war nicht groß, aber wir waren so winzig, dass es genug Platz für uns beide gab. Wir saßen gemeinsam auf dem Bett und schauten aus dem Fenster. Zwei amerikanische Soldaten mit Kampfhelmen und Gewehren über den Schultern liefen vorbei. Wir wandten uns vom Fenster ab und lächelten uns an.

WIEDER GESUND GEPFLEGT
JUNI 1945

Seit meiner Operation waren einige Wochen vergangen. Meine Heilung verlief langsam, aber erfolgreich. Ich konnte immer noch nicht gehen, aber ich nahm an Gewicht zu. Während dieser Wochen gaben die Schwestern mir reichlich zu essen. Sie waren so schockiert über meinen Gewichtsverlust, dass sie mir das beste Essen des Krankenhauses bringen wollten. Sie brachten mir sogar Essen aus einem Lagerraum im Keller, der hauptsächlich für die Ärzte bestimmt war. Manchmal gaben sie mir sogar Wein zu meinem Essen. Er war nicht nur köstlich, sondern diente auch einem anderen Zweck. Sie glaubten, er würde meinen Appetit anregen, und sie hatten Recht.

In den ersten Wochen trug mich jeden Tag eine der Krankenschwestern zur Waage. Sie stellten sich mit mir darauf, weil ich mich nicht auf den Beinen halten konnte und freuten sich über jedes zusätzliche Kilogramm, das die Waage anzeigte. Auch ich war froh zuzunehmen, aber nahm langsam zu viel zu. Wenn ich jetzt zurückblicke, weiß ich ihren Eifer, mich zu mästen, nicht so recht zu schätzen. Seither habe ich mit meinem Gewicht zu kämpfen gehabt. Aber nachdem ich einst ein Gerippe war, bin ich mit meinem derzeitigen Gewichtsproblem entschieden zufriedener.

Eines Tages kam der Bürgermeister wieder zu Besuch. Ihm fielen unsere zerlumpten und zerrissenen Kleider auf. Lili hatte sie so gut wie nur möglich gewaschen, aber sie waren nicht mehr tragbar. Er versprach uns, er würde helfen, bessere Kleidung für uns zu besorgen. Er machte sich sofort mit Lili auf den Weg. Die Kleidungsgeschäfte in der Stadt waren noch nicht wieder geöffnet. Aber in der Nähe befand sich ein Lagerhaus, in dem sich jüdisches Eigentum befand, dass die Deutschen an sich gerissen hatten. Ich hatte keine Ahnung, wie diese Gegenstände identifiziert und beschlagnahmt worden waren, doch in dem Lagerhaus befanden sich auch viele Kleidungsstücke. Der Bürgermeister ging mit Lili dorthin, um einige für uns auszusuchen. Sie kam mit Röcken, Blusen, Hosen, Hüten und Schals, Unterwäsche und Schuhen zurück. All diese Dinge waren noch in sehr gutem Zustand. Was für eine Freude, wieder anständige Kleidung zu haben! Allmählich fühlten wir uns wieder menschlich.

Lili und ich genossen unsere gemeinsame Zeit. Es war das erste Mal, dass wir uns kennenlernten, ohne dass ständig der Tod auf uns lauerte. Es bereitete uns Freude, das Leben in Prachatice und vor allem die hübschen amerikanischen Soldaten vor unserem Fenster zu beobachten.

Eines Morgens wachte ich auf und blickte aus dem Fenster. Es war ein wunderschöner Sommertag. Die Morgensonne schien auf die Gebäude entlang der Straße und alles wirkte sauber und aufgefrischt. Ich riss das Fenster auf und lehnte mich hinaus, um die warme Luft einzuatmen. Die Menschen bewegten sich zügig und gingen ihren täglichen Arbeiten nach. Ich sah ihnen zu, wie sie mühelos liefen und fragte mich, wann ich das auch tun könnte.

Ein paar Minuten später lief ein amerikanischer Soldat direkt an meinem Fenster vorbei. Er grüßte mich und blieb stehen. Ich freute mich, dass er sich mit mir unterhalten wollte, aber ich konnte kein Englisch und war daher sichtlich nervös. Überraschenderweise begann er Polnisch zu sprechen. Da er die Sprache nicht gut beherrschte, stotterte er beim Sprechen. Es fiel ihm schwer, Sätze zu bilden und die Wörter verständlich auszusprechen, aber er sprach dennoch gut genug, sodass wir ein wenig übereinander erfahren konnten.

Er war polnischer Abstammung und wurde in Amerika geboren, sodass er die Sprache nicht perfekt sprach. Nachdem ich ihm erzählt hatte, dass ich eine jüdische Überlebende war, sagte er mir, dass einige der amerikanischen Soldaten hier jüdisch waren. Er würde ihnen von mir erzählen und sie bitten, mich zu besuchen. Ich freute mich darauf, war aber auch nervös, weil ich, wie schon gesagt kein Englisch sprach. Schon früh am nächsten Tag kamen einige von ihnen zu mir. Ich war froh, dass sie alle Jiddisch sprachen, denn so konnten wir einander kennenlernen und Freundschaften schließen.

Diese höflichen Männer waren so gut zu uns. Sie brachten uns Schokolade und andere Süßigkeiten und Leckereien. Sie brachten uns auch andere praktische Geschenke wie Zahnbürsten und Zahnpasta. Unsere Zähne waren in schlechtem Zustand, nachdem wir sie jahrelang fast völlig vernachlässigt hatten, deshalb blieben uns diese Geschenke besonders in Erinnerung. Obwohl wir uns sehr über ihre materiellen Geschenke freuten, waren ihre Wärme und Fürsorge für uns das größte Geschenk.

Unsere Freundschaft mit dieser Gruppe von Soldaten wurde immer enger. Doch unser Krankenhausaufenthalt schränkte unsere Möglichkeiten ein, sie zu treffen. Dies gab mir Motivation, hart daran zu arbeiten, bald wieder laufen zu können. In den nächsten Wochen strengte ich mich an, meine Beine zu stärken und das Laufen zu üben. Es war harte Arbeit, aber schließlich konnte ich wieder gehen. Ich erinnere mich an den ersten Tag, an dem ich das Krankenhaus auf eigenen Füßen verließ. Es war so aufregend, nach draußen zu gehen. Die Soldaten gingen abends mit uns spazieren und wir machten Picknicke auf dem Land.

Zu diesem Zeitpunkt war ich fast vollständig genesen, sodass wir das Krankenhaus hätten verlassen können. Glücklicherweise zwang uns das Krankenhauspersonal aber nicht zu gehen, da wir sonst nirgendwohin konnten. Dafür war ich sehr dankbar. Wären wir an einem anderen Ort gewesen, an dem es viele Flüchtlinge und Überlebende gab, hätten wir diesen Luxus wahrscheinlich nicht gehabt. Meines Wissens nach waren Lili und ich für eine lange Zeit die einzigen Überlebenden in Prachatice. Irgendwann kam eine Ungarin ins Krankenhaus, um sich behandeln zu lassen, sodass wir insgesamt drei Überlebende waren. Wären es viel mehr gewesen, wären wir sicher gezwungen worden, das Krankenhaus wieder zu verlassen, sobald wir wieder gesund genug dazu waren.

Die Ungarin war bei ihrer Aufnahme ins Krankenhaus in einem schlechteren Zustand als ich. Man hätte es nicht für möglich gehalten, aber sie war noch dünner und gebrechlicher. Sie war so schwach, dass sie kaum sprechen konnte und hatte eine klaffende offene Wunde im Nacken. Diesen Anblick werde ich nie vergessen. Die Wunde war mit Eiter gefüllt und rundherum verfaulte das Fleisch. Im Laufe des Krieges hatte ich viele groteske Leiden an menschlichen Körpern gesehen, aber dieser Anblick verfolgt mich aus irgendeinem Grund immer noch wie kaum ein anderer.

ZURÜCK ZUR MENSCHLICHKEIT
JULI 1945

Wir waren gerührt von der Sorge des Bürgermeisters um uns. Es gab uns die Gewissheit, dass wir in dieser Stadt beschützt und umsorgt wurden. Der Bürgermeister pflegte eindeutig keine Sympathie für die deutsche Aggression in seinem Land. Auch andere Menschen in der Gegend waren gegen die deutsche Besatzung und das Leid, das der Krieg über so viele Menschen vor Ort und in ganz Europa gebracht hatte. Wir hörten von Versuchen in der Tschechoslowakei Rache zu üben. Einige Deutsche hatten dort schon viele Jahre vor dem Krieg gelebt, da die Region so nahe an der deutschen Grenze lag. Andere Deutsche waren nach Kriegsbeginn gekommen und hatten den Tschechen im Rahmen von Hitlers Lebensraum-Politik Land weggenommen. Hitler hatte vor dem Krieg klargestellt, dass Böhmen und Mähren, zu dem dieser Teil der Tschechoslowakei gehörte, seit Jahrtausenden dem deutschen Volk gehört hatte. Während des Krieges annektierte er diese Gebiete und die Deutschen kamen, um das Land zu beanspruchen, das sie für das ihre hielten.

Nun, da der Krieg vorbei war, wollten die Tschechen ihr Land zurück und gingen vor, um es zu beschlagnahmen. Es wurde ein organisierter Plan ausgearbeitet, um Tausende von Deutschen aus der Region zu vertreiben. Sicherlich war dieser Plan gerechtfertigt, aber einige Tschechen nutzten ihn aus, um unschuldige Menschen zu enteignen. Wir verachteten die Deutschen für das, was sie uns angetan hatten. Oft dachten wir, dass wir sie alle umbrächten, wenn sich die Gelegenheit zur Rache böte. Trotzdem verhinderten wir bald einen solchen Landraub, der sich gegen unschuldige Deutsche richtete.

Eines Tages tauchte unser deutscher Bauernfreund im Krankenhaus auf. Er war ängstlich und verzweifelt. Die Einheimischen in der Gegend versuchten, seinen Besitz zu beschlagnahmen, indem sie behaupteten, er sei ein Nazibefürworter. Er war gekommen, um uns um Hilfe zu bitten. Er wollte, dass wir diesen Leuten von seiner Hilfe uns gegenüber erzählten, um zu beweisen, dass er kein Judenhasser war. Wir stimmten ohne zu zögern zu.

Einige Tage später fand eine Anhörung statt, bei der er sich gegen die Anschuldigungen und den damit einhergehenden Versuch, seinen Hof zu beschlagnahmen, verteidigen musste. Seltsamerweise wurden wir nicht zu einem Gericht oder einem Verwaltungsgebäude gebracht, sondern zu einem Dachbodenraum in einem Stadthaus, wo der deutsche Bauer vor mehreren tschechischen Einwohnern saß. Es war eine seltsame Atmosphäre. Der Raum war winzig und dunkel und hatte eine niedrige Decke. Die Männer, die ihn verhörten, sahen nicht wie Richter oder Beamte aus, sondern wie einfache Bürger. Es war nicht unsere Aufgabe, die Gültigkeit oder Rechtmäßigkeit der „Anhörung" infrage zu stellen, aber Lili und mir kam es wie eine Art Scheingericht vor.

Wir erzählten unsere Geschichte und überhäuften unseren Freund mit Lob für seine Bemühungen, uns zu helfen. Wir betonten, dass er nicht nur sein eigenes Leben riskiert hatte, um uns zu helfen, sondern sich auch bemüht hatte, uns die Pflege zukommen zu lassen, die unser Leben rettete. Das Tribunal hörte aufmerksam zu und stellte nur wenige Fragen. Als wir fertig waren, bedankten sie sich bei uns, und wir gingen, ohne zu wissen, wie sein Schicksal aussehen würde. Einige Tage später erfuhren wir, dass unsere Zeugenaussage erfolgreich gewesen war. Sie bewies den Einheimischen, dass der Mann kein Nazi war, und sie nahmen ihm seinen Hof nicht weg.

Heute werde ich oft gefragt, wie ich über das deutsche Volk denke. Das ist eine offensichtliche und berechtigte Frage, wenn man bedenkt, was für ein beispielloses Unheil sie den europäischen Juden brachten. Darauf antworte ich, dass ich während dieser schrecklichen Jahre einen Hass entwickelte, der so tief wie nur möglich saß. Ich stellte mir vor, auf welch schreckliche Weise ich es ihnen heimzahlen würde. Viele andere Juden empfanden dasselbe. Wie könnten wir diese Gefühle nicht haben? Nach dem Ende des Krieges rächten sich einige wenige Juden mancherorts, indem sie vereinzelt Mordreihen an Deutschen begingen. Aber für die meisten von uns handelte es sich dabei nur um Hirngespinste, die sich bald wieder auflösen würden. Ich weiß, dass ich es nicht ertragen hätte. Ich hatte schon zu viele Morde miterlebt. Ich wollte nie wieder auch nur einen einzigen Mord sehen, auch keinen an einem so bösen Feind.

Wir waren jedoch sehr darauf erpicht, dass die Verbrecher und Mörder, die den Versuch unternommen hatten, ein ganzes Volk auszurotten, ihre gerechte Strafe bekamen. Es war eine große Genugtuung, nach dem Krieg die verschiedenen Prozesse gegen die rangobersten Nazis und ihre Handlanger mitzuerleben. Aber die Tatsache, dass Lili und ich in der Lage waren, diesem Mann zu helfen, obwohl er Deutscher war, war eine noch größere Genugtuung. Es trug dazu bei, meinen Hass auf diejenigen zu heilen, die uns so grausam gequält hatten. Ich lernte dabei, dass der einzige Weg, den Kreislauf des Hasses zu durchbrechen, darin besteht, Böses mit Gutem zu vergelten. Die Deutschen behandelten uns wie Tiere, wenn nicht sogar schlechter. Sie taten alles, um uns zu entmenschlichen und damit wir uns auch so wie Tiere verhielten. Manchmal gelang es ihnen zum Beispiel, als wir uns gegenseitig um das Essen bekämpften. Aber letztendlich gelang es uns doch, unsere Menschlichkeit zu bewahren und uns nichts anhaben zu lassen.

Es macht mich traurig, dass wir den Kontakt zu dem deutschen Bauern bald nach dem Krieg verloren. Wir sahen ihn nach der Anhörung nie wieder. Die tschechoslowakische Vorkriegsregierung, die demokratisch und ordnungsgemäß gewählt worden war, wurde wieder eingesetzt. Aber die Regierung geriet unter starken Druck der kommunistischen Partei und würde bald unter sowjetische Kontrolle geraten. Unsere amerikanischen Freunde sahen dies voraus und schmiedeten Pläne, um uns nach Österreich zu bringen, das nach dem Krieg für einige Jahre unter amerikanischer Kontrolle bleiben sollte. Wir hatten nie die Möglichkeit, nach Prachatice zurückzukehren, um unseren Freund zu finden und ihm zu danken. Traurigerweise kann ich mich nicht einmal an seinen Namen erinnern.

WEITER NACH ÖSTERREICH
JULI 1945

Der Tag kam, an dem wir Prachatice verlassen mussten. Wir waren etwa drei Monate lang dort gewesen. Man brachte uns in die nahegelegene Stadt Volary (deutsch: Wallern), wo freudig feststellten, dass der Rest der Häftlinge, die mit uns marschiert waren, befreit worden war. Wir erfuhren schließlich, wie der Marsch für sie endete.

Als die Alliierten dem Marsch immer näherkamen, wurde Dörr schließlich klar, dass er die Frauen freilassen musste. Er war jedoch unentschlossen darüber, wann, wo und wie. Etwa die Hälfte der Frauen konnte zu diesem Zeitpunkt nicht mehr laufen und wurde auf Wagen und Lastern transportiert. Diese Frauen wurden in einer örtlichen Möbelfabrik untergebracht, während Dörr darüber entschied, wie es weitergehen sollte.

Obwohl sie wussten, dass ihnen die Zeit davonlief, hatten einige der SS-Wachen noch nicht genug gemordet. Nachdem wir davongekommen waren, wurde der Marsch von alliierten Flugzeugen beschossen. Bei diesem Vorfall wurden einige der Wachen verletzt und getötet. Die Wachen suchten Vergeltung und erschossen 12 willkürlich ausgewählte Frauen. Sie waren wütend, dass nur sie selbst Verluste erlitten hatten und die Gefangenen bei dem Angriff nicht zu Schaden gekommen waren. Deshalb rächten sie sich an den Unschuldigen.

Bei einem weiteren tragischen Vorfall wurden 22 Frauen, die zuvor entkommen waren, aber wieder gefangen genommen wurden, auf einen Berghang geführt. Die Wachen zwangen sie, den steilen Hang hinaufzurennen. Während sie rannten, erschossen sie die Langsameren, die hinter den anderen zurückblieben. Noch bevor das Rennen vorbei war, waren 17 der 22 Frauen ermordet worden. Die anderen fünf wurden nur deshalb verschont, weil sie gerade noch genug Energie hatten, um davonzulaufen und sich zu verstecken.

Dörr wusste, dass die Amerikaner ihn bald einholen würden. Er wollte nicht erwischt werden, während er selbst noch Frauen gefangen hielt. Deshalb beschloss er, die Frauen einem örtlichen „Polizeitrupp" zu übergeben, und machte sich anschließend aus dem Staub.

Die Wachen dieser „Truppe" waren größtenteils ältere Männer, die zu alt waren, um im Krieg zu kämpfen. Sie brachten die Frauen auf einen Berggipfel oberhalb von Volary und trieben sie auf eine Wiese. Den ganzen Tag lang wurden die Gefangenen von einem unaufhaltsamen Regen durchnässt. Die Polizisten gaben ihnen nichts zu essen.

Die Nacht brach schnell herein und die Frauen saßen erschöpft, hungrig und frierend in der nassen Kälte. Es war eine lange Nacht und alle Frauen blieben auf der Wiese, bis das erste Tageslicht einbrach. Allmählich bemerkten sie, dass sie völlig unbewacht waren. Die alten Männer hatten sich in der Nacht davongemacht, weil sie befürchteten, dass die amerikanischen Truppen sie bald finden würden. Einige Frauen versteckten sich daraufhin in den nahegelegenen Wäldern, aber die meisten konnten nicht glauben, dass sie frei waren. Sie saßen regungslos auf der Wiese und erwarteten, dass die Wachen jeden Moment zurückkehren würden. Sie waren so verängstigt, dass sie dachten, Weglaufen würde immer noch bedeuten, erschossen zu werden.

Am 6. Mai 1945 erreichten die Amerikaner Volary. Der Marsch war endlich vorbei und die Frauen befreit. Das Morden hatte aufgehört, aber es würden noch mehr Frauen sterben. Nicht wenige derjenigen, die die Befreiung erlebten, starben bald darauf an Krankheiten. Nur etwas mehr als 300 von 2.000 Frauen überlebten den grausamen Marsch.

Als die amerikanischen Truppen in der Möbelfabrik in Volary ankamen, fanden sie etwa 120 Frauen auf dem Boden, die dem Tod nahe waren. Einer der Soldaten sagte, dass er sie, als er sie zum ersten Mal sah, nicht für junge Mädchen, sondern für alte Männer hielt. Als er einige von ihnen nach ihrem Alter fragte, musste er erschrocken feststellen, dass sie nur Teenagerinnen waren. Er hatte sie für Sechzig- oder Siebzigjährige gehalten. Die Frauen wurden in das Krankenhaus von Volary gebracht, aus dem verwundete deutsche Soldaten vertrieben wurden, um Platz für sie zu schaffen. Aus den Aufzeichnungen geht hervor, dass die Frauen im Durchschnitt zwischen 30 und 40 Kilogramm wogen. Sie waren stark unterernährt, mit Läusen übersät und zu schwach, um sich zu bewegen. Viele hatten Durchfall, Wunden und Geschwüre am ganzen Körper und geschwollene, mit Frostbeulen übersäte Füße.

Mittlerweile war auch die andere Hälfte der Überlebenden auf der Bergwiese endlich davon überzeugt, dass es sicher war, zu gehen. Sie stiegen den Berg hinab in die Stadt Husinec, wo die Dorfbewohner sie aufnahmen und versorgten. In einer Schule wurde ein provisorisches Krankenhaus eingerichtet und die Menschen brachten ihnen leicht verdauliche Nahrung.

Es war Mitte oder Ende Juli, als ich in Volary ankam. Ich würde nur ein paar Tage dortbleiben, bevor wir auf Lastwagen nach Salzburg transportiert werden würden. Die amerikanischen Truppen wollten uns unbedingt aus der Tschechoslowakei herausbringen, bevor sie unter sowjetische Kontrolle geriet.

In Salzburg wurden wir in ein Lager für Heimatvertriebene, auch „DP-Lager" genannt, was für „Displaced Persons" steht, gebracht. Davon gab es inzwischen viele in ganz Europa. Zehntausende von überlebenden Juden aus ganz Osteuropa wurden in diese Einrichtungen gezwungen. Abgesehen von der Tatsache, dass wir nicht ermordet wurden oder hungerten, waren diese Lager nicht viel besser als die Lager, in denen die Nazis uns eingepfercht hatten. Sie waren überfüllt, nicht sehr sauber und das Essen war schlecht. Zudem waren wir auch dort praktisch Gefangene, denn wir durften das Lager nicht nach Lust und Laune verlassen. Um hinausgehen zu können, brauchten wir eine spezielle Genehmigung. Wir schlichen uns oft aus dem Lager, weil die Erlaubnisse nicht verfügbar oder zu schwer zu bekommen waren.

Trotzdem wurde das Leben für uns besser und ich würde bald die Liebe meines Lebens und meinen zukünftigen Ehemann kennenlernen.

HEIMATVERTRIEBEN MIT LONEK – SALZBURG

JULI 1945

Die Lastwagenfahrt von Volary nach Salzburg war holprig und anstrengend, aber die Aussicht über die österreichischen Alpen war atemberaubend. Die Hänge ragten steil über den Bergstraßen hinauf und waren von typisch österreichischen Häusern gesäumt. Die braun-weißen Häuser bildete einen starken Kontrast zu dem satten Grün des grasbewachsenen Geländes, das sie umgab.

Die Reise war beschwerlich, aber ich war aufgeregt und begann wieder Hoffnung zu schöpfen. Mein Gesundheitszustand war viel besser, aber die Jahre der Vernachlässigung und der Bestrafung, die ich durchlebt hatte, waren nicht spurlos an mir vorbeigegangen.

Schließlich erreichten wir das DP-Lager. Die Amerikaner kontrollierten zu dieser Zeit Salzburg und die Stadt war das Zentrum ihrer Operationen in Österreich. Es gab dort mehrere DP-Lager, die alle unter der Leitung der „United Nations Relief and Rehabilitation Administration", kurz UNRRA, standen. Diese gegen Ende 1943 gegründete Organisation leistete Hilfe in den vom Krieg zerstörten Gebieten Europas und war ein Vorläufer der im Jahr 1945 gegründeten Vereinten Nationen.

Das Lager war überfüllt und sehr spartanisch eingerichtet. Zuvor war es eine Art Militärgelände für die österreichische und deutsche Armee gewesen. Es handelte sich hauptsächlich um Bürogebäude und andere Komplexe, von denen einige in Schlafräume für die Flüchtlinge umgewandelt worden waren. Die Betten waren nicht sehr bequem und hatten keine richtigen Matratzen oder Bettzeug. Es gab nur Stroh, das in Laken und Kissenbezüge gestopft war. Lili und mir wurde ein Etagenbett in der Mitte einer großen Baracke zugeteilt. Österreich hatte mehr als seinen gerechten Anteil an Vertriebenen, da viele andere europäische Länder sich weigerten, sie aufzunehmen. Daher war es nicht immer einfach, einen Passierschein zum Verlassen des Lagers zu bekommen, denn die Behörden wollten mögliche Probleme und Beschwerden der Einheimischen über die vielen Flüchtlinge vermeiden.

Meine Freundschaft mit Lili wurde immer enger und wir sprachen darüber, wie unsere Zukunft aussehen würde. Wir hatten beide den großen Wunsch, zu heiraten und Kinder zu bekommen. Konnte das Leben nach all dem, was wir durchgemacht hatten, wirklich wieder zur Normalität zurückkehren? Wir fingen langsam an, das zu glauben.

Eines Tages, nach einigen Wochen im Lager, saßen Lili und ich auf unseren Etagenbetten und unterhielten uns, als wir zwei Jungen bemerkten, die das Gebäude betraten. Sie waren offensichtlich neu im Lager und sahen ein wenig verloren aus. Wir wurden auf die aufmerksam, weil sie süß waren. Sie kamen schüchtern herein und musterten den ganzen Raum. Wer waren sie und was suchten sie?

Plötzlich starrten uns die beiden Jungen unverwandt an. Die Anziehung beruhte auf Gegenseitigkeit und sie kamen auf uns zu. Mein Herz machte einen Sprung, als mich die Nervosität überkam. Ich freute mich so, dass sie die Initiative ergriffen, um mit uns zu sprechen.

Sie stellten sich vor und erzählten uns, wie sie in das Lager gekommen waren. Ihr Weg von Polen nach Österreich war eine Reise voller Wendungen, Umwege und knappen Entkommen gewesen. Wochenlang sprangen sie von Zug zu Zug und wussten die meiste Zeit nicht genau, wohin sie fuhren. Sie waren fest entschlossen, nach Österreich zu gelangen und die von den Sowjets kontrollierten Gebiete zu verlassen, die rasch abgeriegelt wurden. Unterwegs entkamen sie sowjetischen Soldaten und wichen anderen Behörden aus, die die Bahnstrecken kontrollierten. Sie sprangen auf fahrende Züge und wieder von ihnen herab und klammerten sich prekär an Waggondächern fest. Sie wirkten schroff und abenteuerlustig, aber auch entschlossen und einfallsreich. Die beiden letzteren Eigenschaften gefielen mir sehr, denn ich hatte sie selbst entwickelt, um zu überleben.

Lili und ich verstanden uns auf Anhieb gut mit den beiden und wir fühlten uns wie Freunde auf den ersten Blick. Doch dann sagten sie plötzlich, dass sie sich eine Unterkunft suchen müssten. Sie hatten sich in unseren Baracken umgesehen und es war kein einziges Bett frei. Mein Herz rutschte mir in die Hose. Ich wusste, dass es wahrscheinlich im ganzen Lager keine Betten mehr gab. Impulsiv platzte ich heraus: „Warum nehmt ihr nicht unser oberes Bett hier? Lili und ich können zusammen hier unten schlafen und ihr beiden könnt das obere Bett haben." Ich konnte nicht glauben, was aus meinem Mund kam. Ich drehte mich zu Lili um in der Erwartung, dass sie mich für mein so großzügiges Angebot auf ihre Kosten zurechtweisen würde. Zu meiner Freude stimmte sie herzlich zu und drängte sie, das Angebot anzunehmen. Die beiden sahen sich an und lächelten. Innerhalb weniger Minuten wurden wir von Fremden zu Bettnachbarn. Unser Impuls würde uns nicht enttäuschen.

Einer von ihnen war mir besonders aufgefallen. Sein Name war Lonek. Er stammte ebenfalls aus Polen, allerdings aus dem südöstlichen Teil, der an die Ukraine grenzte. Seine Geschichte war einzigartig und fesselte mich. Er hatte sich neun Monate lang in einem verborgenen Bunker versteckt. Viele Juden hatten sich in Bunkern versteckt, aber die meisten von ihnen waren entdeckt worden. Was seine Geschichte einzigartig machte, war die geschickte Konstruktion des Bunkers, die verhinderte, dass man ihn fand. Was seine Geschichte noch einzigartiger machte, war jedoch die Person, die den Bunker gebaut und Lonek mit seiner Familie versteckt hatte. Der Mann, der sie rettete, war vor dem Krieg ein überzeugter Antisemit gewesen. Im Jahr 2020 wurde Loneks Geschichte in einem Buch mit dem Titel *Rette meine Kinder – Vom Überleben und einem unwahrscheinlichen Helden* veröffentlicht.

In den nächsten Tagen und Wochen wurden wir vier sehr gute Freunde. Wir fanden Wege, das Lager zu verlassen und die Stadt und das Land zu erkunden. Wir liebten es, nach Salzburg zu fahren, um die Parks und Plätze zu genießen. Es war eine Stadt voller Musik und nach den dunklen Tagen des Krieges keimte hier ein neuer Optimismus auf. Es war eine romantische Zeit für uns. Wir machten Picknicks in den Parks und genossen es besonders, das wunderschöne Schloss zu besuchen.

Zwischen Lonek und mir entwickelte sich mehr als nur eine Freundschaft. Doch keiner von uns wusste, was die Zukunft bringen würde. Wir wussten nur, dass wir hier nicht lange bleiben konnten. Wir mussten ein dauerhaftes Leben finden, aber wo? Ich befürchtete, dass sich unsere Wege bald trennen würden und wie sich bald zeigen würde, irrte ich mich dabei nicht.

ABREISE AUS SALZBURG
AUGUST 1945

Wir hatten eine schöne Zeit in Salzburg. Obwohl wir im DP-Lager unter unzulänglichen Bedingungen lebten, war die Gegend um die Stadt herum herrlich und ein großer Kontrast zu dem, was wir in den letzten sechs Jahren gesehen hatten. Lonek und ich erkundeten die Region so viel, wie wir trotz unserer eingeschränkten Bewegungsfreiheit außerhalb des Lagers nur konnten. Wir kehrten mehrmals zur Hohensalzburg zurück, der Festung, die von hoch oben die Stadt bewacht.

Bei einem Besuch auf der Burg traf ich unerwartet einen meiner Cousins wieder, von dem ich nicht wusste, dass er den Krieg überlebt hatte. Sein Name war Juzek und er war der Sohn des Bruders meiner Mutter. Lonek und ich hatten die Burg besichtigt und waren auf dem Weg nach unten mit der Seilbahn, die die Besucher den steilen Berg hinauf und hinabtransportierte. Juzek war auf dem Weg zur Burg und wir trafen uns auf der Einstiegsplattform, als er oben ausstieg. Es war eine bittersüße Überraschung. Es war einerseits so schön zu wissen, dass jemand aus meiner Familie überlebt hatte und andererseits eine traurige Erinnerung daran, dass fast alle anderen umgekommen waren.

Erst einige Monate nach dem Krieg erfuhr ich, dass auch einige andere meiner Verwandten überlebt hatten. Einer der Brüder meiner Mutter mit Namen Josef hatte überlebt und ebenso eine Cousine meiner Mutter, die Rina heißt. Auch drei meiner Cousins väterlicherseits waren nicht ermordet worden–Helen, Lucy und Paul.

Mein Onkel Josef zog nach dem Krieg nach Israel und ich besuchte ihn dort einige Jahre später. Bei diesem Besuch erfuhr ich, dass Halinkas Mutter wie durch ein Wunder überlebt hatte. Josef hatte wieder geheiratet und seine Frau war zufälligerweise mit ihr befreundet. Als ich das erfuhr, wollte ich sie unbedingt kennenlernen und ihr Halinkas Geschichte erzählen. Eines Tages während meines Aufenthaltes in Israel kam Halinkas Mutter zu Besuch. Kurz davor nahm mich die Frau meines Onkels beiseite und verbot mir, ihr etwas über Halinka zu erzählen. Sie befürchtete, es würde das kranke Herz ihrer Freundin zu sehr belasten. Damals verstand ich das und hielt mich daran. Dennoch bedauere ich es heute zutiefst, dass ich ihr nicht von Halinkas Heldentaten und ihrem Kampf erzählte. Ich glaube, sie hätte gerne jede Einzelheit erfahren.

Lonek und ich kamen uns mit jedem Tag näher, aber mit jedem Tag wuchs auch die Unsicherheit in unserem Leben. Wir waren berauscht von unserer neugewonnenen Freiheit und der Realität, das größte Verbrechen der Geschichte überlebt zu haben. Noch nie waren wir so sorglos gewesen und noch nie hatten wir so viel Freizeit gehabt. Wir genossen es, ruhten uns aus, entspannten uns und spielten. Gleichzeitig machten wir uns aber auch Sorgen um unsere Zukunft. Wir hatten verschiedene Optionen diskutiert, aber wir wussten, dass es zu viele Variablen gab, um an eine Heirat zu denken. Wir hatten keinen Beruf, keine Ausbildung und keine Perspektiven. Wir hatten kein Land, keine Staatsbürgerschaft und kein Geld. Wohin sollten wir gehen? Wie sollten wir uns ernähren?

Wie ich hatte auch Lonek das Bedürfnis, sein Leben fernab vom DP-Lager in den Griff zu bekommen. Bald lernte er einen Freund aus seiner Heimatstadt Tluste in der Ukraine kennen. Es war reiner Zufall, dass er im selben Lager gelandet war. Sein Freund hatte ihn einmal während einer Aktion gerettet, indem er Lonek in den Bunker seiner Familie gebracht hatte. Sie waren sehr glücklich, sich wiederzusehen. Sein Freund hieß Wilo und er hatte bereits beschlossen, wohin er nach seiner Zeit im DP-Lager gehen würde. Wilo war fest entschlossen, nach Palästina zu gehen, obwohl die Einreise nach Palästina zu dieser Zeit für Juden illegal war. Es war ein schwieriges und gefährliches Unterfangen, denn man konnte inhaftiert werden oder schlimmer noch bei dem Einreiseversuch getötet werden.

Trotzdem überzeugte Wilo Lonek davon, mit ihm zu gehen. Der Plan war, die österreichische Grenze hoch in den Alpen zu überqueren und nach Italien zu fliehen, um von dort aus mit dem Schiff nach Palästina geschmuggelt zu werden. Als er mir von seinem Plan erzählte, wurde mir bang ums Herz. Natürlich war ich traurig, bald von ihm getrennt zu sein, aber vielmehr fürchtete ich um sein Leben. Ich wusste, dass sein Plan in vielerlei Hinsicht mit vielen Gefahren verbunden war. Doch trotz meiner Traurigkeit hatte ich nicht die Kraft, ihn davon abzubringen. Welche Alternative konnte ich ihm anbieten?

Es dauerte nicht lange, bis Lonek und Wilo nach Innsbruck aufbrachen, ihrem ersten Zwischenstopp auf ihrer langen Reise nach Palästina. Wir verabschiedeten uns unter Tränen und ich sah zu, wie sie durch die Tore des DP-Lagers liefen. Es erinnerte mich daran, wie mein Vater davonlief und ich ihn nie wieder sah. Natürlich kannten Lonek und ich uns erst seit kurzer Zeit, sodass der Schmerz nicht vergleichbar war. Dennoch war ich traurig bei dem Gedanken, dass ich ihn vielleicht nicht wiedersehen würde.

Die nächsten Tage waren deprimierend. Das DP-Lager in Salzburg kam mir ohne Lonek, der mich von den dortigen Verhältnissen ablenken konnte, noch spartanischer und ungemütlicher vor. Ich wusste, dass es noch andere Lager in Österreich gab und hatte gehört, dass viele von ihnen nicht so überfüllt und schlecht waren wie dieses. Ich hatte mir vorgenommen, mich in eines dieser Lager versetzen zu lassen. Ich erfuhr von einem in der Nähe des idyllischen Bergdorfs Ebensee. Es hieß Steinkogel und ich bat darum, dorthin versetzt zu werden. Glücklicherweise wurde mir die Genehmigung erteilt und ich packte sofort meine Sachen, um abzureisen. In ein paar Tagen würde ich mich in einem Lager wiederfinden, das viel schöner war als das in Salzburg. Die Betten waren besser bezogen und das Essen war überraschend gut. Das Beste an diesem Lager war aber, dass es nicht so überfüllt war mit Flüchtlingen.

In dieser Gegend Österreichs gab es nicht so viel zu tun wie in Salzburg. Das Lager war in der Nähe einer kleinen Stadt, die nicht dasselbe kulturelle Erbe wie Salzburgs hatte. Aber es war eine wunderschöne Gegend, eingebettet in ein Bergtal mit einem schönen See. Ich fühlte mich hier verjüngt und freier. Ich würde hier Zeit zum Nachdenken bekommen und die nächsten Schritte in meinem Leben planen können. Es tat außerdem gut, von den Sehenswürdigkeiten und Wahrzeichen Salzburgs wegzukommen, die mich ständig an Lonek erinnerten.

WIEDERVEREINT
SEPTEMBER 1945

Ich war seit ein paar Wochen aus Salzburg weg, als ich eine erstaunliche Überraschung erlebte. Eines Tages, als ich in meinem Etagenbett saß, stand plötzlich eine sehr bekannte Gestalt vor mir. Es war Lonek! Er begrüßte mich und wir umarmten uns lange. Ich konnte meinen Augen nicht trauen! Wie war er hierhergekommen? Warum war er hier? Was war mit Palästina? So viele Fragen, die ich stellen wollte, aber ich war so verblüfft, dass ich keinen Ton von mir gab. Ich konnte nur vor Freude lachen.

Meine Freude schlug jedoch schnell in Besorgnis um. Er sah nicht gut aus und ich bemerkte auch, dass es ihm schwerfiel zu sprechen. Zuerst dachte ich, es könnte an der Aufregung liegen, mich wiederzusehen. Aber er sagte mir, er sei krank. Nach seiner Ankunft in Innsbruck hatte er sich ungut gefühlt. Zunächst dachte er, es sei nur eine Erkältung oder vielleicht eine leichte Grippe, aber innerhalb weniger Stunden bekam er kaum noch Luft. Er und Wilo hatten geplant, sich in Innsbruck mit einigen anderen treffen, die ebenfalls nach Palästina unterwegs waren. Es wurde aber schnell klar, dass Lonek die Reise nicht antreten konnte. Er würde nicht nur sich selbst, sondern auch die anderen in Gefahr bringen.

Der Versuch, die Hochalpen zu Fuß zu überqueren, kam in seinem Zustand nicht infrage.

Lonek musste leider seinen Plan, nach Palästina zu gelangen, aufgeben. Er blieb einige Tage in Innsbruck, um sich auszuruhen, und beschloss bald darauf, nach Salzburg zurückzukehren, um wieder bei mir zu sein. Als er erfuhr, dass ich nicht mehr da war, machte er sich stattdessen auf den Weg nach Steinkogel. Wie er es geschafft hat, diesen langen Weg zu gehen, obwohl er kaum atmen konnte, ist mir immer noch ein Rätsel. Ich denke, dass ich die Motivation war. Und ich glaube, er würde mir zustimmen. Wie auch immer, er hatte es geschafft und wir waren wiedervereint.

Leider würden wir nicht lange beisammen sein. Nach ein paar Nächten im Lager fiel es Lonek immer schwerer zu atmen. Seine Brust schmerzte bei jedem Atemzug und er konnte nachts nicht schlafen. Er hoffte immer noch, dass es sich nur um eine schlimme Grippe handelte, aber mit jeder vergehenden Stunde wurde deutlicher, dass er ärztliche Versorgung benötigte und das umgehend. Im Lager gab es zwei jüdische Ärzte, die er aufsuchte. Sie stellten fest, dass es sich bei seiner Krankheit um eine Rippenfellentzündung handelte und dass seine Lungen mit Flüssigkeit gefüllt waren. Wenn man die Flüssigkeit nicht bald abließ, würde er ersticken.

Sie brachten ihn schnell in ein nahegelegenes Krankenhaus in Ebensee. Die Bedingungen dort waren sehr schlecht, da es sich um ein Behelfskrankenhaus handelte. Es sah mehr wie eines der grausamen Arbeitslager als wie ein Krankenhaus aus. Es gab Etagenbetten und kein richtiges Bettzeug, sondern nur mit Stroh gefüllte Säcke. Würde dieser Ort ihm die nötige Versorgung bieten können, damit er wieder gesund werden würde? Ich machte mir große Sorgen um ihn, aber es war die einzige Möglichkeit einer Behandlung.

Die Ärzte bereiteten sich sofort darauf vor, ihm die Flüssigkeit aus der Lunge zu entziehen. Ich war froh, dass ich nicht dabei war, denn es war ein sehr schmerzhafter Eingriff. Sie hatten kein Narkosemittel, das sie ihm geben konnten. Lonek schreckt immer noch zusammen, wenn er an die Nadel denkt, die in seine Rippen gestochen wurde, um die Flüssigkeit abzupumpen. Das Geräusch der Flüssigkeit, wie sie in den Metalleimer abläuft, ist ihm noch genauso deutlich in Erinnerung wie an jenem Tag.

So schmerzhaft die Operation auch war, sie rettete ihm das Leben. Er war bald, wenn auch nur sehr langsam, auf dem Weg der Besserung. Ich besuchte ihn so oft wie möglich und brachte ihm kleine Geschenke mit, um ihn aufzuheitern. Zu den Köchen des Lagers Steinkogel hatte ich ein gutes Verhältnis aufgebaut. Wir ärgerten uns gerne gegenseitig und ich nutzte dies zu meinem Vorteil, um ein paar Leckereien wie Kekse und Kuchen zu erbetteln, die ich Lonek mitbringen konnte. Meistens gab es genug, um auch mit anderen Patienten im Krankenhaus zu teilen. Das war dann jedes Mal, wenn ich kam, wie eine kleine Party.

Die Tage vergingen und Loneks Zustand schien sich nicht zu bessern. Ich besuchte weiterhin das Krankenhaus und bemühte mich, alle Patienten aufzumuntern und nicht nur Lonek. Also scherzte und lachte ich die ganze Zeit, obwohl ich mir tief im Inneren große Sorgen machte. Ich wagte es nicht, Lonek meine Angst zu offenbaren. Warum dauerte es so lange, bis er sich erholte?

Eines Tages besuchte ich ihn und war überrascht, dass einer der Ärzte mit mir allein sprechen wollte. Er sagte mir, dass auch sie besorgt waren, weil es Lonek nicht besser ging. Er brauchte ein bestimmtes Medikament, das aus Kalzium hergestellt wurde und das sie nicht bekommen konnten, weil die Vorräte so knapp waren. Wenn er es nicht bald bekäme, würde er wahrscheinlich an Tuberkulose erkranken. Diese Nachricht erschütterte mich, doch ich war entschlossen, alles zu tun, um das Medikament für ihn aufzutreiben. „Wo kann ich es bekommen?", fragte ich.

Sie schlugen mir vor, dass ich es vielleicht in einem der anderen DP-Lager finden könnte. Ich eilte zurück ins Lager Steinkogel und machte mich sofort auf die Suche nach dem Medikament. Es war mein erster Instinkt, zum Lager in Salzburg zurückzukehren, denn ich kannte die Ärzte dort und sie mich. Als ich jedoch in Steinkogel ankam, traf ich einen unserer Freunde Salci Perecman, einen litauischen Juden mit einer sehr großen und imposanten Statur. Salci war älter als wir und wirkte schroff. Als ich ihm erklärte, warum ich zurückgekommen war, sagte er: „Lass uns in die Stadt gehen und sehen, ob wir es in der örtlichen Apotheke finden können."

Wir fragten den Apotheker in der Stadt nach dem Medikament. Er sagte uns, dass er es nicht vorrätig habe. Aus irgendeinem Grund hatte ich das Gefühl, dass er nicht ganz ehrlich war. Also flehte ich ihn an und erklärte ihm, dass Loneks Leben in Gefahr schwebte, wenn ich das Medikament nicht besorgen konnte. Der Mann beharrte erneut darauf, dass er das Medikament nicht da habe. Salci muss dem Mann auch nicht getraut haben, denn in diesem Moment trat er an den Tresen heran und baute sich auf. Er schaute dem Apotheker tief in die Augen und sagte dann mit strenger Stimme: „Wir brauchen dieses Medikament." Der Mann sagte wieder, dass er es nicht vorrätig habe. Dann griff Salci langsam in seine Tasche und zog ein Taschenmesser heraus. Er hob das Messer leicht an und stieß es dann mit voller Wucht in den Holztresen. Dann sagte er zu dem Apotheker: „Ich bin mir nicht sicher, ob Sie mich richtig verstanden haben. Wir brauchen dieses Medikament jetzt." Nervös sagte der Apotheker: „Ich verstehe. Ich werde es für Sie holen."

Er drehte sich sofort um, fand die Flasche mit dem Medikament und bereitete die Dosis so schnell zu, wie er nur konnte. Wir nahmen sie und bedankten uns bei dem Apotheker. Als wir zurück ins Krankenhaus eilten, bedankte ich mich zwischen unkontrollierten Lachanfällen ausgiebig bei Salci. Ich musste lachen, weil ich daran dachte, wie Salci den Apotheker angestarrt hatte.

Die Medikamente spielten eine entscheidende Rolle für Loneks Genesung. Sie minimierten die Gefahr, an Tuberkulose zu erkranken und er würde sie auch nie entwickeln. Er blieb daraufhin noch viele weitere Wochen im Krankenhaus, bevor er sich vollständig erholte. Aber schließlich wurde er wieder gesund. Wir sind unserem Freund Salci zu großem Dank verpflichtet.

NACH AMERIKA
OKTOBER 1945

Nachdem Lonek sich vollständig erholt hatte, kehrten wir nach Salzburg zurück. Wir hatten beschlossen, vorübergehenderweise zusammen dort zu leben, obwohl wir wussten, dass wir dort keine Zukunft hatten.

Eines Tages erlebten wir eine sehr angenehme Überraschung. Loneks Schwester Tusia kam in Salzburg an. Sie war den ganzen Weg aus Krakau angereist. Einige Monate nach Kriegsende war sie mit Loneks Bruder nach Krakau gegangen. Lonek war auch bei ihnen gewesen, bis er den Entschluss traf, nach Salzburg zu gehen. Er freute sich, sie zu sehen und ich freute mich, sie kennenzulernen. Aber warum war sie gekommen? Sie erzählte uns, dass einer von Loneks Freunden, der mit ihm von Krakau nach Salzburg gereist war, nach Krakau zurückgekehrt war und ihr von Loneks Krankheit erzählt hatte. Als sie dies hörte, machte sie sich sofort auf den Weg nach Salzburg. Sie war sehr erleichtert, dass er nun völlig genesen und bei guter Gesundheit war.

Das war das erste Mal, dass ich jemanden aus seiner Familie kennenlernte. Tusia und ich mochten einander auf Anhieb sehr. Von diesem ersten Treffen an gab sie mir das Gefühl, Teil der Familie zu sein.

Tusia erzählte uns, dass sie mit einem Familienfreund aus ihrer Heimatstadt Kontakt aufgenommen hatte. Er lebte im deutschen Schwandorf und hatte sie eingeladen, ihn dort zu besuchen. Tusia drängte uns, sie auf diesem Besuch zu begleiten. Es war nicht viel Überzeugungsarbeit nötig und schon bald machten wir uns auf den Weg nach Deutschland.

Ich blieb einige Monate lang in Schwandorf bei Lonek und seiner Familie. Doch schon bald wurde ich unruhig. Ich wollte meine neu gewonnene Freiheit unbedingt nutzen, um herumzureisen und mehr von Europa zu sehen. In jenen Monaten nach dem Krieg war das sehr leicht möglich. Oft konnte man mit dem Zug reisen, ohne eine Fahrkarte kaufen zu müssen. Gleichzeitig hatte Loneks Familie nicht viel Platz für mich, sodass ich anfing, mich ein wenig im Weg zu fühlen. Also verabschiedete ich mich von ihnen und versprach Lonek, dass wir uns bald wiedersehen würden.

Im Herbst und Winter 1945 und in den ersten Wochen des Jahres 1946 unternahm ich einige Reisen. Danach zog ich zu meinem Onkel, der sich in der kleinen österreichischen Stadt Bad Naheim niedergelassen hatte, die gleich hinter der Grenze zu Deutschland lag.[1] Während meines Aufenthalts dort erfuhr ich von einem speziellen Programm für minderjährige Waisenkinder, das ihnen bei der Einwanderung nach Amerika half. Das Programm war speziell auf Waisenkinder ausgerichtet, die keine anderen Familienmitglieder hatten, die sich um sie kümmern konnten. Da ich noch keine 18 Jahre alt war, fiel ich in diese Zielgruppe. Für die Antragsstellung musste ich nach Frankfurt am Main reisen, was nicht allzu weit vom Zuhause meines Onkels in Österreich entfernt war.

Kurz nachdem ich in Bad Naheim angekommen war, erhielt ich einen Brief von Lili, in dem sie mich bat, sie zu besuchen. Sie hatte Salzburg vor mir verlassen, um bei ihrem Bruder in einer kleinen Stadt in der Nähe von Hannover zu leben. Ich konnte es kaum erwarten, sie wiederzusehen und machte mich bald darauf auf den Weg.

Es war sehr schön, sie wiederzusehen, aber mein Aufenthalt bei ihr sollte nur kurz werden. Nur wenige Tage nachdem ich bei Lili angekommen war, erhielt ich ein Telegramm. Es teilte mir mit, dass ich in das Sonderprogramm für Waisenkinder aufgenommen worden war und in die Vereinigten Staaten gehen konnte. Weiterhin wurde ich angewiesen, so schnell wie möglich nach Frankfurt zu fahren, wo das Verfahren abgeschlossen werden musste. Ich musste einige Papiere zusammenstellen und mich einer medizinischen Untersuchung unterziehen. Es gab keine Zeit zu verlieren. Ich war traurig, Lili so bald zu verlassen und befürchtete, dass wir uns lange Zeit nicht sehen würden. Gleichzeitig war ich überglücklich über die guten Nachrichten und reiste sofort nach Frankfurt.

Nachdem ich die Anforderungen in Frankfurt erfüllt hatte, nahm ich mir vor, zu Lonek zurückzukehren, um ihm die Neuigkeiten zu erzählen und mich von ihm zu verabschieden. Als mir klar wurde, dass ich ihn nach meiner Abreise vielleicht nie wieder sehen würde, wurde meine Freude darüber, dass ich bald in Amerika sein würde, wieder getrübt. Hoffentlich könnten wir vorher noch ein paar Tage zusammen verbringen und uns versprechen, alles zu tun, um den Kontakt zu einander zu halten.

Ein paar Wochen später saß ich im Zug zur französischen Hafenstadt Le Havre, von wo aus das Schiff nach Amerika ablegen würde. Lonek verabschiedete sich am Bahnsteig von mir und wir küssten uns ein letztes Mal. Es war alles so schnell gegangen, dass ich keine Zeit gehabt hatte, die Tragweite des neuen Lebens, das ich bald beginnen würde, zu verarbeiten.

In Le Havre ging ich an Bord der SS Marine. Das Schiff war für ein Armeeschiff erstaunlich gut ausgestattet. Es war nicht luxuriös, aber recht komfortabel und das Essen war gut. Die Reise dauerte etwa zehn Tage und abgesehen von ein paar Tagen rauer See, während eines Sturms, war es eine ruhige Fahrt.

Ich werde den Tag, an dem wir in den Hafen von New York einliefen und ich die Freiheitsstatue zum ersten Mal sah, nie vergessen. Ich empfand widersprüchliche Gefühle, aber vor allem große Freude. Ich war ängstlich und nervös. Ich sprach kaum Englisch, außer „Hello", „Yes", „No", „Thank you", „Goodbye" und vielleicht noch ein oder zwei andere Wörter. Wer würde mich willkommen heißen? Wo würde ich untergebracht werden? Würden sie freundlich oder streng sein? Ich machte mir über all diese Dinge Sorgen, aber nach all dem, was ich bisher durchgemacht hatte, war ich zuversichtlich, dass ich es überstehen würde.

BUFFALO UND GERDA
MÄRZ 1946

In New York wurde ich von Vertretern des American Jewish Committee empfangen, die uns eine Unterkunft organisiert hatten. Wir gehörten zu den allerersten Holocaust Überlebenden, die in den Vereinigten Staaten ankamen. Unser Schiff war das zweite Boot mit Überlebenden, das an Land ging. Ich wurde mit den anderen Überlebenden, die mit mir angereist waren, in einer Pension in der Bronx untergebracht. Hier blieben wir, bis eine dauerhafte Unterkunft für uns gefunden werden konnte.

In dem Haus wohnten ungefähr 20 von uns Überlebenden. Ich schlief mit zwei anderen Mädchen in einem Zimmer. Beide waren ursprünglich aus Polen und zufälligerweise hatten sie beide zuvor in Bad Naheim gelebt, so wie ich. Sie waren jeweils mit einem Bruder angereist. Bald nach unserer Ankunft verlor ich den Kontakt zu ihnen und ich weiß auch ihre Namen nicht mehr, obwohl ich in diesen ersten Tagen in New York City viel Zeit mit ihnen verbrachte.

Ich erinnere mich nicht mehr an viele Dinge aus dem Haus in diesen ersten Tagen in Amerika, aber eine interessante Sache ist mir noch sehr gut in Erinnerung. Im Hauptflur stand ein Klavier und während unseres Aufenthaltes kam oft ein schwarzer Mann, um darauf zu spielen. Er brachte viele Jazz-Songs darauf zum Erklingen. Es war ein wunderbarer Anblick und Klang und so typisch für das, was ich erwartete, in New York zu sehen.

Ich war nervös, mich in die Bronx zu bewegen. Ich sprach kein Englisch und alles war so anders zu dem Leben, das ich vor dem Krieg geführt hatte. Aber die Verlockung, in der berühmtesten Stadt der Welt zu sein, war zu groß, um mich davon abzuhalten, hinauszugehen. Wir sahen uns so viele Sehenswürdigkeiten an, wie wir nur konnten. Ich erinnere mich, dass wir mit der U-Bahn fuhren, die nur fünf Cent pro Fahrt kostete. Wir sahen einige der bekanntesten Wahrzeichen Manhattans. Ich erinnere mich nicht mehr an alle, aber wie könnte ich das Empire State Building vergessen? Wir gingen zwar nicht hinauf, aber es war beeindruckend, es an der Skyline zu sehen.

An meinem zehnten Tag in New York teilte man mir mit, dass ein Zuhause für mich gefunden worden war. Eine Familie in Buffalo, New York, hatte sich bereit erklärt, mich aufzunehmen. Ich hatte keine Ahnung, wo Buffalo lag, aber am nächsten Tag saß ich im Zug in Richtung Norden.

Am Bahnhof in Buffalo wartete ein Sozialarbeiter auf mich, der mich in mein neues Zuhause brachte. Die Familie, die mich aufnahm, war jüdisch. Ihr Name war Friedman und ich kann mich noch an ihre Adresse erinnern: 15 Huntington Avenue. Sie hatten ein großes Haus mit vier Schlafzimmern für ihre vier Kinder: drei Mädchen und einen Jungen. Nur eines der Mädchen und der Junge lebten noch zu Hause, als ich dort ankam. Der Sohn besaß ein Haushaltswarengeschäft und die Tochter war auf dem College. Die beiden älteren Töchter waren verheiratet. Eine lebte in Michigan und die andere noch in der Gegend von Buffalo. Zwei der Schlafzimmer waren also leer und ich hatte nun mein eigenes Zimmer. Welch ein Luxus für mich, nachdem ich den Großteil des Krieges über in überfüllten Etagenbetten und Baracken gelebt hatte.

Ich war froh über die Privatsphäre. Da ich mich nicht gut mit meinen Gastgebern verständigen konnte, war es eine Erleichterung, allein sein zu können und nicht unter dem Druck zu stehen, mit ihnen zu kommunizieren. Im Nachhinein wäre wahrscheinlich besser gewesen, wenn ich schneller Englisch gelernt hätte. Die Eltern sprachen Jiddisch, das ich zwar verstand, aber nicht gut sprach. Die Essenszeiten waren unangenehm. Sie unterhielten sich hauptsächlich auf Englisch, sodass ich keinen blassen Schimmer hatte, worüber sie redeten. Manchmal versuchten sie, mich mit einzubeziehen, aber natürlich führten diese Versuche zu keinen Gesprächen. Für eine kurze Zeit erhielt ich von einem Privatlehrer einige Englischstunden, aber ich hielt mein polnisch-englisches Wörterbuch immer griffbereit.

Nur wenige Tage nach meiner Ankunft in Buffalo erhielt ich einen mysteriösen Anruf. Als ich ans Telefon ging, hörte ich eine Frauenstimme, die Deutsch sprach! Es war großartig, wieder richtig mit jemandem kommunizieren zu können. Sie begann, mich über meine Geschichte auszufragen. Ihre Fragen zeigten, dass sie viel darüber wusste, was den Überlebenden in Europa widerfahren war. Sie fragte, in welchen Arbeitslagern ich gewesen war und wann und wo ich befreit wurde. Diese Fragen mögen heute nicht ungewöhnlich erscheinen, da wir nun so viel über den Holocaust wissen. Aber in den ersten Jahren nach dem Krieg wussten viele Amerikaner, selbst jüdische Amerikaner, nicht viele Details über die tragischen Ereignisse.

Die Frau stellte mir weiter Fragen, bis sie erfuhr, dass ich auf dem Todesmarsch von Volary gewesen war. Dann erzählte sie mir, dass eine andere Frau in Buffalo ebenfalls diesen Marsch miterlebt hatte. Als sie mir ihren Namen sagte, fiel mir fast der Hörer aus der Hand. Es war Gerda Weissmann Klein. Ich kannte Gerda sehr gut. Wir hatten im Lager Landeshut Seite an Seite an angrenzenden Webmaschinen gearbeitet, aber auf dem Marsch hatten wir nicht viel Zeit miteinander verbracht. Sie war vier oder fünf Jahre älter als ich, was in unserem jungen Alter einen großen Unterschied machte. Und selbstverständlich hatte ich mich während der ganzen

Tortur an Halinka und Lili gehalten. Trotzdem war ich überglücklich, als ich erfuhr, dass sie so dicht bei mir wohnte.

Die Frau gab mir ihre Telefonnummer. Ich rief sie sofort an und ein paar Stunden später trafen wir uns. Wir unterhielten uns stundenlang und während des gesamten Gesprächs flossen viele Tränen. Es war heilsam, über die schrecklichen Dinge zu sprechen, die ich erlebt hatte, denn bis dahin hatte mich die Sprachbarriere daran gehindert. Doch selbst wenn ich perfektes Englisch gesprochen hätte, wäre niemand, den ich bis dahin in Buffalo getroffen hatte, in der Lage gewesen zu verstehen, was ich durchgemacht hatte. Gerda in meiner Nähe zu haben, war ein Geschenk des Himmels. Unsere gemeinsame Zeit half mir zu heilen und mich auf das neue Leben einzustellen, das vor mir lag.

Gerda hatte einen amerikanischen Leutnant geheiratet, den sie nach ihrer Befreiung in Volary kennengelernt hatte. Er stammte aus Buffalo und sie ließen sich dort gemeinsam nieder. Sie schrieb ein Buch über ihre Erfahrungen auf dem Marsch mit dem Titel *All but Life*. Es war der erste umfassende Bericht über den Marsch von Volary, der geschrieben wurde. Das Buch wurde mehrfach ausgezeichnet und machte Gerda berühmt. Sie wurde Menschenrechtsaktivistin und Rednerin über den Holocaust. Ihre Geschichte wurde im Kurzfilm *One Survivor Remembers* verfilmt, der sowohl einen Oscar als auch einen Emmy gewann.

Gerda und ich wurden sehr gute Freundinnen. Nachdem sie ihre erste Tochter zur Welt gebracht hatte, bat sie mich, ihr auf dem Heimweg vom Krankenhaus zu helfen. Sie wollte, dass ich das Baby zum Auto trage, als sie entlassen wurde. Ich fühlte mich geehrt. Ich wollte meine Dankbarkeit zum Ausdruck bringen und erschien deshalb besonders modisch in sehr hohen Absätzen. Gerda warf einen Blick auf mein Schuhwerk und sagte, sie würde mir nicht erlauben, das Baby in diesen Schuhen zu tragen. Sie hatte Angst, ich würde stolpern und das Baby fallen lassen!

Lili hatte mir geschrieben, dass sie hart daran arbeitete, einen Weg zu finden, nach Amerika zu kommen. Gerda war ihr dabei eine große Hilfe. Sie und meine Gastgeber, die Friedmans, machten es gemeinsam möglich. Bald war sie bei uns in Buffalo. Was für eine Freude es war, meine liebe Freundin wieder bei mir zu haben! Sie hatte mir geholfen, zu überleben, und ich liebte sie wie eine Schwester. Lili lernte ihren Mann in Buffalo kennen. Sie heiratete in Buffalo und lebte bis zu ihrem Tod dort. Auch wenn ich schließlich in die Gegend von New York zog, blieben wir bis zu ihrem Tod enge Freundinnen.

Die ersten Wochen in Amerika waren ein reinster Wirbelwind für mich. Weniger als einen Monat zuvor war ich noch durch Deutschland und Österreich gereist und hatte meine neue Freiheit genossen. Dann war ich zwei Wochen später auf einem Schiff nach Amerika und zwanzig Tage danach in meinem eigenen Zimmer in Buffalo. In nur zwei weiteren Wochen würde ich in mich in einem Klassenzimmer in der amerikanischen High-School wiederfinden, immer noch ohne ein Wort Englisch zu sprechen.

Im September 1946 wurde ich im Alter von 17 Jahren als Freshman in die Bennet High-School aufgenommen. Alle meine Mitschüler waren zwei bis drei Jahre jünger als ich. Obwohl dies im Erwachsenenalter kein signifikanter Altersunterschied ist, ist der Unterschied in diesen frühen Teenagerjahren enorm groß. Ich war seit über sieben Jahren nicht mehr in der Schule gewesen. Ich unterschied mich auch auf kultureller Ebene sehr von den anderen, was meine Isolation und Entfremdung noch verstärkte. Ich fühlte mich fehl am Platz und schämte mich ein bisschen. Auch das Wissen, dass ich einen guten Grund für meine schulischen Versäumnisse hatte, machte mein Unbehagen nicht kleiner.

Nichtsdestotrotz motivierte mich dieses Gefühl, fleißig zu lernen und ich war fest entschlossen, den Rückstand zu den älteren Schülern aufzuholen. Ich konzentrierte mich auf die Schule und lernte jeden Tag viele Stunden. Ich bat die Schulleitung, mir zu gestatten, auf bestimmte weniger akademische Fächer wie Sport und Hauswirtschaftslehre zu verzichten. Sie stimmten zu und ich belegte stattdessen andere fortgeschrittene Kurse, die für den Abschluss erforderlich waren, doppelt.

Meine Bemühungen zahlten sich aus und nach zwei langen Jahren war ich bereit, meinen Abschluss zu machen. Meine Lehrer und Klassenkameraden waren erstaunt. Und ich war es auch! Mein Englisch war bei weitem noch nicht perfekt, aber ich konnte mich sehr gut verständigen. Die Lokalzeitung von Buffalo berichtete in einem Artikel über meine Leistungen. Ich war sehr stolz darauf und habe den Ausschnitt heute noch.

AMERIKA ÜBERSTEHEN
1946-1948

Diese beiden Jahre schienen einerseits sehr schnell zu vergehen, aber andererseits auch sehr langsam, besonders das erste Jahr. Ich vermisste Lonek sehr. Wir hielten den Kontakt über Briefe, aber sie kamen zu langsam und nicht oft genug. Ich machte mir Sorgen, dass wir uns vielleicht nie mehr wiedersehen würden. Und wenn das der Fall sein würde, würde er eine Andere kennenlernen? Lonek war neidisch, dass ich vor ihm nach Amerika gekommen war. Aber er zeigte das nicht, als wir uns trennten. Stattdessen nutzte er es als Motivation, einen Weg zu finden, das Gleiche zu tun. Wir blieben geduldig und ermutigten uns gegenseitig in unseren Briefen. In der Zwischenzeit tat Loneks Tante alles, was in ihrer Macht stand, um ihn in die Vereinigten Staaten zu bringen.

Seine Tante, die Schwester seiner Mutter, war Jahre vor dem Krieg nach New York ausgewandert. Als sie sah, wie der Antisemitismus in ganz Europa zunahm, flehte sie Loneks Familie an Polen zu verlassen und in die USA zu kommen. Doch Loneks Vater hatte über viele Jahre hinweg ein erfolgreiches Geschäft aufgebaut, das er nicht verlieren wollte. Nach Amerika auszuwandern und neu anzufangen, war einfach zu entmutigend für ihn. Er sprach kein

Englisch und wusste, dass die meisten Einwanderer in Ausbeutungsbetrieben arbeiteten und nach ihrer Ansiedlung arm blieben. Er wusste, dass Hitler eine Bedrohung darstellte, aber er konnte seine bösen Absichten nicht vorhersehen. Er hatte zudem viel Zeit in Wien verbracht, als er in der österreichischen Armee gedient hatte. Diese Erfahrung ließ ihn annehmen, das deutsche Volk sei das zivilisierteste und kultivierteste der Welt. Als es schon zu spät war, schockierte es ihn, zu welcher Barbarei sie doch fähig waren.

Wochen wurden zu Monaten und ich fragte mich, ob Lonek jemals nach Amerika kommen würde. Dann erhielt ich eines Tages die wunderbaren Nachrichten in einem Brief von ihm. Er hatte ein Visum erhalten und würde sich bald auf den Weg in die Vereinigten Staaten machen. Es hatte etwas mehr als ein Jahr gedauert, aber nun war es endlich so weit. Im Oktober 1947 ging er an Bord der SS Ernie Pyle, einem der berühmtesten Schiffe, das nach dem Krieg jüdische Einwanderer aus Europa in die USA brachte.

Seine Familie in New York nahm ihn auf und er begann seinen langen Weg, Amerikaner zu werden. Es sollte noch zwei weitere Monate dauern, bis wir uns sehen würden. In der Silvesternacht 1948 traf ich ihn in New York. Wir feierten das neue Jahr mit viel Freude. Es war schön, seine Geschwister wiederzusehen und zum ersten Mal seine Großfamilie zu treffen. Diese Neujahrswoche verging viel zu schnell. Es schien, als wäre ich im Handumdrehen wieder in der Schule in Buffalo. Ich fragte mich erneut, wann wir uns wiedersehen würden. Es sollte wieder fünf lange Monate dauern, bis es so weit sein würde.

Das Ende des Schuljahres im Frühjahr 1948 nahte. Ich war mir sehr sicher, dass ich genug Leistungspunkte für den Abschluss der High-School gesammelt hatte. Also lud ich Lonek ein, nach Buffalo zu kommen, um mit mir zu feiern. Er konnte leider aufgrund von beschränkten Sitzplätzen nicht bei meiner Abschlussfeier dabei sein, aber er begleitete mich zu meinem Abschlussball. Er war ein sehr guter Tänzer und wir hatten einen wundervollen Abend.

Wir überlegten, wie wir Lonek nach Buffalo bringen könnten. Wieder einmal war meine wunderbare Freundin Gerda die Retterin in Not. Sie und ihr Mann boten an, ihn für eine Weile bei sich aufzunehmen. Sie nahmen ihn nicht nur auf, sondern Gerdas Mann fand auch einen Job für ihn als Versandmitarbeiter in einem örtlichen Sportgeschäft.

Während seiner Zeit in Buffalo wurde unsere Band immer stärker und wir beschlossen, zu heiraten. Wir wussten jedoch beide, dass wir uns erst einmal etablieren mussten, bevor wir den Bund fürs Leben eingehen konnten. Wie würden wir unseren Lebensunterhalt verdienen? Wo würden wir uns schließlich niederlassen? Es war zunächst ein Segen gewesen, nach Buffalo zu kommen, aber ich war das extreme Winterwetter satt. Die Schneestürme, die über dem See entstehen, können Autos und Häuser unter sich begraben. Ich hatte Glück, dass meine Gastgeber in der Lage waren, mir Winterkleidung zu besorgen, insbesondere Schneestiefel, die nach dem Krieg sehr schwer aufzutreiben waren.

Ich beendete die Schule und dachte darüber nach zu studieren. Aber ich spürte den Druck, Geld zu verdienen. Ich war es leid, ein Sozialfall zu sein. Ich sehnte mich danach, auf eigenen Füßen zu stehen und meine eigene Wohnung zu haben. Also beschloss ich, mir einen Job zu suchen, anstatt mich für ein College zu bewerben. Ich wurde als Laborassistentin in einem örtlichen Dentallabor angestellt. Es war großartig, endlich etwas Geld ausgeben zu können und ein bisschen zu sparen.

Der Sommer verging wie im Flug und Lonek und ich hatten viel Spaß zusammen. Es war das erste Mal seit Österreich, dass wir eine längere Zeit zusammen verbrachten. Aber es sollte wieder zu schnell vorbei sein. Nach sechs Monaten in Buffalo bat ihn sein Bruder Edek, nach New York zurückzukehren. Edek hatte mit einem Darlehen ihrer Tante einen kleinen Lebensmittelladen in

Brooklyn gekauft. Er brauchte Unterstützung bei der Ladenführung und drängte Lonek, sich ihm in dem neuen Unternehmen anzuschließen. Er war traurig, gehen zu müssen, aber als ihm klar wurde, dass dies der Schlüssel zu unserer Zukunft sein könnte, kehrte er nach New York zurück. Das Geschäft lief schlecht und sie mussten es schließlich aufgeben. Daraufhin arbeitete Lonek in mehreren Jobs, die er alle als sehr unbefriedigend empfand. Schließlich investierten er und sein Bruder in ein Immobilienunternehmen, das Häuser und Wohnungen baute. Der Immobilienmarkt begann durch die große Nachfrage nach Wohnraum in der Nachkriegszeit zu explodieren. Sie waren genau zum richtigen Zeitpunkt in das Geschäft eingestiegen. Das Unternehmen wuchs schnell und sicherte ihm bis zu seiner Pensionierung seinen Lebensunterhalt.

Lonek und ich heirateten am 24. Oktober 1949. Wir wurden mit einer wunderschönen und liebevollen Familie gesegnet, zwei Töchter und ein Sohn. Unser Familienleben war von großer Freude, aber auch von großer Trauer geprägt. Meine älteste Tochter Susan wurde 1952 geboren und lebt in New Jersey in meiner Nähe. Sie bekam drei Töchter, Jamie, Danielle und Carly. Jamie und Danielle sind jetzt verheiratet und gründeten ihre eigenen Familien. Jamie schenkte uns zwei Urenkelkinder, einen Jungen, Liev Max und ein Mädchen, Rafi.

Mein jüngstes Kind Nina wurde 1967 geboren. Sie hat zwei wunderbare Kinder mit äußerst kreativen Namen. Ihr Sohn heißt Xander und ihre Tochter heißt Drew. Wir sehen sie nicht so oft, wie wir es uns gewünscht hätten, da sie und ihr Mann Noah mittlerweile in Los Angeles leben.

Mein Sohn David wurde etwas mehr als ein Jahr nach Susan geboren und war sehr intelligent und aufgeweckt. Er war ein Sonnenschein und wir liebten ihn sehr. Als er mit Hirnkrebs diagnostiziert wurde, war er ein erfolgreicher Kommunikationsstudent an der Boston University. Sein tapferer

Kampf gegen die gefürchtete Krankheit war inspirierend. Leider verstarb er nach zwei Jahren Chemotherapie, Operationen und verschiedenen Behandlungen. Für uns alle waren es zwei höllische Jahre. Wir vermissen ihn sehr, aber er bleibt uns in liebevoller Erinnerung.

RÜCKBLICK

Meine Geschichte ist eine des unglaublichen Glücks. Während meines Überlebenskampfes wendete sich das Schicksal so oft zu meinen Gunsten. Und selbst nachdem der Horror vorbei war, verließ das Glück mich nicht. Ich hatte das Glück, zu den ersten Überlebenden zu gehören, die nach Amerika einreisen durften. Dort hatte ich das Glück, in der Nähe von Menschen zu leben, mit denen ich die Tortur durchgestanden hatte. Sie gaben mir die dringend benötigte Unterstützung und ein Ventil, um das Geschehene zu verarbeiten. Ich hatte außerdem Glück, dass ich Lonek und seine Familie kennenlernte. Sie wurden zu meiner Familie, denn ich hatte fast alle meine Angehörigen verloren.

Viele Überlebende des Holocausts konnten es jahrelang nicht ertragen, über ihre Erfahrungen zu sprechen. Einige taten es nie. Die meisten von ihnen sagten, dass der Schmerz des Wiedererlebens der Ereignisse zu groß sei. Ich war diesem Schmerz nicht abgeneigt. Aber ich stellte fest, dass die Menschen in den Vereinigten Staaten, die den Krieg nicht direkt erlebt hatten, nicht darüber sprechen wollten. Es war zu viel für sie, um es zu verarbeiten. Selbst Juden, deren Familien vor dem Krieg nach Amerika gekommen waren und die nicht unter der Bedrohung gelebt hatten, waren selten bereit zuzuhören. So fanden wir vor allem in den ersten Jahren nach dem Krieg nicht viele verständnisvolle Zuhörer.

Kein Ventil zu haben, indem ich darüber sprach, wäre für mich schwierig geworden. So hatte ich wieder einmal das Glück, einige Freunde in der Nähe und durch Lonek eine neue Familie gefunden zu haben, sodass wir unseren Kummer und Schmerz teilen konnten. Immer wenn wir uns trafen, hatten wir keine Hemmungen, über das Grauen zu sprechen. Wir zwangen unsere Kinder nicht, sich unsere Geschichten anzuhören. Aber wir scheuten auch nie davor zurück, darüber zu sprechen, wenn das Thema natürlicherweise bei unseren vielen Treffen mit Familie und Freunden aufkam. Wenn die Kinder im Raum waren, führten wir das Gespräch weiter und enthielten ihnen so nichts vor.

Man hört oft, dass das Trauma, das wir erlebten, über Generationen hinweg weitergegeben werden kann. Ich denke, meine Kinder und Enkelkinder haben ein gesundes Verhältnis zu dem, was wir durchgemacht haben; sie sind nicht davon besessen, aber sie ignorieren es auch nicht oder versuchen, davor wegzulaufen. Wir unternahmen im Laufe der Jahre sogar mehrere Reisen nach Europa, um meine Heimatstadt und andere Orte entlang des Todesmarsches zu besuchen und unsere Kinder und Enkelkinder begleiteten uns auf diesen Reisen. Wir besuchten auch mehrfach Loneks Heimatstadt Tluste, die jetzt in der Westukraine liegt, um ihnen zu helfen, auch seine Geschichte zu verstehen. Auch besuchten wir als Familie mehrfach das Holocaust-Gedenkzentrum Yad Vashem in Jerusalem.

1985 besuchten wir Częstochowa und fanden die Wohnung, in der ich vor dem Krieg aufgewachsen war. Ich war überrascht, dass sie noch fast so aussah, wie ich sie in Erinnerung hatte. Der Besuch war bittersüß. Einige glückliche Erinnerungen an meine Zeit als sehr junges Mädchen kamen hoch, aber auch der Schmerz über den Verlust meiner Eltern.

Im Jahr 1995 veranstaltete die Stadt Volary zusammen mit anderen nahegelegenen tschechischen Städten eine Gedenkfeier zum 50. Jahrestag des Kriegsendes in Europa. Überlebende des Todesmarsches von Volary waren als Ehrengäste eingeladen. Es war eine ganz besondere Zeremonie.

In Volary gibt es einen Friedhof, auf dem einige der Mädchen, die am Ende des Marsches starben, begraben sind. Es ist ein bemerkenswerter Ort, denn es handelt sich vermutlich um die einzige Gedenkstätte in Europa, bei der massenhaft ermordete Holocaust-Opfer individuell gekennzeichnete Grabsteine erhielten. Eine Gruppe amerikanischer Soldaten war für den Friedhof verantwortlich. Nachdem sie uns befreit hatten, suchten sie die Umgebung nach Leichen von Mädchen ab, die gestorben oder ermordet worden waren. Sie zwangen die deutschen Bürger in der Umgebung, die Leichen aus den flachen Gräbern zu bergen und sie auf den Friedhof zu bringen, damit sie ordnungsgemäß bestattet werden konnten. Jedes Opfer erhielt ein jüdisches Begräbnis, eine individuelle Grabstelle und einen Grabstein. In der Mitte des Friedhofs überragt eine schöne Statue zu Ehren der Opfer des Marsches die Gräber. Die Bronzestatue ist über 3,5 Meter hoch und stellt eine abstrakte weibliche Figur dar.

Bei der Zeremonie wurden wir mit Musik und Blumen willkommen geheißen. Die damaligen Bürgermeister der Städte organisierten feierliche Empfänge und luden uns ein, die Stadtchroniken zu unterzeichnen. Bei einer der Zeremonien halfen wir den Schülern der Sekundarstufe 1 aus Volary 95 Bäume zu pflanzen, einen für jedes der Opfer auf dem Friedhof. So entstand ein lebendiges Mahnmal auf dem Rasen ihrer Schule. Die Kinder schenkten jedem von uns eine selbst gefertigte Keramikfigur und wir hatten das Vergnügen, ihre Autogrammbücher zu signieren. Danach überreichten wir der Stadt ein Geldgeschenk, das für die Anschaffung neuer Musikinstrumente für die Schulband verwendet wurde.

Vor dem Gedenkgottesdienst auf dem Friedhof stellten die Frauen Kerzen und Blumen an jeden Grabstein. Mehrere Grabsteine trugen die Aufschrift „Neznama", was auf Tschechisch „Unbekannt" bedeutet. Der Bürgermeister von Volary versprach, dass die Stadt es sich zur Ehrenpflicht mache, sich stets um die Gräber zu kümmern.

Meine Freundin Lili hielt eine kurze Rede: „Wir stehen heute hier und empfinden große Trauer für unsere ermordeten Schwestern. Wir danken dem Bürgermeister, dass er uns die Möglichkeit gegeben hat, endlich Abschied von ihnen zu nehmen und somit damit abschließen zu können. Mögen sie nun in Frieden ruhen." Dann sprachen wir ein besonderes Gebet, das Kaddisch. Zum Abschluss des Gottesdienstes sangen wir *El male rachamim*, ein jüdisches Gebet für die Seelen der Verstorbenen.

An diesem Abend überreichte der Bürgermeister bei einer Zeremonie im Kino der Stadt allen Überlebenden eine speziell geprägte Silbermünze, eine Statuette, die der Skulptur auf dem Friedhof nachempfunden war, eine Urkunde und eine rote Rose. Es war ein emotionales Wiedersehen, bei dem Tränen des Kummers und der Freude flossen.

Auf derselben Reise fuhren Lonek und ich nach Salzburg, um den Ort zu besuchen, an dem wir uns zum ersten Mal getroffen hatten: das Militärgelände, das damals als DP-Lager genutzt wurde. Wir erinnerten uns an die Freude, als wir unsere Freiheit fanden und unser gemeinsames Leben begannen. Es war gut, einen Ort zu besuchen, mit dem wir glücklichere Erinnerungen verbanden als den Terror, den wir erlebt hatten.

Die Flut des Antisemitismus nimmt in der Welt wieder zu. Es ist erschreckend, dass es ihn noch immer gibt und dass so viele Menschen den Holocaust weiterhin leugnen. Erinnern ist wichtig. Wir können es nie oft oder laut genug sagen: „Niemals vergessen".

NACHWORT

Ich werde oft gefragt, welche Lehren ich den Menschen aus meinen Erfahrungen mitgeben möchte. Ich glaube, sie erwarten von mir, dass ich so etwas sage wie: „Egal, wie schwierig deine Situation ist, egal, wie trostlos es scheint und egal, wie die Chancen stehen, du musst den Willen zum Überleben aufbringen." Ich möchte nicht leugnen, dass diese Philosophie unter solch schrecklichen Umständen entscheidend sein kann, aber ich glaube nicht, dass ich mehr Überlebenswillen hatte als andere, die neben mir umkamen.

Was ich erlebte und das Grauen, das uns widerfuhr, gab es weder zuvor noch seither in der Geschichte der Menschheit. Was die Juden während des Holocausts erlebten, war so böse und barbarisch, dass der bloße Überlebenswille nicht genug war, um es zu überwinden. Meine Geschichte ist keine gewöhnliche, auf die man gewöhnliche Moralvorstellungen übertragen kann.

Es ist erwähnenswert, dass meine Geschichte mehr von unglaublichem Glück geprägt ist als von meiner Willenskraft oder irgendeiner anderen Eigenschaft. Ich war ein junges, ahnungsloses und naives Mädchen. Ich wusste nur sehr wenig darüber, wie es ist, auf eigene Faust in einer normalen Welt zu überleben–geschweige denn in einer, die in eine hasserfüllte Tyrannei versunken war. Von Anfang an war es das Ziel der Nazis gewesen, uns von der Erde auszulöschen. Sie hatten die Macht, die Kraft und den Willen, dies zu tun und sie kamen ihrem Ziel sehr nahe. Der Wille eines kleinen Mädchens hätte niemals auch nur ansatzweise dagegen ankommen können.

Mein Überleben war eine Reihe glücklicher Zufälle. Unzählige Male hätte ich für eine Hinrichtung ausgewählt werden können anstelle eines Mädchens neben mir. Unzählige Male hätte ich in das Kreuzfeuer einer der vielen Aktionen geraten können, die ich erlebte. Unzählige Male hätte ich verhungern oder im Regen, Schneeregen und Schnee der Kälte erliegen können.

Ich habe viele Frauen sterben sehen, die mit mir marschiert sind. Die meisten von ihnen waren stärker und klüger als ich. Sie hatten genauso viel, wenn nicht sogar mehr Überlebenswillen als ich. Im Grunde könnte man sagen, dass ich wiederholt im Lotto gewann, bis das Spiel schließlich aufhörte.

Ich denke oft darüber nach. Ich denke an die tapferen Männer, die für die Alliierten kämpften und uns schließlich befreiten. Millionen von ihnen starben bei diesem Unterfangen. Sie gewannen nicht im Lotto. Ich denke an die sechs Millionen Juden, die ermordet wurden. Auch sie gewannen nicht im Lotto. Insgesamt schätzt man, dass während des Krieges weit über 70 Millionen Menschen starben und ich bin mir sicher, dass die meisten von ihnen einen starken Überlebenswillen hatten.

Ich will damit nicht sagen, dass der Überlebenswille nicht wichtig ist. Ohne ihn ist man verloren. Doch für mich war dieser Wille nur ein kleiner Teil dessen, weshalb ich noch hier bin. Ich hatte auf meinem Weg Hilfe von Menschen, von denen einige ihr Leben für mich in Gefahr brachten. Ich bin ihnen sehr dankbar. Das war mehr als Glück. Es waren Menschen, die trotz der Konsequenzen bereit waren, das Richtige zu tun. Ohne sie sind wir alle verloren. Auch ohne meine Familie, von der die meisten nicht überlebten, hätte ich nicht fliehen können.

Ich will weder Anerkennung noch Lob für meine Überlebensgeschichte. Ich traf lediglich den Entschluss, sie zu erzählen, damit sie zu den Hunderttausenden anderer Überlebensgeschichten hinzugefügt werden kann, in der Hoffnung, dass künftige Generationen sie nie vergessen werden.

Noch einmal, sich zu erinnern ist schwer. Aber es ist etwas, um das wir uns bemühen müssen, damit wir nicht zulassen, dass sich dieses Grauen jemals wiederholt.

DANKSAGUNG

Ich muss Edwin Stepp meinen Dank und meine Anerkennung für seine Hilfe bei der Erstellung dieses Buches aussprechen. Obwohl er viele Jahre nach dem Krieg in Amerika geboren wurde, besaß er Sensibilität und Verständnis für das, was sich während des Holocausts ereignete. Das ist ungewöhnlich für jemanden, der das Trauma nicht selbst am eigenen Leib erfahren hat.

BILDER

Halina und ihre Mutter kurz vor Ausbruch des Zweiten Weltkriegs. Halina bewahrte dieses Foto während des gesamten Marsches in ihrem Schuh auf, obwohl die Gefahr groß war, damit erwischt zu werden.

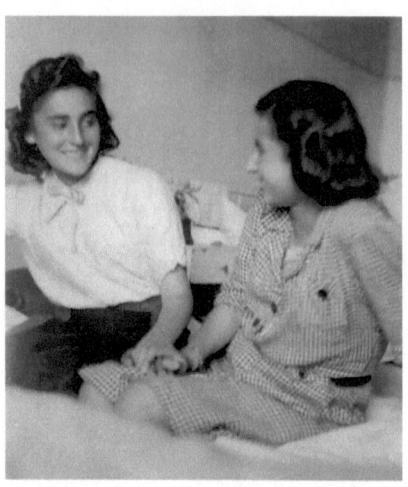

Halina und Lili Händchen haltend auf dem Krankenhausbett in Prachatice.

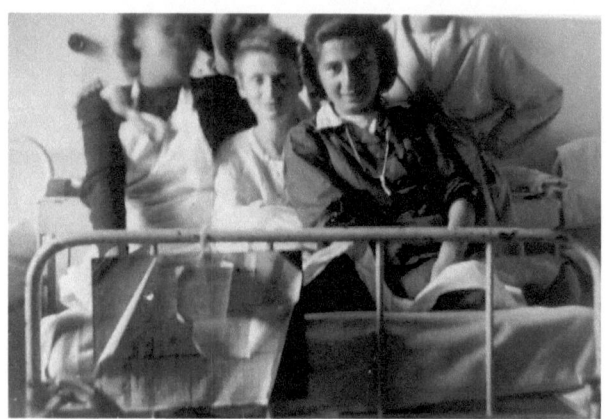

Halina (rechts) und Lili (links) mit den Krankenschwestern im Krankenhaus von Prachatice.

Halina mit einigen neu gewonnenen Freunden in Prachatice. Sie steht in der Mitte. Ihre Freundin Helen (Nachname unbekannt) liegt auf ihrem Schoß und Lili liegt rechts von ihnen auf dem Boden.

Halina mit einer anderen Gruppe von neu gewonnenen Freunden in Prachatice. Halina steht unten links und hält ein amerikanisches Gewehr.

Halina posiert mit zwei amerikanischen Soldaten.

Halina in Prachatice nach ihrer Genesung im Krankenhaus.

Halina und Lonek verabschieden sich, als sie den Zug zeigt, mit dem sie ihre Reise nach Amerika beginnt.

Artikel im Buffalo Courier Express im Juni 1948, in dem Halina dafür gelobt wird, dass sie vier Jahre High School in nur zwei Jahren absolviert hat.

Halina besucht das Haus, in dem ihre Familie vor dem Krieg in Czestochowa gelebt hat. Es sah noch genauso aus wie damals, als die Familie aus dem Haus vertrieben wurde.

Gräber der Unbekannten in Volary.

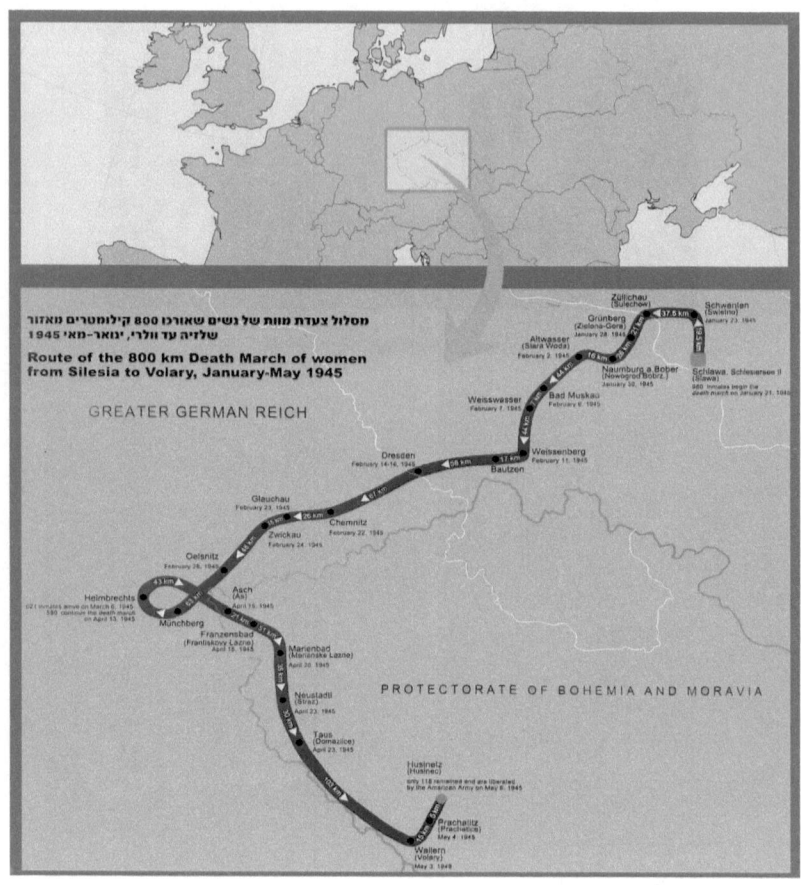

Die Route des Todesmarsches nach Volary. Urheberrecht Yad Vashem, Jerusalem.

ÜBER DIE AUTOREN

Halina Goldberg Kleiner wurde 1929 im polnischen Czestochowa geboren. Ihr Vater besaß ein Holzlager in der Stadt, bis die Nazis es ihm nach ihrem Einmarsch in Polen im Jahr 1939 entrissen. Damit begann ihre erschreckende Überlebensgeschichte. Sie war eine der wenigen, die den berüchtigten Todesmarsch von Volary überlebten. Halina lernte ihren zukünftigen Ehemann Leon Kleiner nach dem Krieg in einem DP-Lager in Salzburg kennen.

Sie verbrachten die meiste Zeit des darauffolgenden Jahres damit, sich besser kennenzulernen und hofften, eines Tages heiraten zu können. Halina war unter den allerersten Juden, die in die Vereinigten Staaten einwandern durften und im Sommer 1946 ließ sie sich in der Stadt Buffalo im US-Bundesstaat New York nieder. Dort verblüffte sie ihre Lehrer, indem sie die High-School in nur zwei Jahren abschloss, obwohl sie bei ihrer Ankunft kein einziges Wort Englisch sprach. Leon und Halina trafen sich 1948 in den Vereinigten Staaten wieder, nachdem es auch Leon gestattet worden war, nach New York auszuwandern. Sie heirateten im Oktober 1949 und begannen ihr gemeinsames Leben. Sie bekamen drei Kinder, die ihnen fünf Enkelkinder schenkten. Mittlerweile haben sie sogar zwei Urenkelkinder. Traurigerweise starb Halina am 9. April 2022, kurz bevor ihre Geschichte veröffentlicht werden konnte. Sie war 93 Jahre alt.

Edwin Stepp verfügt über mehr als 30 Jahre Erfahrung in den Bereichen Medien, Marketing und Werbung. Er war über 15 Jahre lang leitender Redakteur der vierteljährlichen Zeitschrift *Vision– Journal for a New World*. Die Zeitschrift hatte eine kleine Auflage, wurde aber in über 75 Ländern weltweit vertrieben. Für das Magazin schrieb Stepp zahlreiche Artikel zu geschichtlichen, kulturellen, umweltbezogenen und aktuellen Themen. Die dazugehörige Webseite wird monatlich von über 250.000 Menschen besucht. Edwin leitete auch die Entwicklung der Webseite und einer App für die zusätzliche Verbreitung von

Inhalten. In dieser Position war er Mitautor und Lektor mehrerer Bücher über jüdische und christliche Geschichte, die von der Zeitschrift veröffentlicht wurden. Im Jahr 2011 gründete er die Fernseh- und Filmproduktionsfirma Django Productions, die auf Dokumentarfilme und nonfiktionale Unterhaltung spezialisiert ist. Mittlerweile verfeinert Stepp in der Filmproduktion sein schriftstellerisches Talent.

***

Vielen Dank, dass Sie diese Memoiren gelesen haben. Wir hoffen, dass Ihnen die Lektüre gefallen hat und würden Sie bitten, ein paar freundliche Worte auf Amazon oder Goodreads zu hinterlassen. Wenn Sie das Buch als Kindle eBook gelesen haben, können Sie auch dort eine Bewertung abgeben. Das ist nur ein Klick, mit dem Sie angeben, wie viele Sternen sie dem Buch geben würden und kostet Sie nur einen Sekundenbruchteil.

Vielen Dank im Voraus!

Halina Kleiner und Edwin Stepp

—

Wenn Sie sich für die preisgekrönte Lebensgeschichte von Leon Kleiner (Halina Kleiners Ehemann, der in diesen Memoiren Lonek genannt wird) interessieren, können Sie das Kindle-Exemplar bei Amazon herunterladen oder eine Kopie in ihrer Buchhandlung, bei Amazon oder bei Barnes & Noble kaufen.

Save my Children / Rette meine Kinder von Halinas Ehemann Leon Kleiner ist auf Englisch, Deutsch und Französisch erhältlich.

AMSTERDAM PUBLISHERS HOLOCAUST BIBLIOTHEK

Die Reihe **Holocaust Überlebende erzählen** besteht aus den folgenden Geschichten von Überlebenden:

Holocaust Erinnerungen von Hank Brodt: Eine Kerze und ein Versprechen, von Deborah Donnelly

Wie wird der vierzehnjährige Junge die Grausamkeiten auf sich alleingestellt überleben und seine Menschlichkeit behalten können?

Diese schockierenden Erinnerungen des Holocaust-Überlebenden Hank Brodt (1925-2020) zeigen persönliche Einblicke in die innere Welt eines Jungen unter der Herrschaft des Nazi-Regimes. Sie offenbaren fürchterliche Wahrheiten auf ehrliche und sachliche Art und Weise.

Hank Brodt durchlebte eine der dunkelsten Abschnitte in der Menschheitsgeschichte: Er überlebte den Zweiten Weltkrieg. In eine arme Familie in Boryslaw (Polen) hineingeboren, wurde er in ein Waisenhaus gegeben. Hanks Kindheit zerbricht, als die Nazis Polen gewaltsam an sich reißen. In den darauffolgenden Jahren kämpft er täglich um sein Überleben und mit dem Verlust seiner gesamten Familie. Seine Welt bestand aus stillem Widerstand, unsichtbaren Tränen und stillen Schreien, während er Arbeitslager und Konzentrationslager durchquerte, darunter eines, welches aus Schindlers Liste bekannt ist.

Es ist schwer vorstellbar, dass jemand, der solch schreckliche Ereignisse mitmachen musste, weiterleben und ein Leben in Dankbarkeit leben konnte- und das bis heute. Mithilfe seines standhaften Mitgefühls für andere, gelang es Brodt, seine Menschlichkeit zu behalten und weitermachen zu können.

Hank Brodts Holocaust-Memoire ist eine notwendige Erinnerung an eine der schlimmsten Zeiten in der Menschheitsgeschichte.

Rette meine Kinder: Vom Überleben und einem unwahrscheinlichen Helden, von Leon Kleiner und Edwin Stepp

Ein jüdischer Junge und seine Geschwister fliehen einer von Hass zerstörten Welt. Ein berüchtigter, brutaler Antisemit, der Juden jagt. Wieso riskiert dieser Mörder sein Leben, um das der Kinder zu retten?

Ein Elfjähriger und seine Geschwister kämpfen nach dem Einmarsch der Nazis in Polen um ihr Überleben. Wieder und wieder gelingt es ihnen, dem sicheren Tode zu entkommen, als die mörderischen Faschisten versuchen, ihre Heimatstadt Tluste für judenrein zu erklären. Doch es scheint, das Glück habe sie verlassen, als die Deutschen den Befehl geben, ihr Arbeitslager zu liquidieren.

Unerwartete Hilfe kommt von Timush, einem Mann, der für seine abscheulichen Taten gegen Juden bekannt ist. Nachdem er den Ruf ihrer Mutter: „Rette meine Kinder!" vernimmt, als sie zu ihrer Hinrichtung marschiert wird, setzt Timush alles daran, das Leben der Kinder zu retten und wenn es das eigene Leben ist.

Rette Meine Kinder ist eine wahre Geschichte über die Verwandlung eines Mannes, der einst von Hass und Gewalt getrieben war. Dieser Mann erbringt das höchste Opfer, um jene zu retten, die er einst töten wollte.

Gewinner der International Impact Book Awards 2011 in der Kategorie Life Experiences.

Aufschrei gegen das Vergessen: Erinnerungen an den Holocaust, von Manny Steinberg

Manny Steinberg (1925-2015) verbrachte seine Jugendzeit in den Konzentrationslagern Auschwitz, Vaihingen an der Enz und Dachau. Steinberg war insgesamt sechs Jahre in diesen Konzentrationslagern interniert und nahm sich nach seiner Befreiung vor, seine Autobiographie *Aufschrei gegen das Vergessen. Erinnerungen an den Holocaust* zu schreiben. Damit erfüllte er sich ein selbst auferlegtes Versprechen. Es dauerte zehn Jahre, bis er seine Lebensgeschichte zu Papier gebracht hatte und jetzt wird "Aufschrei gegen das Vergessen" von so vielen Lesern auf der ganzen Welt gelesen. Es erfüllt den Autor mit Dankbarkeit, dass seine Stimme gehört wird. Steinberg wollte Deutschland nie wieder besuchen, änderte aber jüngst seine Meinung im April 2015.

Der 90-jährige wurde mit weiteren sieben Überlebenden eingeladen, um an der Gedenkfeier zur 70-jährigen Befreiung des Konzentrationslagers Vaihingen an der Enz beizuwohnen, dem letzten Konzentrationslager, in dem Steinberg inhaftiert war. Begleitet wurde er auf dem für ihn sehr bewegenden Besuch von seiner Familie und von Freunden. Er besuchte mit ihnen auch das Konzentrationslager Dachau.

Steinbergs Lebensgeschichte umfasst das Wunder, wie ein Mann dazu bestimmt war zu überleben. Das Buch ist einerseits zwangsläufig ein Bericht menschlicher Grausamkeit, andererseits ein Zeugnis der Kraft von Liebe und Hoffnung. Durch die Veröffentlichung seiner Holocausterinnerungen wollte der Autor sicherstellen, dass auf der Welt niemals vergessen wird, was sich während des Zweiten Weltkriegs ereignete. Steinberg's eindrücklich geschilderte Erinnerungen gewähren historische Einblicke und beeindrucken als Plädoyer für Gerechtigkeit und Menschlichkeit in jeder Generation!

„Es vergeht kein Tag, an dem ich nicht an meine Kindheit oder an meine Familie denke, aber so lange es mir erlaubt ist, auf dieser Erde zu sein, wache ich jeden Morgen mit dem Gefühl von Glück und Segen auf."

"Als die deutschen Soldaten die Menschen töteten, die ich liebte, erkannte ich, dass mein Lebenszweck nicht bloß darin bestand auf der Welt zu sein, sondern zu leben."

Tote Jahre: Eine jüdische Leidensgeschichte, von Joseph Schupack

Vierzig Jahre danach erinnert sich ein in Polen aufgewachsener Jude an die Jahre der Verfolgung. Er beschreibt das Leben in Radzyn, einer typisch jüdischen Shtetl-Gemeinschaft im damaligen polnischen Generalgouvernement, dem Vorhof von Treblinka, Majdanek und Auschwitz, und dann den Untergang dieser Welt, wie er ihn, gerade 17 geworden, erlebt hat: mit zunehmenden Schikanen, ständiger Bedrohung, Grausamkeiten und nackter Gewalt; mit der Verschleppung und Ermordung der Geschwister, Eltern, Freunde; mit der Ausrottung einer ganzen Volksgemeinschaft.

Er beschreibt den eigenen Leidensweg und den verzweifelten Kampf ums Überleben, seine Erlebnisse in den Ghettos, in Majdanek, Auschwitz und anderen Konzentrationslagern wie Dora-Nordhausen und Bergen-Belsen. Er beschreibt seine Begegnungen mit Leidensgenossen, Kindern und Erwachsene, Gläubigen und Ungläubigen, Mutigen und Müdegewordenen, Hungrigen, Kranken, Erniedrigten. Es sind die Stimmen der Opfer, die er zu Gehör bringt. Das macht diesen nüchternen, um Wahrheit bemühten Bericht zur eindringlichen Anklage gegen den Wahnsinn des Antisemitismus.

"Ein unbeschreibliches Zeugnis der Grausamkeit, welches tiefe und ungeschönte Einblicke in die Abgründe des unmenschlichen Leidens und Sterbens in der Hölle zulässt."

*Holocaust Memoiren einer Bergen-Belsen Überlebenden.
Klassenkameradin von Anne Frank, von Nanette Blitz Konig*

Ein Denkmal zu Ehren des unverwüstlichen menschlichen Geistes

In diesen eindrücklichen Holocaust Memoiren schildert Nanette Blitz Konig ihre erstaunliche Überlebensgeschichte vom Zweiten Weltkrieg, während dem ihre Familie und Millionen andere Juden von den Nazis inhaftiert wurden und in hoffnungsloser Gefangenschaft lebten. Nanette ging auf das Joods Lyceum (jüdische Schule) in Amsterdam und war eine Klassenkameradin von Anne Frank. Sie sahen sich in Bergen-Belsen wieder, kurz bevor Anne starb. Während dieser emotionalen Treffen erzählte Anne, wie sich ihre Familie in einem Hinterhaus versteckte, von der Deportation, von ihrer Zeit in Auschwitz und von dem Plan ihr Tagebuch nach dem Krieg zu veröffentlichen. Diese ehrliche Geschichte vom Zweiten Weltkrieg beschreibt den durchgehenden Kampf ums Überleben, unter den brutalen, von den Nazis auferlegten, Bedingungen im Konzentrationslager. Darauf folgt Nanettes langer Weg zur Genesung nach dem Krieg und ihr harter Kampf gegen die Auswirkungen von Hunger und Krankheit. Sie erzählt davon, wie sie sich Stück für Stück ein neues Leben aufbaute, heiratete und eine Familie gründete.

Preisgekrönte Autorin und Holocaust-Überlebende Nanette Blitz Konig (geboren im Jahr 1929) ist dreifache Mutter, sechsfache Großmutter und vierfache Urgroßmutter. Sie lebt in der brasilianischen Stadt São Paulo.

Ihre Holocaust Memoiren sprechen im Namen jener Millionen von Menschen, die ihrer Stimme für immer beraubt wurden.

Liebesgrüße aus Auschwitz : Die inspirierende Geschichte des Überlebens, der Hingabe und des Triumphs zweier Schwestern Erzählt von Manci Grunberger Beran, von Daniel Seymour

Mukačevo in der Tschechoslowakei. Zwei junge Mädchen, Manci und Ruth Grunberger, wachsen zusammen mit ihren sechs Geschwistern in einer liebevollen, jüdischen Familie am Fuße der Karpaten auf, eine friedliche Region, bis sie von Ungarn im Jahr 1938 annektiert wird.

Sowie der Zweite Weltkrieg über Europa hinwegfegt, rückt das Territorium immer mehr in den Fokus der Nazi-Endlösung. Familie Grunberger wird nach Auschwitz deportiert, wo Josef Mengele darüber entscheidet, wer lebt und wer stirbt. Manci und Ruth verlieren ihren Vater, ihre Mutter und alle sechs Geschwister an die Gaskammern.

Die beiden Schwestern überleben sieben Monate in Auschwitz und einen fünfmonatigen Todesmarsch durch die Sudeten unter der Aufsicht von brutalen SS-Wachen, bevor sie nahe der dänischen Grenze gerettet werden. Verwandte aus Philadelphia hören von ihrem Überleben und kurz darauf sind Manci und Ruth unter den ersten Flüchtenden des Holocaust, die in die Vereinigten Staaten auswandern.

Aus diesen traumatischen Anfängen erblühen zwei erfüllte Leben. Die Schwestern haben unterschiedliche Werte, Interessen und Bewältigungsmethoden und doch wird das persönliche Band zwischen den beiden—die selbstlose, bedingungslose Liebe zueinander—über die Jahre hinweg nur noch stärker.

Ihre einzelnen Memoiren—erzählt in der ersten Person und begleitet von historischem Kontext—kommen zusammen, um ein erstaunliches Bild von Widerstandsfähigkeit und Überlebenswillen zu erschaffen. Ein Triumph des menschlichen Geistes, der sich über neun Jahrzehnte erstreckt.

*Holocaust Erinnerungen: Vernichtung und Überleben in der
Slowakei, von Paul Davidovits*

Diese Holocaust Memoiren begannen mit einem Fotoalbum, einem der wenigen Familienbesitztümer, die den Zweiten Weltkrieg überlebten. Nach dem Tod seiner Mutter ging das Album in den Besitz von Paul Davidovits über, dem bewusst wurde, dass er die einzig noch lebende Person war, die sich noch an die Menschen auf den Fotos, an ihre Beziehungen zueinander und an ihre Lebenswege erinnern konnte.

Davidovits erzählt nun die Geschichten der Bewohner seiner verlorenen Welt und führt uns durch seine Kindheit. Er schildert nicht nur eindrucksvoll den erschütternden und traumatischen historischen Verlauf, sondern schwelgt auch in den ergreifenden Momenten, die geprägt sind von Liebe, Mut, Großzügigkeit und Humor.

Davidovits' Geschichten sind einzigartig und fein geschliffen. Obwohl seine Memoiren persönlich sind, schwingt in seinen lebhaften Beschreibungen des Überlebens und des menschlichen Geistes, im Angesicht von Unmenschlichkeit und scheinbar unüberwindbaren Hindernissen, etwas Universelles mit, das für jede kommende Generation relevant bleiben wird.

*Mein Marsch durch die Hölle. Die erschreckende
Überlebensgeschichte eines jungen Mädchens*, von Halina Kleiner
und Edwin Stepp

Ein junges Mädchen ist plötzlich auf der Flucht vor den Nazis in ihrer Heimatstadt in Polen. Nachdem sie eine Aktion überlebte, mit der Czestochowa vollständig judenrein gemacht werden sollte, versuchen sie und ihr Vater in den späten Nachtstunden zurück nach Hause zu gelangen.

Als sie von einem Polizisten angesprochen werden, läuft Halina unerklärlicherweise von ihrem Vater weg und beginnt ihren langen Weg des Überlebens. Als sie es leid ist zu fliehen, meldet sie sich freiwillig für ein Arbeitslager. Diese Entscheidung verschafft ihr etwas Zeit, denn die Deutschen benötigen dringend Arbeitskräfte für die Kriegsanstrengungen. Halina arbeitet vom Herbst 1943 bis Januar 1945 in drei verschiedenen Lagern. Zunächst sind die Lager erträglich, auch wenn die Häftlinge hart arbeiten müssen und nur wenig zu essen bekommen. Aber mit der sich anbahnenden Kriegsniederlage der Deutschen verschlechtern sich auch die Bedingungen. Die Juden werden von Krankheiten heimgesucht und ihre Peiniger werden immer grausamer.

Als klar wird, dass der Krieg verloren ist, räumt die SS die Lager und schickt über 2.000 Frauen auf einen vier Monate langen

Marsch, bei dem die Häftlinge in einem der kältesten Winter Europas über 800 Kilometer zurücklegen. Halina war eine von nur etwa 300 Frauen, die den Todesmarsch von Volary überlebten, und entschloss sich schließlich dazu, ihre höllische Überlebensgeschichte zu Papier zu bringen.

*Das Cello singt noch immer. Eine generationsübergreifende
Geschichte vom Holocaust und der transformativen Macht der
Musik, von Janet Horvath*

Eine gewaltige Geschichte von drei Generationen im Schatten des Holocaust. „Das Cello singt noch immer" ist die mitreißende, bewegende und wahre Darstellung einer persönlichen Entdeckungsreise durch die Vergangenheit. Als Kind leidet Janet unter der bedrückenden Stille um die Erfahrungen ihrer Eltern. George und Katherine, zwei professionelle Musiker und Überlebende des Holocaust, haben ihre Erinnerungen aus dem Zweiten Weltkrieg begraben, damit sie selbst leben können. Nur in der Musik drücken sich ihre versteckten Emotionen aus.

Nach fünf Jahrzehnten der Geheimnisse fällt Janet plötzlich eine Offenbarung in den Schoß und sie beginnt den schweren Weg zur Erkundung ihres schrecklichen Erbes. Sie erfährt, dass ihr Vater nach dem Krieg mit einem zwanzigköpfigen Orchester aus ehemaligen Konzentrationslagerinsassen in ganz Bayern aufgetreten war. Obwohl Janet selbst Cellistin geworden ist, hatte ihr Vater bis dahin nie davon erzählt. Zwei dieser Konzerte wurden im Jahr 1948 von dem legendären amerikanischen Maestro Leonard Bernstein dirigiert.

Janets Vater hatte mehr Glück als die meisten. Er wurde zur Zwangsarbeit in den Kupferminen von Bor ausgesucht und entging somit der Deportation in ein Vernichtungslager. Im Arbeitslager erhielt er ein Paar Handschuhe von einer Nazi-Wache, die der Musik besonders zugetan war, damit er seine Cello spielenden Hände schützen konnte.

Janets Memoiren sind ergreifend und erleuchtend. Durch eine Prise Humor und Anekdoten, die nur so vor Leben sprühen, verwebt sie die Leben ihrer Eltern mit dem ihren und fängt die Intensität ihrer Lebenserfahrungen authentisch ein. Die tiefliegenden Wunden der Familie werden durch die heilende Kraft der Musik geschlossen und ihre musikalische Schaffung verbindet Menschen von Generation zu Generation.

Der Lehrling Buchenwalds. Die wahre Geschichte eines Jugendlichen, der Hitlers Kriegsmaschine sabotierte, von Oren Schneider

Alexander Rosenberg ist ein intelligenter, neugieriger Jugendlicher, der viele Sprachen spricht, seine Briefmarkensammlung hegt und pflegt, Geige spielt und ein behütetes Leben mit seinen wohlhabenden Eltern in einer friedlichen Stadt in der Tschechoslowakei lebt. Der Aufstieg des Faschismus und Nazi-Deutschlands bringt seine behütete Existenz ins Wanken, wie auch jegliche Illusion einer Assimilation säkularer Juden im Europa der 1930er.

Mit den letzten finanziellen Mitteln und Kontakten tauchen die Rosenbergs unter – auf der Flucht vor der Gestapo. Verraten, verhaftet und nach Buchenwald verschleppt, dem größten Konzentrationslager Deutschlands, sind Alexander und sein Vater zur Kollaboration gezwungen, um einen Tag nach dem anderen zu überleben. Chaos befördert Alexander ins Herz einer großangelegten Sabotage. Als sein Vater bei einem Luftangriff schwer verwundet wird und verschwindet, obliegt es Alexander, durch Bestechungsmittel, Kriegsintrige und Talent das Leben seines Vaters zu retten.

Diese wahre Geschichte über innere Stärke, Einfallsreichtum und Optimismus wurde von Alexanders Enkel, Oren Schneider, dokumentiert und geschrieben. Sie ist Menschen weltweit gewidmet, die nicht aufgeben wollen.

ANMERKUNGEN

Nach Amerika

1. Anmerkung der Übersetzerin: Da der österreichische Ort Bad Naheim nicht existiert, kann man hier davonausgehen, dass die Autorin den Ort mit dem hessischen Bad Nauheim verwechselte. Dies ist vor allem plausibel, da sie auch darauf hinweist, dass der Ort nicht weit entfernt von Frankfurt am Main lag, wohin sie zur Antragsstellung für das Waisenkinderprogramm reisen musste. Tatsächlich liegt das hessische Bad Nauheim nur rund 30km nördlich von Frankfurt am Main. Zudem hat Bad Nauheim eine dokumentierte und weit in die Vergangenheit reichende jüdische Geschichte und nach dem Zweiten Weltkrieg wurde in der Stadt ebenfalls ein DP-Lager eingerichtet.

www.ingramcontent.com/pod-product-compliance
Lightning Source LLC
LaVergne TN
LVHW041910070526
838199LV00051BA/2570